厦门大学知识产权研究丛书

总主编　林秀芹

本书受"福建省高校特色新型智库——创新与知识产权研究中心"资助出版

创新、知识产权
与政府政策

王　俊◎著

Innovation , Intellectual Property
and Government Policy

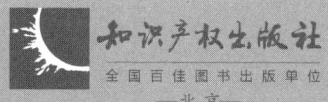

知识产权出版社
全国百佳图书出版单位
——北京——

图书在版编目（CIP）数据

创新、知识产权与政府政策／王俊著.—北京：知识产权出版社，2020.1

ISBN 978-7-5130-6652-5

Ⅰ.①创… Ⅱ.①王… Ⅲ.①技术革新—研究—中国②知识产权制度—研究—中国 Ⅳ.①F124.3②D923.04

中国版本图书馆 CIP 数据核字（2019）第 283269 号

责任编辑：刘 睿 邓 莹　　　　　责任校对：谷 洋

文字编辑：邓 莹　　　　　　　　　责任印制：刘译文

创新、知识产权与政府政策

王 俊 著

出版发行：知识产权出版社 有限责任公司	网　　址：http://www.ipph.cn
社　　址：北京市海淀区气象路 50 号院	邮　　编：100081
责编电话：010-82000860 转 8346	责编邮箱：dengying@cnipr.com
发行电话：010-82000860 转 8101/8102	发行传真：010-82000893/82005070/82000270
印　　刷：北京嘉恒彩色印刷有限责任公司	经　　销：各大网上书店、新华书店及相关专业书店
开　　本：720mm×1000mm　1/16	印　　张：14
版　　次：2020 年 1 月第 1 版	印　　次：2020 年 1 月第 1 次印刷
字　　数：220 千字	定　　价：58.00 元
ISBN 978-7-5130-6652-5	

自 序

本书之所以能够并且以现有之形态呈现在读者面前，主要源于两个方面的原因。第一个原因是，我期望通过本书，从知识产权制度和政府政策的双重视角展现改革开放以来中国创新发展的历程、趋势并阐释其背后的动因，进而以史为鉴，展望创新发展的未来，以助力我国创新强国建设目标的实现。改革开放 40 年来，从个人、企业到各级政府部门，对创新重要性的认识不断提升。今天，创新对于经济社会未来发展的重要价值早已形成公论。然而，对于如何实现创新，特别是站在国家的视角，如何实现创新强国的建设目标，我们依然在争论和探索中前行。而探索实际上是一个不断总结经验教训的过程。今天的世界各国均将创新视为推动经济发展的重要动力，而推动创新所仰仗的两柄利器，无非是知识产权和政府政策。前者通过法律制度赋予创造者对其创新成果享有垄断性利用的权利，从而激励创新、鼓励创造。后者则是由政府直接或间接地参与到创新过程中，包括利用财政奖励和补贴、税收优惠、融资政策等手段引导和鼓励包括个人、企业、科研院所等市场主体积极投入创新活动过程。中国创新发展历程的背后，总离不开知识产权和政府政策这两柄利器相互辉映，共同作用于创新的身影。而尝试解读知识产权和政府政策如何影响创新，什么样的知识产权制度和政府政策有利于推动创新，是本书写作的首要目标。

成书的第二个原因，则是想要通过在本书对创新、知识产权和政府政策的研究中做一个综合运用法学、经济学和管理学的研究方法、理论的尝试，也是对自己已经走过的学术道路的一个小结。"创新、知识产权与政府政策"是我当前的一个主要研究方向，而之所以尝试进行这样一个方向的研究，与其说是自己的选择，不如说是一段段不同的学习经历引领我来到这样一个研究领域。从研究生阶段开始，我从一名法学硕士，再到经济学博士，毕业后留校任教于知识产权研究院，之后又赴英属哥伦比亚大学商学院从事博士后研究。这样一个历程引导我逐步走向对创新和知识产权的研究中。因为创新这个方向的研究，恰恰需要从法学、经济学、管理学等多个学科领域展开。实际上，恐怕也很难再找到创新和知识产权这样一个领域，恰好集中了法学、经济学和管理学领域的专家学者对其展开研究。三个领域的学者对创新和知识产权问题的关注视角各异，法学学者重视对法律规则本身的解释，研究的落脚点往往在加强知识产权保护从而促进创新上。经济学学者重视创新资源的优化配置，对于任何推动创新的举措会思考其实施的成本和收益。管理学学者着眼于如何合理地组织、配置和利用创新资源，从而提高知识产权的创造、保护和运用水平。而我所经历的法学、经济学和管理学三个领域的学习和研究背景，为我从更多元的视角展开对创新和知识产权的研究奠定了基础。当然，有条件不等于最终能实现，如何真正地将法学、经济学和管理学的理论和方法有机地结合起来，从而应用到创新和知识产权的研究中绝非易事。本书的写作，只代表着我在朝着这样一个方向努力，而受限于我现阶段的理论和认识水平，呈现在读者面前的，可能依然只是各个学科理论简单地拼接运用在一起，而远远谈不上有机地结合。

因此，将这样一本尚未达到我心中理想高度的作品呈现在读者面前，我的内心是极为忐忑的。坦诚来说，虽然博士毕业已逾四年，但我并未准备如此快的出版自己的第一本专著，因为一直认为自己的积累还远未到支撑一本有一定份量的学术专著出版的程度。直到去年（2018 年），学院调整了职称晋升办法，规定晋升高一级职称必须出版专著。在当前的学术生态环境下，高级职称对于一名"青椒"意味着什么已无须多言。因此，现实的压力便成为促成本书出版的最后一个原因。虽然本书的写作有着一丝不得已而为之的外在压力，但换个角度来想，若没有这种压力，可能人所具有的天然惰性使得我更没有动力将自己近几年关于创新、知识产权和政府政策的一些思考进行归纳和总结，从而体系化地呈现在读者面前。此外，我相信对于绝大多数作者，不满意是对作品态度的常态。曹雪芹写

《红楼梦》时，"批阅十载，增删五次"，至死仍在对作品进行修改。我们固然需要有这种精益求精的精神和态度，但对于学术类作品，也需要考虑时效性。毕竟，学术研究的点滴进步离不开研究者站在前人肩膀上的不断积累，不断"抛砖"才能"引玉"。因此，我更愿意将本书视作一个蹒跚学步的婴孩。我相信她及其背后所研究的主题具有广阔的成长空间，本书的出版将我尚未成熟的作品介绍给广大同人，更重要的目的是希望唤起更多人对本书所展现的研究问题、研究方法和研究视角的注意，也期望能够借由各界同人的批评指正帮助这部作品不断成熟完善，在未来能够有机会以更为饱满、充实、与时俱进的崭新面貌呈现在读者面前。

本书能够得以出版，得益于与诸多师长、同事、同学、朋友的请教和交流。我的博士生导师龙小宁教授是引领我运用现代经济学方法，主要是实证计量研究方法研究法律、特别是知识产权相关问题的领路人，本书中的部分研究内容，实际上是我在龙小宁教授指导下完成的。在我读博期间，林秀芹教授就引导和鼓励我运用法经济学的研究方法关注知识产权问题。我博士毕业后，林教授作为厦门大学知识产权研究院院长，又克服多重阻力延揽我进入研究院工作，对我的研究包括本书的出版给予了充分的支持。除两位师长在本书成书过程中发挥了关键作用外，来自厦门大学知识产权研究院、法学院、经济学院、王亚南经济研究院的同事、同学，参加各类学术会议、学术活动所结识的学界前辈和同人，均曾给予我诸多的启发启示。由于人数众多，也为防挂一漏万，在此不再一一具名感谢。最后，感谢知识产权出版社刘睿编审、邓莹编辑为本书的出版所付出的辛劳。

本书从部分章节观点的产生到最终成书，见证了我的两个孩子从出生到逐步成长，因此，我也将我的第一本专著献给两个孩子，愿你们在人生起始的道路上快乐前行，健康成长。

目　　录

第一章 中国的创新发展是如何发生的

第一节 经济增长的源泉

改革开放 40 年来，中国经济发生了翻天覆地的变化。1978～2018 年，中国的实际国内生产总值（gross domestic product，GDP）长期保持较高的增长率，在绝大多数时期大幅领先于美、日、英、德等世界主要经济体（见图 1-1）。在这样一个较快增长水平下，中国以名义 GDP 衡量的经济规模扩大 225 倍，人均 GDP 也扩大 157 倍。按照联合国和世界银行的标准，1999 年中国已摆脱低收入国家的帽子，迈过了中等收入国家的门槛。

按照美元计算，当前中国的经济体量基本已经达到美国经济总量的 2/3。2018 年中国的国内生产总值增长率为 6.6%，假设中国的年均 GDP 增长率继续保持在 6.5% 的水平，而美国的增长速度维持在近年来平均 2.5% 的水平，那么中国将在十年之内成为世界上的头号经济体。因此，经过 40 年来经济的高速增长，当前中国已经步入一个挑战与机遇并存的极为关键的历史时刻，中国如果能够迎难而上，即便只是继续维持当前水平的经济增长，在不远的将来，中国便将迎来一个经济总量恢复世界第一的历史时刻。自从一百多年前美国赶超英国成为世界头号经济体之后，美国领先世界的现状还始终没有发生过变化。

然而，在充满不确定性、日益复杂的国内外政治经济环境下，实现中国经济体量屹立于世界之巅的道路注定不会是一帆风顺的。为了实现中国经济持续稳定发展的目标，当前更重要的是通过理解和透析改革开放 40

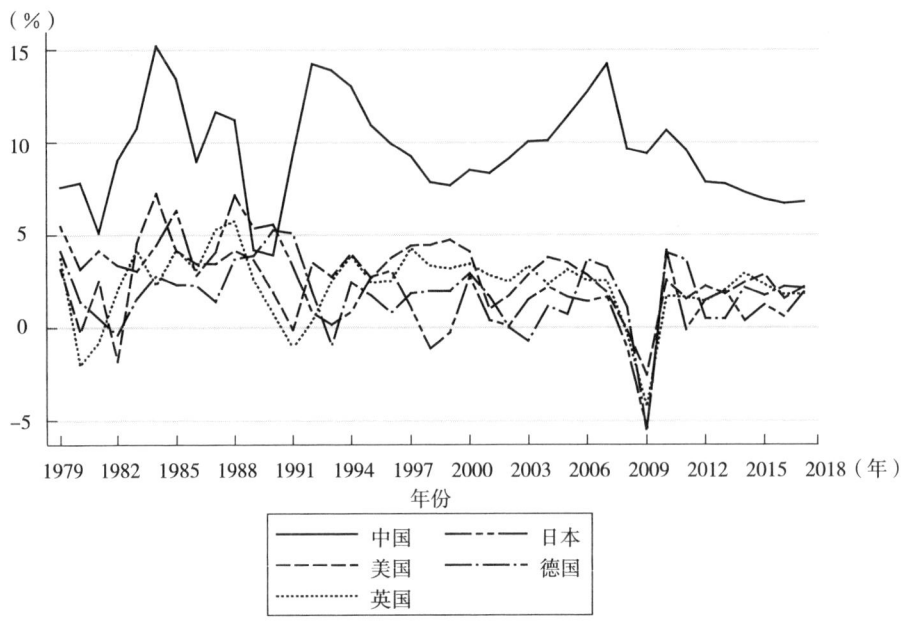

图 1-1　五国实际国内生产总值同比年度增长率

年来中国经济高速增长背后的动因，总结成功的经验和失败的教训，从而展望未来，实现推动和维持中国经济的持续健康发展的目标。那么，应当如何理解中国 40 年来的经济高速增长呢？

　　经济增长是宏观经济学关注的核心问题。对于驱动经济增长的因素，目前形成的一个比较一致的观点认为，一国的经济增长主要取决于资本积累、劳动力和技术水平三个要素。传统的新古典经济增长理论认为，资本和劳动力的积累决定经济的总产出。而储蓄是资本积累的重要来源，较高的储蓄会不断转化为投资。中国的储蓄率长期居于世界前列，1982 年以来，中国国民储蓄率始终保持在 30% 以上，2010 年最高达到 51.5%，2017 年也维持在 46.4%，位居世界前列。❶ 加之改革开放后大量吸引和利用外资，保障了中国的人均资本持续处于较高的水平。同时，作为人口数量稳居世界第一的大国，中国人口数量优势显著。中国也较早地认识到人

---

　　❶　数据来源于 CEIC 中国经济数据库。

口素质的重要性，1985 年《中共中央关于教育体制改革的决定》指出要普及九年制义务教育，并在次年通过的《义务教育法》中正式实施，从而在改革开放初期通过义务教育的普及大幅提高劳动力基本素质。之后，1999 年教育部出台《面向 21 世纪教育振兴行动计划》，开始对高等院校进行大幅扩招，使得中国高等教育毛入学率从 1978 年的 1.55% 提升到 2002 年的 15%，截至 2017 年，我国各类高等学校在学总规模达到 3779 万人，高等教育毛入学率达到 45.7%，❶ 实现了高等教育从精英化向大众化、普及化阶段发展。因此，资本优势和人口红利是中国经济取得高速发展的重要保障。

　　然而，由于存在边际报酬递减，资本的增加产生的边际产出却是在不断下降。中国的边际资本生产率从 20 世纪八九十年代的 0.4~0.5 已经下降到 2013 年的 0.146。❷ 由于 1982 年计划生育政策写入宪法，中国的人口数量得到有效控制，虽然由于人口基数大，中国的人口数量还在持续增长，但增幅已经大幅放缓，根据相关预测，中国人口数量的峰值将于 2030 年左右到来。而更重要的是，中国的人口老龄化形势日趋严峻，老龄化意味着适龄劳动力人口的下降，根据 1956 年联合国《人口老龄化及其社会经济后果》(*The Aging of Population and Its Economic and Social Implications*) 确定的划分标准，当一个国家或地区 65 岁及以上老年人口数量占总人口比例超过 7% 时，则意味着这个国家或地区进入老龄化阶段。中国 65 岁及以上人口数量占总人口比重从 1980 年的 4.49% 已经上升到 2010 年的 8.25%，并且据相关预测，到 2030 年将达到 24.59%。❸ 在人口老龄化的严峻形势面前，中国逐步放松了计划生育政策，从 2015 年开始全面实施二孩政策，但效果主要表现在 2016 年，当年出生人口攀升至 1786 万，创下 2000 年以来新高，此后出生人口便出现连续下滑。

---

❶　数据来自历年《全国教育事业发展统计公报》。

❷　王小鲁. 经济结构对中国经济增长的影响 [EB/OL]. (2015-07-12) [2019-09-15]. http://www.cser.org.cn/zt/336.aspx.

❸　United Nations, Department of Economics and Social Affairs, Population Division. World Population Prospects：The 2015 Revision [R]. New York：UN. 2015.

因此，在资本和劳动力无法支撑中国经济的可持续增长的情况下，经济体最终会收敛于人均产出的稳态水平。而是否能够超脱稳态水平，根据新古典增长理论，取决于外生的技术进步，❶ 技术之所以是外生的，原因在于索洛（Solow）认为技术是可以免费获取的公共品。这样理解在一定程度上确实能够解释中国经济早期的高速增长。中国作为技术后发国家，可以充分地吸收和利用世界上已有的先进技术成果，特别是中国直到1985年才开始建立技术保护的相关知识产权制度，且保护水平在相当长的一段时间范围内相对较低，使得中国可以以较低的成本获取和利用先进的技术，从这个角度来说，技术进步可以视为中国经济增长的一个外生因素，从而保障了中国经济的长期高水平增长，使中国经济并没有进入新古典增长模型中所描述的经济增长的稳态状态。

然而，随着中国经济的增长和技术能力的提高，中国在各产业领域的技术水平已经接近、达到甚至在某些领域超越了西方的现有技术水平，可资中国借鉴的先进技术日益有限，而与此同时，发达国家对中国技术转移和利用的壁垒不断加深。此外，随着中国经济实力的崛起和不断融入国际经济贸易秩序中，特别是加入世界贸易组织（World Trade Organization，WTO）后，客观上要求中国履行相关的国际义务，不断加强对知识产权的保护，使得中国越来越难以直接低成本地吸收和利用发达国家拥有的世界先进水平的技术。

纵观当前的国内外经济形势，受全球经济增速放缓和中国自身经济结构调整转型的影响，中国经济进入增速阶段性回落的新时期，根据历年中国 GDP 增长率数据，最新公布的 2018 年 6.6% 的增长率创下了中国自1990 年以来 GDP 增长率的新低。而最新的一轮肇始于 2018 年年初的中美贸易争端或者说贸易战，经历了 22 个月的多轮双边谈判，方才就第一阶段经贸协议文本达成一致。而争端的其中一个重要议题即涉及知识产权的

---

❶ Solow R M. A contribution to the theory of economic growth ［J］. The quarterly journal of economics, 1956, 70（1）：65-94；Swan T W. Economic growth and capital accumulation ［J］. Economic record, 1956, 32（2）：334-361.

问题，美国政府指责中国知识产权保护不力。❶ 为此，美国先后对包括中兴、华为等中国代表性的科技企业实施惩罚，即将中国的相关企业列入禁止交易的名单，这一措施一度令中兴濒临停产的边缘，直到通过相关举措美国恢复对中兴的关键零部件供应。而之后对华为禁止交易的长远影响如何尚有待进一步观察。在中国经济面临前所未有的压力面前，对中国创新能力的提升提出了更为迫切的要求。

对于当前中国经济面临的严峻形势，习近平主席在公开讲话中指出，要适应经济增速变缓的"新常态"，并概括了"新常态"的三个主要特点，即经济从高速增长转为中高速增长，经济结构不断优化升级，从要素驱动、投资驱动转向创新驱动。❷ 而想要走出中国经济"L型"的底部，实现中国经济的转型升级，中国必须依靠自身对创新的投入来获得持续的技术进步，从而推动经济的稳定快速增长。这也与新增长模型将技术进步内生化的刻画是一致的。在新增长模型中，技术进步不再是外生给定的，而是可以通过对研发部门的投入等多种方式来不断增加知识存量，获得技术进步。❸

技术进步和创新的来源有多种，正如驱动经济增长的投资既可以来源于政府，也可以来源于私人部门一样。技术进步和创新的来源既可以是政府，也可以是市场。部分观点认为，创新应当主要依赖于市场，作为市场主体的企业以及由此而产生的企业家精神才是创新的根本动力。政府所能做的主要是创造有利于创新的市场环境，例如，教育设施投入、营造公平竞争的市场环境，等等。

---

❶ 美国政府指责中国知识产权保护不力 中方：毫无根据 [EB/OL]. (2018-09-25) [2019-10-6]. http：//news. 163. com/18/0925/12/DSI54ACU0001875N. html.

❷ 聆听习近平告诫 避免"新常态"三个误区 [EB/OL]. (2016-05-17) [2019-10-06]. http：//www. xinhuanet. com//politics/2016-05/17/c_ 128989663. htm.

❸ Romer P M. Endogenous technological change [J]. Journal of political Economy, 1990, 98 (5, Part 2)：S71-S102；Grossman G M, Helpman E. Trade, knowledge spillovers, and growth [J]. European economic review, 1991, 35 (2-3)：517-526；Aghion P, Howitt P. Research and development in the growth process [J]. Journal of Economic Growth, 1996, 1 (1)：49-73.

然而，不同于一般性的实物资本的投入和产出，技术创新的生产存在一系列问题。首先，不同于一般的生产要素投入的收益可以被近乎完全的内部化，创新活动产生的知识产出具有较大的正外部性，而这种正外部性收益无法完全由创新者获得，即创新产生的新知识、新技术可以较为轻易地被其他主体所利用，产生的社会收益可能远大于创新者的个体收益，因此，如果完全依靠市场机制产生的创新回报来对创新的生产者进行激励，可能导致创新的投入不足；其次，研发投入所产生的知识产品具有非排他性、非竞争性的公共品的特征，单纯依靠私人供给可能产生供给不足的问题；再次，新技术的研发往往具有投入大、周期长、风险高的特征，因此，很大一部分企业可能不愿意进入研发领域，特别是回报周期较长的基础研究领域；最后，技术创新的信息不对称导致的融资约束问题。相对于一般项目，创新领域的项目由于技术门槛相对较高，不具备相关领域专业知识的投资者难以识别创新项目的价值而不愿意进行投资，从而完全依靠私人资本的投入会使得技术创新领域产生更加严重的融资约束问题。

基于上述原因，在市场的"无形之手"可能存在激励创新失灵的背景下，也为政府"有形之手"的正式介入提供了理论基础和实践背景。

第二节　政府与创新

政府对创新的介入主要表现在两个方面。一方面，政府通过运用法律手段，将创新成果的所有权赋予其创造者，将创新成果作为无形财产予以保护。❶ 从而在一定程度上解决创新成果外部性收益无法内部化的问题。另一方面，政府运用各类政策手段，包括直接通过对高等院校、科研机构等投入研发经费将财政资金投入科技创新的研发过程中，以及通过财政、税收等手段直接或间接推动、鼓励和引导社会各领域资本投入创新中。

---

❶ 从严格的法律意义上来说，政府属于行政机关，狭义上的立法权则归属于立法机关，在中国是由全国人民代表大会及其常务委员会行使国家立法权，审议和通过像《专利法》《著作权法》和《商标法》等知识产权基本法律。本书在具体论述法律手段、行政手段时没有考虑上述差别，而是统一将其称为政府力量的行使。

政府通过赋予创造者以所有权的形式来鼓励创新具有较长的历史。历史上君主为了鼓励发明创造，往往特许授予发明人一定期限的垄断权，1236年，英王亨利三世（Henry Ⅲ）曾颁发给波尔多的一位市民制作各种色布的工艺方法15年的特权。然而，依靠君主的授予具有随机性，并不能产生事前的激励发明创造的效果。世界上第一部专利法是1474年威尼斯共和国颁布的《发明人法规》（Inventor Bylaws），从而改变了发明能否获得专有权取决于君主的授予的条件，使发明创造真正意义上成为发明者的个人私有财产，伽利略（Galileo）就曾在威尼斯取得他的扬水灌溉机械的专利权。之后，1624年英国颁布《垄断法》（Statute of Monopolies），该法授予发明人"在本国独占实施或者制造该产品的专利证书和特权，为期14年或以下"，标志着英国专利制度的正式建立，也为现代专利法律制度的建立奠定了基础。而对于版权，在最初同样是由君主通过特许方式予以保护，1534年英国王室以特许方式将印制书籍的权利交由一特许公司（The Stationer's Company）。直到1710年，世界公认的第一部版权法案即英国《为鼓励知识创作授予作者及购买者就其已印刷成册的图书在一定时期内之权利的法案》（An Act for the Encouragement of Learning, by vesting the Copies of Printed Books in the Authors or purchasers of such Copies, during the Times therein mentioned）才正式颁布，该法案亦称为安娜法令（Statute of Anne），从法律上首次确认了作者对其作品的权利。商标法律制度的产生则更晚，直到1857年，法国颁布《与商业标记和产业标志有关的法律》，才产生了世界上第一部现代意义上的成文商标法。此后，各国陆续制定各自的知识产权法律法规，将知识产权作为推动创新的重要手段。

知识产权制度的作用在于通过授予发明人、创作人对其发明、创造成果享有财产权，从而将外部收益内部化，激励创新成果的产生。知识产权制度在激励和保护创新的同时，也存在垄断带来的诸多弊端。一方面，知识产权的所有者为了利润的最大化，会减少产量，在远远高于实际成本的价格水平销售产品，使得大量的市场需求无法满足，从而降低了社会的整体福利。❶ 另一方面，未来的创新需要在现有创新的基础上进行，而知识产权的垄断实际上阻碍了未来的创新。❷ 因此，各国在运用知识产权制度激励创新时，都面临着激励创新和限制垄断的权衡。在知识产权法律制度的不断修改完善过程中，各国均在探索如何建立与本国经济和创新发展阶段相适应的知识产权法律制度。

此外，单单凭借知识产权制度本身并不能完全解释世界范围内技术创新的发展。事实上，即便英国早在 1624 年便建立了专利制度，但直到 19世纪工业革命之前，由专业人士进行系统性研发工作而产生的持续创新却并未出现，❸ 那时的发明创造往往具有偶然性、随机性。而持续性、密集性的创新直到近代以来才开始出现。

对于近代以来创新大规模出现的原因存在很多解释，有从文化角度联系到启蒙运动从而解释为思想的解放。肇始于 18 世纪，以法国大革命为结束标志的启蒙运动使得理性、自由、宽容和民主的思潮在欧洲涌动，激活了欧洲人的科学热情，推动了科学革命的发生。这一时期牛顿力学在欧洲传播、扩展，笛卡尔的理性哲学开始在欧洲占据上风，为更多人所接受。启蒙运动也直接促成了英国等国家建立专业的科学研究机构，如英国皇家学会、法国科学院、柏林科学院等。18 世纪开始在数学、物理学、化学、电学、光学、地质学、生物学等一系列科学领域的突飞猛进的进步为后续的大量发明的诞生和持续创新奠定了基础。❹

还有从市场的发展导致对新技术、新发明需求的增加解释创新的大规模出现。从历史的经验来看，新技术新发明的产生只有顺应了当时当地经

---

❶ Nordhaus W D. An economic theory of technological change［J］. The American Economic Review，1969，59（2）：18-28.

❷ Shapiro C. Navigating the patent thicket：Cross licenses，patent pools，and standard setting［J］. Innovation policy and the economy，2000（1）：119-150.

❸ Mokyr J. The contribution of economic history to the study of innovation and technical change：1750－1914［M］//Handbook of the Economics of Innovation. North-Holland，2010（1）：11-50.

❹ O'Hara K. The Enlightenment：A Beginner's Guide［M］. Oneworld Publications，2012.

济发展阶段的需要，才能够顺利得到推广和应用。安东·缪勒约（Anton Murayo）在 1529 年发明了一种织带机，或称为纽带机或编织机，可以同时织出 4~6 块织物。但是城市绅董会担心这项发明会使大量工人沦为乞丐，因此禁止使用它，并把发明者秘密地淹死或绞死了。❶ 到了 1765 年，纺织工匠哈格里夫斯（Hargreaves）发明了历史上著名的"珍妮纺纱机"，这种纺纱机使得纺纱效率比传统纺纱机提高了 8 倍，但效率的提高所产生的劳动力节约效应使得大量纺纱工人失业，棉纱的价格也大幅下跌，使得"珍妮纺纱机"常常被工人捣毁，成为泄愤的对象。然而，此时的英国正在经历从传统手工业生产向工业化大生产转型的时期，短期工人失业的阵痛无法逆转时代的洪流，哈格里夫斯也通过获得的专利，开办工厂生产珍妮纺纱机，从而促进了机器制造业的发展。而作为英国工业革命中标志性的人与物，詹姆斯·瓦特（James Watt）实际上对蒸汽机所做的是一系列的改良工作，蒸汽机的基本原理早在古希腊时期就已经发现，当时只是被用来开关神庙的门。因此，与其说是瓦特发明了蒸汽机，不如说是时代的需求、工业化的发展促成蒸汽机的出现，进而代替了传统的人力、水力，从而促进生产力的增长。当然，顺应时代发展需求，发明蒸汽机的瓦特也收获了个人的巨大荣誉和财富。

此外，法律制度的完善，特别是专利制度的进一步完善也是 19 世纪创新大量涌现的重要原因。1852 年，《英国专利法修正案》颁布，该法案进一步明确了专利的申请程序和相关费用，从而降低了普通公众申请并获得专利的门槛。同时，专利申请程序的规范化也使得专利代理人适应市场发展的需求应运而生，成为了规范的职业。

然而，从指导创新实践的角度来说，文化和市场需求的角度虽能在一定程度对创新的产生进行解释，但由于不具有可操作性而不具有实践的指导意义。法律制度的完善确实是创新的重要保障，然而，徒法不足以自行。从时间维度来看，持续性、密集性的创新成果产出的出现与近代以来

---

❶ 龚小刚．工匠的"变异"：英国工业革命浪潮下的社会转型［M］//刘军．中国国家历史（玖）．上海：东方出版社，2017.

政府告别"守夜人"角色，转而更积极地干预经济的时间节点具有一致性。与 1852 年《英国专利法修正案》的颁布同步，英国政府成立了专利局，作为专门化地服务专利的申请和授权的政府机构，英国专利局成立后，专利申请量迅速增大，从原来 1851 年的 400 多件增加到 1852 年的 2000 多件，1883 年达到 6000 件，1884 年专利申请量激增到 17000 多件；发明专利授权也由 1851 年的 455 件增加到 1852 年的 1384 件，1853 年达到 2187 件，1883 年达到 4000 多件，1884 年达到近 1 万件。❶ 而在近代以来，特别是以计算机的发明、信息化和通信产业为代表的第三次工业革命以来，越来越多的国家通过加大对高等教育和科学研究机构的资源投入，乃至直接对部分产业的研发进行资助等形式广泛参与到创新活动过程中，意图在当前第四次工业革命方兴未艾之际，抓住引领世界科技进步和经济发展的先机。相关研究发现，美国现在在世界领先的产业早期的科研都是政府支持的，像航空技术、空间技术、信息技术、互联网技术和核动力，均离不开美国政府的大力投入。❷ 因此，国家直接或间接地参与到创新活动中也是持续性、密集性创新开始涌现的重要源泉。

如何平衡政府与市场的关系，从而既能够弥补市场失灵，也能够有效地避免政府失灵，对于进一步推动创新具有巨大的现实价值和指导意义。当前政府对创新的介入实际上是从权利保护到直接投入在内的一项系统性工程。弗里曼（Freeman）（1989）❸ 在总结日本政府在推动创新过程中发挥的作用的基础上，首次提出国家创新体系的概念，国家创新体系被定义为"公共部门与私人部门的制度网络，两部门相互作用下进而产生、引进、改进并且扩散新的技术"。国家创新体系被用来作为一种指标体系来分析政府应当如何有效地参与并推动创新的实现。而在国家创新体系中，

---

❶ 周林 . 18 世纪的英国专利法很坑？谈谈专利与工业革命那些事［EB/OL］. ［2019-09-16］. https：//www. infoxmation. com/community/article_ detail/15680. jspx

❷ Mazzucato M. The entrepreneurial state［J］. Soundings，2011，49（49）：131-142.

❸ Freeman C. Technology policy and economic performance［M］. Great Britain：Pinter Publishers，1989：31-54.

创新政策无疑发挥着重要的作用。

改革开放以来，中国在创新政策领域从广度到深度上都经历了一系列变革与调整。1985 年 3 月 13 日，中共中央发布《关于科学技术体制改革的决定》，拉开从创新政策角度系统化、体系化进行变革的序幕。提出在运行机制方面，"要改革拨款制度，开拓技术市场，克服单纯依靠行政手段管理科学技术工作，国家包得过多、统得过死的弊病；在对国家重点项目实行计划管理的同时，运用经济杠杆和市场调节，使科学技术机构具有自我发展的能力和自动为经济建设服务的活力"。在组织结构方面，"要改变过多的研究机构与企业相分离，研究、设计、教育、生产脱节，军民分割、部门分割、地区分割的状况；大力加强企业的技术吸收与开发能力和技术成果转化为生产能力的中间环节，促进研究机构、设计机构、高等学校、企业之间的协作和联合，并使各方面的科学技术力量形成合理的纵深配置"。在人事制度方面，"要扭转对科学技术人员限制过多、人才不能合理流动、智力劳动得不到应有尊重的局面，造成人才辈出、人尽其才的良好环境"。此后，陆续实施了"星火计划""火炬计划""863 计划"等创新发展计划，由政府主导，选择部分领域进行创新产业和科研攻关。从 1991 年 3 月起，在全国范围内陆续设立多个国家高新技术产业开发区。经过十年来在创新领域的探索和实践，1996 年，国务院又颁布《关于"九五"期间深化科技体制机制改革的决定》，进一步提出从科学管理、促进科技成果转化、提高技术创新能力、建立人才评价和培养使用机制、改革科技人员收入分配制度、坚持对外开放等方面加强制度创新，并特别强调了资金保障在推动创新中的作用并提出相关措施，例如，增加科技贷款比例，对于高新技术产业给予税收优惠、产品政府优先采购等。1998 年 2 月，江泽民总书记批示了中国科学院提交的《迎接知识经济时代，建设国家创新体系》的研究报告，提出"我认为可以支持他们搞些试点，先走一步。真正搞出我们自己的创新体系"。同年 6 月，国务院批准了中国科学院开展知识创新工程试点，之后以北京大学和清华大学为试点，开始实施"985 工程"，后又开展实施"211 工程"，推动了中国高等教育的发展。从 1999 年开始对高等教育的大幅扩招。1999 年当年即实现扩招 51.32 万人，增长幅度同比达到 47.4%，到 2017 年中国各类高等教育在校学生数达到 3779 万人，高等教育毛入学率达到 45.7%。

2006 年国务院发布的《国家中长期科学和技术发展规划纲要（2006～2020 年）》（以下简称《纲要》）提出了中国科技工作今后 15 年的工作方针，即"自主创新，重点跨越，支撑发展，引领未来"。将"自主创新"的实现作为中国科技发展的核心目标，标志着中国的创新发展进入一个新的历史阶段，即从学习追赶、引进利用转化为以依靠自身发展为主、自主创新的新阶段。《纲要》确定了 11 个国民经济和社会发展的重点领域，并从中选择了 68 项可能在短期内取得突破的主题进行重点安排。同时还安排了 8 个技术领域的 27 项前沿技术，18 个基础科学问题，4 个重大科学研究计划，提出"到 2020 年，全社会研究开发投入占国内生产总值的比重提高到 2.5% 以上，力争科技进步贡献率达到 60% 以上，对外技术依存度降低到 30% 以下，本国人发明专利年度授权量和国际科学论文被引用数均进入世界前 5 位"的发展目标。2008 年，国务院制定《国家知识产权战略纲要》，知识产权首次上升为国家战略，完善知识产权制度、促进知识产权创造和运用、加强知识产权保护、防止知识产权滥用和培育知识产权文化被列为国家知识产权战略的重点。2015 年，国务院通过《中国制造 2025》和《大力推进大众创业万众创新若干政策实施的意见》，进一步推动和鼓励创新。经过 10 年的建设、发展并总结前期经验。2016 年，中共中央、国务院颁布《国家创新驱动发展战略纲要》，进一步将创新驱动发展作为国家发展的优先战略，并提出按照"坚持双轮驱动、构建一个体系、推动六大转变"进行战略部署，即以科技创新和体制机制创新作为双轮，建设国家创新体系，最终实现发展方式向以质量效益为主导的可持续发展转变；发展要素向创新要素主导发展转变；产业分工向价值链中高端转变；创新能力向"并行""领跑"为主转变；资源配置向产业链、创新链、资金链统筹配置转变；创新群体向小众与大众创新创业互动转变。最终通过 2020～2050 年三步走的战略实现建成世界科技创新强国的最终目标。

上述一系列创新政策的实施使得中国逐步建立起相对成熟的国家创新体系，根据欧盟（European Union）的创新政策分类体系对中国的创新政策进行整理和归类，具体如表 1-1 所示。

表 1-1　中国的创新政策体系

欧盟创新政策分类体系		中国的法律、政策示例
政策类别	政策优先	
培育创新文化	教育与继续培训	学位授予条例（1980）、义务教育法（1986）、教师法（1993）、教育法（1995）、职业教育法（1996）、高等教育法（1998）、"211工程"
	学生、科研人员的流动性	支持外国专家来华工作、吸引海外留学生回国、鼓励企业设立博士后流动站
	提升社会公众的创新意识	科学技术普及法（2002），政府为传播科技知识的中介组织提供税收激励
	培育企业中的创新组织和管理实践	企业知识产权管理规范（2013）
	促进创新合作与产业集群	长三角产业集群合作、粤港澳区域合作
建立有利于创新的环境	竞争	反不正当竞争法（1993）、消费者权益保护法（1993）、反倾销反补贴条例（1997）、价格法（1998）、反垄断法（2007）
	保护知识产权	商标法（1982）、专利法（1984）、著作权法（1990）
	行政简政放权	国务院机构改革和职能转变方案（2013）
	改善法律和监管环境	在知识产权、科技发展、教育等方面的立法
	创新金融	对科技型中小企业的资助
	税收	对科技型企业的税收减免、税前扣除等
推动促进创新的研究	研究和发展策略规划	国家中长期科学和技术发展规划纲要（2006~2020年）
	增强企业的研发创新	863计划、中国制造2025
	科技型企业的创建	中央和地方的各类科技园、孵化平台
	强化产学研合作	钢铁、能源、农业和煤矿开采研发四大产业技术创新战略联盟（2007）、促进科技成果转化法（2015）
	增强企业吸收技术和专门知识产的能力	中小企业促进条例（2002）、科技中小型企业创新基金（2005）

注：表 1-1 在欧洲经济合作组织（OECE）（2008）基础上整理。❶

　　从表 1-1 可以看出，自改革开放以来，中国已经建立起覆盖全面、体系完整的创新政策体系。而从鼓励和推动作为创新重要主体的企业创新来

---

❶　OECD. OECD Reviews of Innovation Policy：China［M］. Paris：OECD，2008.

说，更是涵盖了从中央到地方范围的创新支持和激励政策。

从中央层面来看，主要是通过运用税收手段予以激励。具体来说，根据处于研发前端还是研发后端，主要分为研发前端的企业所得税加计扣除政策和研发后端的企业所得税优惠政策。其中前者是通过对企业研发费用的加计扣除政策，鼓励企业的研发投入。该政策肇始于 1996 年，当时主要针对国有企业和集体企业，在适用条件上还需要企业满足研发费用相比上一年度增幅超过 10% 的要求。此后，在适用范围上从基于特定所有制类型转而针对特定的高新技术领域，并取消研发费用增幅的限制，同时根据是否形成无形资产，分别适用税前抵扣和摊销的不同形式。到 2018 年，适用范围进一步扩大到所有类型的企业，并将抵扣和摊销的比例提高到 75% 和 175%。而对于后者的研发后端的企业所得税优惠政策，其针对的对象有两类，前一类的目的在于对已经通过研发方面的投入达到国家高新技术企业认定条件的企业通过适用较低的所得税率进行奖励（企业所得税从 25% 降至 15% 征收），后一类的目的则在于通过对技术转让的所得税优惠政策来鼓励技术的转化和运用，即技术转让所得不超过 500 万元的部分，免征企业所得税；超过 500 万元的部分，减半征收企业所得税。❶ 具体内容分别如表 1-2 和表 1-3 所示。

表 1-2　研发前端的企业所得税加计扣除政策

年份	适用范围	适用条件	具体内容
1996	国有、集体工业企业	研发费用增幅 10% 以上	按研发费用实际发生额的 50% 抵扣应税所得额
2003	各种所有制工业企业	同上	同上

---

❶　技术转让的范围，包括居民企业转让专利技术、计算机软件著作权、集成电路布图设计权、植物新品种、生物医药新品种，以及财政部和国家税务总局确定的其他技术。参见《财政部、国家税务总局关于居民企业技术转让有关企业所得税政策问题的通知》。技术转让收入包括技术咨询、技术服务、技术培训收入，即转让方为使受让方掌握所转让的技术投入使用、实现产业化而提供的必要的技术咨询、技术服务、技术培训所产生的收入。参见《关于技术转让所得减免企业所得税有关问题的公告》。

续表

年份	适用范围	适用条件	具体内容
2008	从事《国家重点支持的高新技术领域》的居民企业	取消研发费用增幅 10% 以上的限制	研发费用计入当期损益未形成无形资产的，按当年研发费用发生额的 50% 抵扣当年的应纳税所得额；形成无形资产的，按该无形资产成本的 150% 在税前摊销
2013	扩大研究开发费用加计扣除范围	同上	同上
2015	放宽了享受优惠的企业研发活动及研发费用的范围，大幅减少了研发费用加计扣除口径与高新技术企业认定研发费用归集口径的差异	不适用税前加计扣除政策的行业：烟草制造业、住宿和餐饮业、批发和零售业、房地产业、租赁和商务服务业、娱乐业。	同上
2017	科技型中小企业	同上	科技型中小企业按 75% 加计扣除、175% 摊销
2018	由科技型中小企业扩大至所有企业	同上	同上

表 1-3 研发后端的企业所得税优惠政策

优惠类别	适用范围	优惠内容
所得税优惠	高新技术企业	减按 15% 的税率征收企业所得税
技术转让所得税优惠	居民企业	技术转让所得不超过 500 万元的部分，免征企业所得税；超过 500 万元的部分，减半征收企业所得税

　　从地方层面来看，对创新的激励以财政手段为主，表现出覆盖面广、形式多样的特征。由于各个地方的知识产权政策具有一定的差异性，本书以福建省厦门市为例，展示地方政府实施的相对具有代表性的知识产权政策。厦门市的知识产权政策覆盖了专利、商标和著作权三类。❶

　　对于专利，主要表现在如下 8 个方面：（1）专利资助。对于获得国内

---

❶ 厦门市具体实施的知识产权政策参见 2017 年《厦门市专利发展专项资金管理办法》；《中国（福建）自由贸易试验区厦门片区知识产权扶持与奖励办法》；福建省市场监督管理局《关于做好 2018 年度相关商标补助金申报的通知》。

发明专利授权，小微企业获得国内实用新型专利授权和外观设计专利授权，按照专利合作条约（PCT）提出的专利国际申请，获得美日欧国家发明专利授权及其他国家发明专利授权，维持国内外专利权满 6 年以上，分别给予不同金额的资助。（2）专利技术实施和运用。每年确定一批市专利技术实施与产业化计划项目给予补助。企业购买高等学校、科研单位职务发明专利技术，按照实际支付技术交易额的 6% 给予奖励。（3）各级知识产权示范、优势、试点企业奖励。（4）专利权质押贷款贴息和风险补偿。（5）专利保险费用补贴。（6）知识产权服务业奖励与补贴。知识产权服务单位被列入国家知识产权服务品牌机构培育单位，授予国家知识产权服务品牌机构。知识产权服务单位促成专利项目在本市转移转化的，按技术交易额的 1.5%～2.5% 给予相应的奖励。（7）企业研发经费投入补助根据企业类型的差异，按年度可加计扣除研发经费投入的 5%、10% 给予补助。（8）知识产权贯标工作补贴。

对于商标的激励政策主要表现在以下三类奖励：（1）驰名商标认定奖励。国家知识产权局商标局、商标评审委员会认定的驰名商标，给予一次性 30 万元奖励。（2）国际注册商标奖励。核准注册的马德里国际商标按照指定国家或地区的数量每件补助 0.5 万～1.5 万。获得欧盟、美国、日本、韩国、澳大利亚商标注册的，每件注册商标资助 1 万元。（3）地理标志奖励。对核准注册的地理标志商标的注册人，给予一次性奖励 10 万元。

对于著作权的激励政策主要表现在以下两类奖励：（1）计算机软件著作权。获得国家计算机软件著作权登记的，每件资助 300 元。获评国家或省级版权示范单位的，分别奖励 10 万元和 5 万元。（2）集成电路布图设计。获得国家知识产权局集成电路布图设计登记的，每件资助2000 元。

第三节　知识产权政策的限制与有效性

上述从国家到地方颁布实施的知识产权政策，覆盖了近乎关于创新和知识产权的方方面面，对此需要思考和回应：这些知识产权激励政策是否会受到国际范围的限制，是否具有可持续性？知识产权政策对创新的影响效果如何？

第一个问题主要源于国际上对中国知识产权补贴资助政策的争议。中国在国内颁布和实施的一系列大量运用税收和财政补贴手段的知识产权政策，由于法律的地域性，在一国范围内固然无所争议，然而，在涉及国际范围的经贸往来时，上述政策就可能产生争议了。以中美贸易争端为例，其中双方争议的一个重要问题就是美国指责中国违背了在消除扭曲市场的补贴方面所作出的承诺。中美作为 WTO 的成员，中国在知识产权领域是否存在违规补贴，判断的主要依据便是 WTO 的相关规则。WTO 的相关规则中涉及补贴的主要是《补贴与反补贴措施协议》（Agreement on Subsidies and Countervailing Measures），该协议对补贴的定义是涉及资金直接转移的政府行为（如赠予、贷款、投股）、资金或债务潜在的转移（如贷款担保）；政府本应征收收入的豁免或未予征收（如税额减免之类的财政鼓励）。对比来看，中国对知识产权领域的激励政策均属于 WTO 定义的补贴范畴。

《补贴与反补贴措施协议》将补贴分为三类，即禁止的补贴、可申诉的补贴和不可申诉的补贴。其中不可申诉的补贴主要包括如下几种情形：（1）该补贴不具有专向性，专向性是指补贴授予当局或该当局以执行的立法将补贴的获得明确限于特定企业、产业或多个产业；（2）在成员的领土范围内根据地区发展总体规划并且不具有专向性地在适当区域对不利地区提供的资助；（3）补贴具有专向性，但属于根据与企业所订立的合同对由企业或由高等院校或由科研机构所从事的研究活动的资助。条件是：资助不超过工业研究费用的 75%，或竞争前开发活动费用的 50%。并且这些资助仅限于：①人员费用（专为研究活动而录用的研究人员、技术人员和其他辅助人员）；②专门并长期（在商业的基础上处分的除外）用于科研活动的仪器、设备、土地和建筑费用；③仅用于研究活动的咨询及类似服务的费用，包括购买研究成果、技术知识、专利等费用；④由研究活动直接产生的额外附加费用；⑤由研究活动直接产生的其他运转费用（诸如资料费、供应费和类似花费）。

对照协议要求，中国实施的两类知识产权政策可能属于违反 WTO 反补贴协议的禁止或可申诉补贴政策。（1）对于高新技术企业的所得税优惠政策。中国在 2016 年修订的《高新技术企业认定管理办法》中对高新技术企业的定义是在《国家重点支持的高新技术领域》内，持续进行研究开发与技术成果转化，形成企业核心自主知识产权，并以此为基础开展经营活动，在中国境内（不包括港、澳、台地区）注册的居民企业。而在同年修订的《国家重点支持的高新技术领域》，包括电子信息、生物与新医药、航空航天、新材料、高技术服务业、新能源与节能、资源与环境、先进制造与自动化八大类。这也就意味着不属于这八大类的企业，是无法被认定为高新技术企业，进而享受相应的税收优惠的。这一补贴政策显然是具有专向性的。与此类似的，包括中国制造 2025 计划，也是围绕国家重点扶持的特定行业给予相应的财政和税收支持，同样具有专向性。（2）发达地区的区域性知识产权优惠政策。前面介绍了位于中国东部沿海发达地区的福建省厦门市的知识产权政策，这一类政策显然不属于协议所说的对不利地区提供的资助。这也意味着如果中国发达地区的企业享受了地方的知识产权优惠政策并向其他国家出口产品，就有可能面临反补贴调查和诉讼的风险。

因此，我国从中央到地方的知识产权政策都应当根据 WTO 补贴规则的相关要求进行合规性审查，对于针对发达地区以及特定行业的具有专向性的知识产权补贴政策应当予以清理和修订，从而在贸易保护日趋抬头的背景下，应对和避免当前国内外日益频繁的贸易争端。

此外，调整和修改以高新技术企业所得税优惠为代表的产业政策不仅是为了符合 WTO 反补贴协议规则的要求，对具有特定指向的产业政策的效果，近年来已经引发广泛的争议。最具有代表性的就是张维迎和林毅夫掀起的"产业政策之争"。林毅夫强调有为政府通过基于自然资源禀赋状况形成的比较优势，制定产业政策，引导产业快速发展，实现落后地区弯道超车，以赶超先进地区。具体措施包括政府主管部门就产业间资源配置或基础建设方面制定或采取的涉及重点产业的培育和保护、衰退产业的调整等政策，以及调整产业内部组织结构所采取的政策，如推动企业合并以提高集中度，组织、协调企业调整开工量和投资规模，以及实施中小企业对策等。张维迎则主张把政府作用的合理边界限定在国防、教育、公用基础设施和产权保护等在内的公共品提供范围内。张维迎认为受到认知的局限，政府计算能力和判断能力是十分有限的，无法准确地识别什么产业需要政府的扶持，即便所选择的扶持产业是正确的，政府也难以判断给予多大力度的扶持是适当的。而具有明确营利动机和责任承担能力的企业家与政府相比则更加警觉，更具想象力和判断力，因而在获取当地信息上更有优势。

同理论上产生的争议类似，从实证研究的角度对产业政策之于创新的的实施效果也存在两种截然相反的观点和研究成果。一种观点认为产业政策对企业创新具有积极的效果。部分学者认为，对企业进行补助的产业政策有利于弥补市场失灵，推动企业的创新投入和产出。❶ 还有学者以"五年规划"为切入点，发现选择性的产业政策能够显著提高企业的发明专利数量和新产品产值。❷ 毛其淋和许家云（2015）❸ 发现补贴性产业政策对企业新产品销售额占比衡量的创新具有促进作用。张婷婷等（2019）❹ 发现地方政府的产业政策显著提高了辖区内企业的专利申请数量。而相反的观点则认为，产业政策会对企业创新产生消极影响。部分学者认为，政府

❶　Jaffe A B, Le T. The impact of R&D subsidy on innovation: a study of New Zealand firms [R]. National Bureau of Economic Research, 2015；解维敏，唐清泉，陆姗姗. 政府 R&D 资助，企业 R&D 支出与自主创新——来自中国上市公司的经验证据 [J]. 金融研究，2009（6）：86-99；郭玥. 政府创新补助的信号传递机制与企业创新 [J]. 中国工业经济，2018（9）：98-116.

❷　余明桂，范蕊，钟慧洁. 中国产业政策与企业技术创新 [J]. 中国工业经济，2016（12）：5-22；曹平，王桂军. 选择性产业政策、企业创新与创新生存时间——来自中国工业企业数据的经验证据 [J]. 产业经济研究，2018（4）：3.

❸　毛其淋，许家云. 政府补贴对企业新产品创新的影响——基于补贴强度"适度区间"的视角 [J]. 中国工业经济，2015（6）：94-107.

❹　张婷婷，张新民，陈德球. 产业政策、人才密度与企业创新效率 [J]. 中山大学学报社会科学版，2019，59（4）：173-183.

选择性的产业政策会通过促进企业寻租等方式对企业创新产生挤出效应。❶
还有研究发现产业政策会导致企业策略性创新，即虽然专利申请显著增
加，但对于质量较高的发明专利没有显著影响。❷

总结上述关于产业政策的理论和实证研究争议可知，从总体上笼统地
谈论产业政策，无法简单地判断其对创新存在积极或消极的影响。或者
说，知识产权相关的产业政策对创新确实存在积极和消极的两方面影响。
从积极方面来说，鼓励创新的产业政策的实施，使企业意识到创新的重要
价值，可能会激励企业不断增加研发投入。同时，也使企业的创新成果具
有更高的市场价值和需求，使企业有了更大的通过转让、许可等方式将创
新成果变现的可能性，从而激励市场主体的创新行为。

但是如果对产业政策进行类型化处理，可以发现产业政策的弊端还是
主要集中在选择性产业政策方面。选择性产业政策被认为是"政府为改变
产业间资源分配和各种产业中私营企业的某种经营活动而采取的政策。换
句话说，它是促进某种产业的生产、投资、研究开发、现代化和产业改组
而抑制其他产业同类活动的政策"。❸ 选择性产业政策及其相应理念最早源
于日本，日本通过产业政策的实施实现了"二战"后的快速复兴，而中国
的产业政策就是借鉴了日本的经验，当前中国实施的产业政策，很大一部
分便是属于此类选择性产业政策。然而，选择性产业政策诱发的选择效应
易产生三方面的不利影响。

（1）政府通过设定扶持产业的目录，对目录内的产业进行重点支持，
但问题是，政府如何确定所选择的扶持产业是正确的？即使正确，政府又

---

❶ Mamuneas T P, Nadiri M I. Public R&D policies and cost behavior of the US manu-
facturing industries［J］. Journal of Public Economics, 1996, 63（1）：57-81; Görg H,
Strobl E. The effect of R&D subsidies on private R&D［J］. Economica, 2007, 74（294）：
215-234; 晏艳阳，王娟. 产业政策如何促进企业创新效率提升——对"五年规划"实
施效果的一项评价［J］. 产经评论，2018（3）：57-74.

❷ 黎文靖，郑曼妮. 实质性创新还是策略性创新？——宏观产业政策对微观企业
创新的影响［J］. 经济研究，2016, 51（4）：60-73.

❸ 小宫隆太郎，奥野正宽，铃村兴太郎. 日本的产业政策［M］. 黄晓勇，等译，
北京：国际文化出版公司，1998：3.

应当如何确定多大力度的扶持是适当的？以曾经作为新能源标杆的光伏产业为例，政府对光伏产业的补贴使得光伏企业不断涌现并竞相扩大产能，最终导致产能过剩，曾经全球最大的光伏企业无锡尚德黯然破产。2018年6月，国家发改委、财政部、国家能源局发布一则通知，要求合理把握发展节奏，优化光伏发电新增建设规模。加快光伏发电补贴退坡，降低补贴强度。❶ 近年来，相同的情况在新能源汽车领域也正在重演，大量的新能源汽车制造企业纷纷设立，部分新能源汽车生产的主要目的就是获得政府补贴，而非在市场上进行销售。有鉴于此，国家和地方也逐步在取消对新能源汽车的补贴。

（2）对于被扶持产业内的企业，政府的扶持可能推动企业的骗补和寻租，增加企业的寻租成本。2016年，时任财政部部长楼继伟在电动汽车百人会谈上发表演讲，就特别提到，将联合相关部委组织专项检查，对查实的骗补问题依法依规严肃处理，对各种骗补和寻租行为给予严厉打击，绝不手软。❷ 这也从侧面验证了寻租现象具有一定的普遍性。

（3）使得企业产生策略性创新行为，造成低质量、重复性的专利申请。企业在获得专利所带来的税收优惠、财政补贴等各类物质性收益的激励下，一方面，企业可能侧重于更多的质量较低的专利申请，如更多地申请实用新型专利，从而降低了整体的专利质量；另一方面，企业可能倾向于将本可作为一项专利进行申请的改为多项专利进行申请，从而获得更多的专利数量，以此来满足政府通过将补贴奖励政策与专利数量挂钩的形式要求。

部分现有研究者也认为，产业政策发挥积极作用是有条件的，即产业政策对行业内所有的企业是普惠的。国家对某一部门采用扶持型产业政策时，应以覆盖范围较大、更有利于竞争的方式实施。这样，由于覆盖范围较大、竞争更加激烈，企业通过游说而获得的利润下降，从而致使企业游

❶　参见《国家发展改革委 财政部 国家能源局关于2018年光伏发电有关事项的通知》（发改能源〔2018〕823号）。

❷　财政部部长：坚决打击新能源汽车骗补和寻租行为［EB/OL］.（2016-01-23）［2019-09-20］. http://www.gov.cn/xinwen/2016-01/23/content_5035573.htm.

说的激励下降。❶ 这一观点也与 WTO 协议中关于非专向性的要求是一致的。

综上所述，选择性产业政策既违反 WTO 反补贴协议的相关规定，极易诱发国际贸易争端。同时，根据现有理论和实证研究，选择性产业政策对于企业创新也存在产生某些方面负面效果的可能。事实上，即便作为中国产业政策的主要学习对象的日本产业政策，在日本经济学家小宫隆太郎等人所著的《日本产业政策》一书中，也是对此类选择性产业政策持批判态度的。❷ 因此，我们有必要认真检讨产业政策，特别是选择性产业政策的实施效果，从而为创新发展提供更为科学有效的助力。

第四节　知识产权和政府政策的影响效果

经过 30 多年知识产权法律制度的不断完善，以及政府制定的一系列支持创新发展的政策的实施，中国的知识产权法律制度和相关政府政策对创新究竟产生了怎样的影响？是否取得了预期的效果？我们首先来了解一下中国的创新发展所处的阶段和水平。

从研发投入来看，2013～2016 年，中国研发经费年均增长 11.1%。2017 年中国研发支出达到 1.76 万亿元，同比增长 12.3%，研发支出占国内生产总值的比值达 2.13%。2018 年，中国研发支出达 1.97 万亿元，研发支出占国内生产总值的比值进一步提升到 2.18%。❸ 距离《国家中长期科学和技术发展规划纲要（2016～2020 年）》提出的"到 2020 年，全社会研究开发投入占国内生产总值的比重提高到 2.5% 以上"尚有一些距离。对比其他创新性国家的研发支出占比，中国已经达到欧盟 15 国平均 2.1%

❶ Aghion P，Cai J，Dewatripont M，et al. Industrial policy and competition ［J］. A-merican Economic Journal：Macroeconomics，2015，7（4）：1-32.

❷ 吴敬琏. 我国的产业政策：不是存废，而是转型 ［J］. 中国流通经济，2017，31（11）：3-8.

❸ 马一德. 中国在知识产权上不输理 ［EB/OL］.（2019-05-27）［2019-09-16］. http：//www. qstheory. cn/yaowen/2019-05/27/c_ 1124545550. htm.

的水平，但距离以色列 4.25%，韩国 4.23%，日本 3.49% 的研发强度还有较大的提升空间。❶

从创新的产出来看，中国国际科技论文总量从 1988 年的 0.56 万篇增加到 2016 年的 32.42 万篇，跃居世界第二。❷ 在专利方面，中国发明专利申请量自 2011 年起超过美国位居世界第一，从 1988 年的 0.478 万件增长到 2018 年的 154.2 万件，超过美日欧韩的总和，在世界发明专利数量中的比重在 2017 年即已达到 43.6%。2017 年中国提交的 PCT 国际专利申请量达到 4.8882 万件，超过日本跃居世界第二。实用新型专利占世界总量的比重更是达到 95.48%。❸ 测算 2006～2016 年中国各省市专利申请量的年均增速，平均值为 22.63%，其中增速最高的安徽省年均增速达到惊人的 43.44%。❹ 在商标方面，截至 2017 年年底，中国商标累积申请量 2784.2 万件，累积注册量 1730.1 万件，连续 17 年位居世界第一，占世界商标总数的 37.9%。国内申请人提交的马德里商标国际注册申请 4810 件，在马德里联盟中排名首次进入前三。❺ 根据世界知识产权组织（WIPO）发布的 2018"全球创新指数"（Global Innovation Index 2018），中国首次进入全球前 20，位居第 17 位，是进入前 20 名中唯一的中等收入国家。而在 2019 年的"全球创新指数"（Global Innovation Index 2018）中，中国的排名继续攀升，已经上升到第 14 位。❻

---

❶ 林火灿. 我国研发投入水平接近发达国家 ［EB/OL］.（2017-10-11）［2019-09-16］. http：//finance. china. com. cn/news/20171011/4412301. shtml.

❷ 科技发展 40 年巨变：多项指标世界领先重大成果涌现 ［EB/OL］.（2009-10-06）［2019-09-16］. https：//baijiahao. baidu. com/s? id = 1613529522235919991&wfr = spider&for = pc.

❸ WIPO. World intellectual property indicators 2012 ［R］. Geneva：WIPO, 2012; WIPO. World intellectual property indicators 2018 ［R］. Geneva：WIPO, 2018.

❹ 批量生产的中国专利，大多数都是垃圾 ［EB/OL］.（2018-10-21）［2019-09-16］. http：//data. 163. com/18/1021/01/DUJSNOIQ000181IU. html.

❺ 中国商标注册数据盘点：2017 年申请量突破 500 万 ［EB/OL］.（2018-01-22）［2019-09-16］. http：//finance. eastmoney. com/news/1365，20180122824481939. html.

❻ WIPO. Global Innovation Index 2018 ［R］. Geneva：WIPO, 2018; WIPO. Global Innovation Index 2019 ［R］. Geneva：WIPO, 2019.

　　基于上述研发投入和创新产出数据，我们很容易基于直觉的判断，得出中国的知识产权制度和创新政策有力地推动了中国的创新发展，使得中国已经成为创新强国的推论。有些经济学家便基于上述数据得出中国综合国力已经赶上并超过美国的结论。❶ 而事实是否如此呢？2018 年的中兴事件就给了我们当头棒喝，仅仅因为美国商务部禁止美国企业向中兴通讯销售零件就使中国最大的电信设备制造商之一濒临停产，直到中兴缴纳巨额罚款和保证金并附带一系列条件后才解除限制。而中兴的国际 PCT 专利申请量位居世界第二，仅次于中国的华为。2019 年 5 月美国再次将华为列入限制交易的实体名单，虽然对华为的实际影响还有待于事件的进一步发酵，但中兴和华为事件从一个侧面反映了中国的创新能力可能并非数据显示的那么耀眼，对中国专利泡沫的担忧已经超越学术界的范围而成为日益广泛的社会共识。❷ 我们不得不面对的一个现实是，中国的确已经成为一个创新大国，但还远非创新强国。

　　那么，应当如何认识和理解中国的知识产权制度和政策对创新发展的影响？特别是如何理解中国当前在创新领域表面上所取得的成绩与知识产权法律制度和政府创新政策的关联性？耀眼成绩背后所存在的大而不强的隐忧又是否与政府的创新政策有关？事实上，有效地平衡政府和市场在创新中的关系是国家创新体系建设的关键。随着本应解决创新的市场失灵的政府之手不断深入创新的各个领域，我们是否需要担心政府失灵的出现？对创新、知识产权和政府政策之间关系的认识，显然无法依靠简单的描述性说明或逻辑推理而得到清晰的答案。而上述关系的理解对于当前正处于纷繁复杂的国内外政治经济形势下的中国未来发展具有重要的理论和现实意义。

　　以改革开放作为起点计算，中国的创新发展已经走过 40 个年头，故而有必要对中国知识产权制度的变迁以及曾经实施的一系列创新政策进行

---

❶ 胡鞍钢，高宇宁，郑云峰，等．大国兴衰与中国机遇：国家综合国力评估［J］．经济导刊，2017（3）：14-25.

❷ 袁晓彬．中国专利大跃进：数量井喷质量低劣［EB/OL］．［2019-09-16］．http://view.163.com/special/reviews/zhuanli0624.html.

系统科学的分析，从而为评估现行知识产权制度和创新政策的有效性，不断完善知识产权法律制度，优化支撑创新发展的政府政策提供理论依据和实践指导。本书其余部分将重点围绕中国的专利、著作权、商标等知识产权法律制度和政府政策，定性分析和定量研究相结合，通过运用包括专利数据、商标数据和企业数据等微观数据，结合现代计量分析方法，既从总体上对我国知识产权法律制度的发展变迁及其背后原因展开定性分析，同时选取具有代表性和典型性的中央或地方政府实施的专利、商标和著作权相关的制度、政策，从理论和实证分析两方面研究上述各类知识产权法律制度和政府政策对创新的影响及与创新的关系。在探讨知识产权与创新关系的基础上，本书还将进一步讨论在知识产权制度之外推动创新的替代性措施和办法。此外，本书还将从新技术、新领域的发展趋势角度出发，探讨现行的知识产权相关制度是否能够支持中国创新发展的未来以及可能的变革方向。最后，系统性地总结中国在运用知识产权和政府政策推动创新发展方面的利弊得失，从而为全面、系统、科学地理解中国的知识产权法律、政府政策和创新发展的关系，提供一个立足历史与当下，展望未来，基于多学科的分析视角的认识路径。进而为最终实现创新的政府之手和市场之手的有效协调，推动中国的知识产权强国建设，早日建成创新型国家提供理论支撑和政策依据。

第二章 中国的专利制度、政策与创新发展

第一节 中国专利制度的演变及趋势

中国现代意义上的专利制度肇始于 20 世纪 80 年代。1978 年，中共中央在批复外交部、对外贸易部、对外经济联络部的一份报告中，第一次明确提出"我国应建立专利制度"，此后，成立专利法起草小组，先后派团赴日法德美等国考察专利制度。1979 年《中美贸易关系协定》签订，中方首次对外承诺保护专利在内的知识产权。以此为契机，1980 年国务院批准中国专利局成立，并于同年加入世界知识产权组织。然而，对于是否建立专利制度，当时还面临着重重阻力和分歧，原工业部就曾对我国建立专利制度问题上书邓小平同志和国务院领导，提出反对意见。争论的焦点主要集中在两个问题：一是实行专利制度是否符合我国的社会主义制度；二是实行专利制度是有利于我国的发展还是妨碍我国的发展。❶ 最终经过艰苦努力，"为了对外开放、引进技术和发展经济，中国应当制定一部自己的专利法"成为共识。❷ 在突破众多分歧和争议的情况下，1984 年 3 月 12 日，第六届全国人大常务委员会第四次会议通过《专利法》，并于 1984 年 4 月 1 日正式实施。此时的中国改革开放实施不久，尚处于从计划经济向市场经济过渡的初期，创新水平和创新能力均极为有限，因此，为了更为

---

❶ 尹新天 . 中国专利法详解 [M]. 北京：知识产权出版社，2011：3.
❷ 张玉敏 . 知识产权法制三十年 [J]. 法学杂志，2009（2）：14-17.

方便快捷地利用国外相关的发明专利以弥补中国技术创新能力的不足，1984 年的《专利法》对专利权的保护与其他国家的专利保护水平相比，处于一个相对较低的水平。例如，在该法中，规定对药品、用化学方法获得的物质以及食品、饮料、调味品不授予专利权。专利权的保护期限也相对较短，其中发明专利保护期限为 15 年，实用新型和外观设计为 5 年，后两者到期后可以续展 3 年。

随着改革开放的不断推进，中国日益深入地参与到国际贸易和国际分工合作秩序中，低水平的专利保护使得中国面临着不断加重的国际压力。1989 年，中国被美国列入"特别 301 条款"的重点观察国家名单。1991 年 4 月 26 日，美国将中国从"301 条款"的"重点观察国家"名单上升至"重点国家"名单中，并指责中国缺乏对美国知识产权充分有效的保护。同年 12 月 3 日，美国宣布进行贸易报复。对中国的主要指责包括：没有对药品、用化学方法获得的物质等提供专利保护，未对商业秘密实施全面保护，未能保障商标权的有效实施等。并威胁如果中国不能实现上述要求，将对中国采取报复措施。

经过中美双方的多轮谈判和交锋，1992 年 1 月 17 日，中美政府签署《关于保护知识产权的谅解备忘录》，中国接受了美国大部分的对于中国加强专利保护的要求。在 1992 年 9 月第一次修订的《专利法》中，扩大了专利权授予的范围，对化学物质、药品、食品、饮料和调味品给予专利保护。强化专利权的效力，赋予专利权人制止他人未经许可而进口专利产品的权利，并将制造方法专利权的效力扩大到依照该方法直接获得的产品。延长了专利的保护期限，规定发明专利的保护期限为 20 年，实用新型和外观设计的保护期限为 10 年。完善了申请及审批程序等。

2001 年，中国正式成为世界贸易组织的成员方，从而具有了遵守《与贸易有关的知识产权协定》（Trade-related intellectual property agreements，TRIPS）的义务。为此，中国在 2000 年对《专利法》进行第二次修订，进一步强化对专利权的保护，包括增加发明和实用新型专利权人制止他人未经许可而许诺销售专利产品的权利。建立诉前禁令制度。取消授予专利权之后的撤销程序，仅保留授予专利权之后的无效宣告请求程序。取消专利权依据企业所有制性质分为持有和所有的规定。规定申请人或当事人对专利复审委员会作出的复审决定或无效宣告请求审查决定不服的，可以向法院起诉。从而使得中国的专利保护制度能够符合 TRIPS 协议的相关规定。同时，《专利法》的第二次修订也改变了原有的知识产权归属不明晰的状态，进一步强化了对专利权的保护。

相比于前面两次修订主要受制于外部的压力，2008 年《专利法》的第三次修订，一方面源于对接知识产权保护的国际先进标准；另一方面则主要基于中国自身对于保护知识产权，提高专利质量和自主创新能力的迫切需要。2006 年国务院发布《国家中长期科学和技术发展规划纲要（2006~2020 年）》，将"自主创新"的实现作为中国科技发展的核心目标，在 2008 年国务院制定的《国家知识产权战略纲要》首次将知识产权上升为国家战略的背景下，如何通过完善专利保护制度从而有利于自主创新能力的提升成为这一次《专利法》修订的主要目标。因此，在 2008 年第三次修订的《专利法》中，主要的修改内容包括：第一，对授予专利权条件的调整，对发明和实用新型新颖性的判断从相对新颖性转为绝对新颖性，提高了专利权的授予标准。对外观设计的审核条件也更为严格，从而着力于提高专利的质量。第二，根据《生物多样性公约》（convention on biological diversity，CBD）的规定，增加了保护我国遗传资源的有关规定，强化了对遗传资源的保护，❶ 以实现专利制度和保护遗传资源制度之间的衔接。第三，规定了禁止重复授权原则，一件发明只能对应一项专利权，禁止重复授权。一方面减少了对专利审查资源的浪费，另一方面防止变相延长专利权的保护期限。第四，强化对专利权的保护，加大假冒专利的处罚，赋予管理专利工作的部门调查假冒专利行为的相关权力，更加具体地规定了侵犯专利权的赔偿数额计算方式，以及其他包括专利许可合同的订立形式不再局限于书面合同。完善了强制许可制度等相关修改内容。

---

❶ 按照《生物多样性公约》的规定，遗传资源是指来自植物、动物、微生物或其他来源的任何含有遗传功能单位的、有实际或潜在利用价值的遗传材料。遗传资源所包含的丰富生命遗传信息，对生物制药、动植物育种、生命科学研究等有重要意义。

而截至 2019 年年底正处于全国人大审议过程中的《专利法》第四次修订，根据 2018 年 12 月国务院常务会议审议通过的《专利法修正草案》中的相关修订内容，从中体现了相当数量的适应中国知识产权和创新发展需要的独特内容，具体来说，主要围绕如下七个方面对 2008 年《专利法》进行修改和调整。

（1）建立专利侵权的惩罚性赔偿制度。草案规定对故意侵犯专利权，情节严重的，可以在按照权利人受到的损失、侵权人获得的利益或者专利许可使用费倍数计算的数额 1~5 倍内确定赔偿数额。该条规定施行的背景在于，在中国已经发生的大多数的专利侵权诉讼案件中，由于举证难等原因，判定的赔偿额普遍偏低。中南财经政法大学所做的统计数据显示中国专利侵权平均判赔额度为 8 万元；长沙中院的统计数据与该数据相近，且 97% 以上案件适用法定赔偿；北京知识产权法院数据显示平均为 45 万元；而美国普华永道报告在美国专利侵权判赔额度平均为 550 万美元。❶ 加之专利诉讼成本较高，使得专利权人的维权积极性不高，反过来也使得侵权人的违法成本较低，从而造成专利侵权的恶性循环。而通过适用惩罚性赔偿制度，显著提高了侵权人的违法成本，有利于从源头上遏制专利侵权行为的发生。

（2）完善专利侵权案件的举证责任分配。草案规定法院为确定赔偿数额，在权利人已经尽力举证，而与侵权行为相关的账簿、资料主要由侵权人掌握的情况下，可以责令侵权人提供与侵权行为相关的账簿、资料，侵权人不提供或者提供虚假的账簿、资料的，人民法院可以参考权利人的主张和提供的证据判断赔偿数额。该规定从举证角度直击我国专利诉讼中主要适用法定赔偿，导致赔偿数额偏低的根源，即在权利人举证方面，特别是对于侵权人的侵权获利，由于权利人极难获得相关信息，从而导致在很多侵权诉讼中由于证据不足而不得不适用法定赔偿。

（3）进一步强化和完善了专利行政执法。草案规定，国务院专利行政

---

❶ 王丽琴. 做一个大胆的假设：如果世界没有专利［EB/OL］.（2016-11-08）［2019-09-17］. https：//www.sohu.com/a/118407237_ 543493.

部门可以应专利权人或者利害关系人的请求处理在全国有重大影响的专利侵权纠纷；管理专利工作的部门应专利权人或者利害关系人的请求处理专利侵权纠纷，对在本行政区域内侵犯其同一专利权的案件可以合并处理；对跨区域侵犯其同一专利权的案件可以请求上级人民政府管理专利工作的部门处理。实际上，我国在 1984 年的《专利法》中就确立了专利侵权救济的司法和行政双轨制，专利侵权的行政救济也是我国专利保护的特色制度之一。起初施行该制度主要是考虑到当时知识产权司法审判力量较为薄弱，且专利纠纷技术性较强，由具有一定技术背景，管理专利工作的行政机关处理专利纠纷可以迅速解决一些简单的专利侵权案件，提高专利侵权的救济效率。❶ 然而，对于在当前背景下是否应当继续实行双轨制，存在一定争议。❷ 行政救济有救济效率高、救济成本低的优势，然而也由于不具有终局性而存在稳定性不足，甚至产生延长维权周期，徒增社会成本等问题。行政救济的存废，合理的方式是通过对现阶段继续实施双轨制所产生的社会成本和收益进行分析，从而判断合适的选择。

（4）新增网络专利侵权的连带责任。草案规定，专利权人或者利害关系人可以依据人民法院生效的判决书、裁定书、调解书，或者管理专利工作的部门作出的责令停止侵权的决定，通知网络服务提供者采取删除、屏蔽、断开侵权产品链接等必要措施，网络服务提供者未及时采取必要措施的，要承担连带责任。该规定将侵权责任法中关于网络侵权的规定延伸到专利领域，进一步细化了网络服务者在专利侵权中的法律责任，然而，是否存在将一般法的规定进一步延伸到特别法领域的必要性？随着新技术、新领域的不断发展，未来与专利相关的侵权的形式可能会日趋多样，是否有必要将新的侵权形式不断加入专利法中？实际上都是有必要进一步思考的问题。

（5）明确职务发明的激励机制。草案规定，单位对职务发明创造申请

---

❶ 尹新天. 中国专利法详解［M］. 北京：知识产权出版社，2011：674.

❷ 汪旭东，尚雅琼. 专利行政执法制度的必要性与合理性［J］. 知识产权，2016（7）：82-88.

专利的权利和专利权可以依法处置，实行产权激励，采取股权、期权、分红等方式，使发明人或者设计人合理分享创新收益，促进相关发明创造的实施和运用。这一规定明确了单位对职务发明的处置权，特别是允许单位对职务发明予以产权激励，从而使得困扰我国专利成果转化，特别是高校科研院所的专利成果转化的问题有望得到解决。我国现行专利法规定，执行本单位的任务或者主要是利用本单位的物质技术条件所完成的发明创造为职务发明创造。职务发明创造申请专利的权利属于该单位；申请被批准后，该单位为专利权人。因此，在实践中，企业、科研院所等研究人员所具有的发明，只能由所在单位作为专利权人，而这将产生三个方面限制专利成果转化的效果：第一，实际的发明人推动成果转化的激励可能不足；第二，造成专利成果由于缺乏发明人的有效参与而难以转化；第三，对于国企和高校科研院所，由单位作为专利权人使得由于顾虑专利转化中造成国有资产流失从而限制了专利的转化。因此，赋予单位对职务发明的处置权无疑对我国专利成果转化具有重要的激励作用。

（6）新设专利开放许可制度。草案规定，专利权人以书面方式向国务院专利行政部门声明愿意许可任何人实施其专利，并明确许可使用费支付方式、标准的，由国务院专利行政部门予以公告，实行开放许可；任何人有意愿实施开放许可的专利的，以书面方式通知专利权人，并依照公告的方式、标准支付许可使用费后，即获得专利实施许可。通过明码实价、开放许可的方式，很大程度上缓解了以往存在的由于信息不对称、协商谈判的交易成本高等问题导致的专利转化利用难的问题，从而推动了专利的传播和利用。

（7）新设外观设计专利国内优先权制度，延长外观设计专利的保护期限。我国现行专利法对于国内优先权仅规定适用于发明或实用新型专利，草案此次新设了外观设计专利的国内优先权制度，规定：外观设计在中国第一次提出专利申请之日起6个月内，再次向国务院专利行政部门就相同主题提出专利申请的，与发明或实用新型同样可以享有国内优先权。同时，将外观设计专利权的保护期限由10年延长到15年。上述变化一方面适应了我国加入的关于外观设计保护的《工业品外观设计国际保存海牙协定》(The Hague Agreement Concerning the International Deposit of Industrial Designs) 的需要；另一方面也是对外观设计专利保护强度的重要提升。

从上述正在进行的专利法第四次修订的草案内容来看，大多数的修订内容突破了以往历次修订主要是在法律制度上同国际接轨的传统模式，而呈现出面向中国的知识产权实践，面向中国的创新发展未来的探索。具体的效果，则有待于实践的进一步检验。

第二节　专利制度演变路径的理论基础和实证效果

从中国政府的角度来说，从最初的并未给予专利权较强的保护，到后来在一定程度上因为外界压力的原因而不得不提高保护的水平，再到近年来出于自身发展和经济建设的需要而主动进行专利法的修订，使得中国的专利保护制度在较短的时间内实现了与国际的接轨并在此基础上进行了适应我国国情的优化完善。而在此过程中专利保护的立法选择在一开始虽可能非出于本意，但相关理论和实证研究表明，这样的选择可能是正确并有利于发展中国家经济增长的。

知识产权保护涉及事前的创新激励和事后的垄断扭曲的权衡，❶ 因此，过强的知识产权保护可能并非最优的知识产权环境。部分研究者认为知识

---

❶　Nordhaus W D. An economic theory of technological change ［J］. The American Economic Review, 1969, 59 (2)：18-28；Romer P M. Endogenous technological change ［J］. Journal of political Economy, 1990, 98 (5, Part 2)：S71－S102；Grossman G M, Helpman E. The Politics of Free－Trade Agreements ［J］. The American Economic Review, 1995, 85 (4)：667-690；Scotchmer S. On the optimality of the patent renewal system ［J］. The RAND Journal of Economics, 1999：181－196；Gallini N, Scotchmer S. Intellectual property：when is it the best incentive system? ［J］. Innovation policy and the economy, 2002 (2)：51-77.

产权保护与创新之间可能存在倒 U 形的关系,❶ 知识产权保护水平应当同经济发展水平相适应,对于发展中国家,过强的知识产权保护可能反而会对创新产生阻碍作用。❷ 陈(Chen)和普特曼（Puttitanun）（2005）❸构建了针对发展中国家创新和知识产权保护之间关系的理论模型,发现最优的知识产权保护水平与经济发展水平之间存在非线性的关系,当经济发展水平低时,知识产权保护水平也随之较低,但当经济发展水平逐步较高时,知识产权保护水平应随之提高。产生这一结果的关键原因在于,当一国的经济发展水平较低时,创新的主要来源在于模仿;而随着知识产权保护水平的逐步提高,在发展中国家知识产权相关产业通过模仿而实现前期积累从而具备了自主创新的能力后,需要通过加强知识产权保护从而实现创新发展水平的提升。哈德森（Hudson）和迈纳（Minea）（2013）❹ 基于 G-P 指数衡量 62 个国家的知识产权保护水平,发现知识产权保护对以研发支出和专利数量衡量的创新的影响取决于一国初始的知识产权保护水平和人均 GDP 水平,因此对处于不同发展阶段的国家分别具有不同的最优知识产权保护水平。刘思明等（2015）❺ 以修正后的 G-P 指数衡量知识产权保护,基于省级的工业企业数据,发现知识产权保护与创新具有倒 U 形关系,但现阶段加强知识产权保护能够促进我国绝大多数地区以专利数量和

❶ Horowitz A W, Lai E L C. Patent length and the rate of innovation [J]. International Economic Review, 1996：785-801；Horii R, Iwaisako T. Economic growth with imperfect protection of intellectual property rights [J]. Journal of Economics, 2007, 90 (1)：45-85；Furukawa Y. Intellectual property protection and innovation：An inverted-U relationship [J]. Economics Letters, 2010, 109 (2)：99-101.

❷ Chin J C, Grossman G. Intellectual Property Rights and North-South Trade [R]. National Bureau of Economic Research, Inc, 1988；Helpman E. Innovation, Imitation, and Intellectual Property Rights [J]. Econometrica, 1993, 61 (6)：1247-1280.

❸ Chen Y, Puttitanun T. Intellectual property rights and innovation in developing countries [J]. Journal of development economics, 2005, 78 (2)：474-493.

❹ Hudson J, Minea A. Innovation, intellectual property rights, and economic development：a unified empirical investigation [J]. World Development, 2013, 46：66-78.

❺ 刘思明, 侯鹏, 赵彦云. 知识产权保护与中国工业创新能力——来自省级大中型工业企业面板数据的实证研究 [J]. 数量经济技术经济研究, 2015 (3)：40-57.

新产品产值衡量的创新能力的提升。因此，中国所选择的专利保护水平的渐进发展路径也应该是符合中国在特定历史阶段的发展需要的。

中国历次专利法的修订轨迹符合专利保护与创新发展的非线性关系，那么，历次专利法修订对于创新发展具有怎样的具体效果呢？多位学者通过实证研究探究了我国专利法修订的实际效果。张古鹏和陈向东（2012）❶通过比较中国在 1992 年和 2000 年两次专利法修订的前后两年的发明专利数据发现，在专利法修改后，专利申请和授权数出现快速上升，专利授权率也相应得到提高。胡（Hu）和杰弗森（Jefferson）（2009）❷基于中国从 1995~2001 年的大中型工业企业数据，运用专利生产函数，估计了不同因素对中国专利数量增长的影响，发现 2000 年的专利法修订对专利增长具有显著的积极作用。弗莱舍（Fleisher）和周（Zhou）（2010）❸研究了中国 1992 年和 2000 年两次专利法的修改，发现专利权利保障的增强对于中国的全要素生产率的增长起到重要作用。岳（Yueh）（2009）❹的研究也支持了专利法的修订和完善对专利数量增长的重要作用。本桥（Motohashi）（2008）❺运用中国专利数据发现，中国通过不断地修订《专利法》以使其能够与国际标准接轨，这对于提高外国专利权人在中国申请专利的意愿具有积极作用。叶静怡和宋芳（2006）❻则将研究视角投入到企业的维度，通过对企业数据的实证研究发现，中国 2000 年的专利法修订显著促进了企业发明创新的边际产出，并推动了高技术行业的

❶ 张古鹏，陈向东. 基于发明专利的专利制度变动效应研究［J］. 科研管理，2012，33（6）：110-119.

❷ Hu A G, Jefferson G H. A great wall of patents：What is behind China's recent patent explosion? ［J］. Journal of Development Economics，2009，90（1）：57-68.

❸ Fleisher B, Zhou M. Are Patent Laws Harmful to Developing Countries? Evidence from China ［R］. Ohio State University，Department of Economics，2010.

❹ Yueh L. Patent laws and innovation in China ［J］. International Review of Law and E-conomics，2009，29（4）：304-313.

❺ Motohashi K. Licensing or not licensing? An empirical analysis of the strategic use of patents by Japanese firms ［J］. Research Policy，2008，37（9）：1548-1555.

❻ 叶静怡，宋芳. 中国专利制度变革引致的创新效果研究 ［J］. 经济科学，2006（6）：86-96.

技术创新。

从上述研究的结论可以发现，中国历次专利法的修订的确对于创新和专利产出的增加发挥了积极的作用。对专利保护不断增强，虽然在前期可能并非主要出于中国政府的自愿，但实质上发挥了重要而积极的作用。

第三节　中国专利激励政策

除了专利法这一由全国人大常委会制定的基础性的专利权保护法律外，从中央到各地方也相继出台了各类有利于推动创新、鼓励专利申请的政府政策。中央的专利激励政策本书在第一章已经做了相关介绍，主要包括对高新技术企业的企业所得税加计扣除和税收优惠，以及对专利申请维持费用的减缓等。而对于中国的地方性专利激励政策，其最早实施并颁行始于 20 世纪 90 年代，是部分地方政府为了推动创新，鼓励专利申请，对专利所有者给予权利保护、鼓励运用和物质激励的地方性法规和政府规章。这些地方性专利政策主要可分为两类，第一类是强调对专利权的保护以及对专利运用的鼓励，此类专利激励法律政策由于并没有实施成本，因此其宣示性意义大于实质性意义。事实上，几乎所有的省级乃至于地市级行政单位都出台有保护性、鼓励运用性的专利激励政策；第二类是对专利申请和授权给予物质性的回馈的专利激励政策，此类政策的实施是以地方损失一定水平的财政收入为代价的，因此，并非所有地方政府均颁布有相关的专利激励政策。此类专利激励政策根据对专利权人的物质激励水平的不同又可进一步分为两类，一类是对专利申请和维持费用给予补贴的法律政策，对于专利权人而言，此类政策仅限于对专利申请和维持费用的成本补偿；另一类则是以拥有专利为前提，给予专利持有人包括税收优惠、税收返还在内的各种类型、不同程度的物质性奖励，使得专利权人获得的收益远超过专利申请和维持成本。

中国的专利激励政策体系庞杂、数量繁多，主要原因是：一方面，中国省级以下行政单位数量庞多，截至 2019 年 9 月，中国大陆共有 2845 个民政部在册的县级行政区。而且专利激励政策的发布单位既有地方人大常委会，地方政府，还包括如科技局等地方政府的组成单位。另一方面，部分地方行政单位的专利激励政策不透明，很多地方行政单位的相关信息仅在内部公开，较难全面而准确地获取所有地市的已颁布的专利激励政策的信息。因此，难以全面、准确地描述所有行政单位颁布实施的专利激励政策。

对于省级行政单位，信息公开相对较好，相关数据库也对省级行政单位颁布实施的法律政策进行了收录，因此，笔者检索了各省级行政单位颁布的专利激励政策。笔者发现，各省级行政单位均颁布诸如强调加强专利保护、鼓励运用的专利激励法律政策，各地区的差异性不大。而对于给予专利所有者税前扣除、税收返还、税收减免，对于专利申请人、权利人给予申请费和维持费减缓等与地方财政、税收相关的优惠政策，各地区则差异较大。然而，这一差异基本在 2009 年之后便不复存在了。原因在于中央政府三令五申规定地方不得自行制定税收相关政策，如 2000 年国务院发布《关于纠正地方自行制定税收先征后返政策的通知》，要求"各地区、各部门不得以先征后返或其他减免税手段吸引投资，更不得以各种方式变通税法和税收政策，损害税收的权威"。因此，笔者检索到的最后一部地方性的物质激励性的专利激励政策是 2009 年青海省颁布的《青海省专利促进与保护条例》，其中第五条规定，县级以上人民政府应当设立专利专项资金，用于支持专利项目申请、维持、维权以及专利成果转化、奖励优秀专利项目、培训专利人才等专利促进事业。截至 2009 年，共计检索出涉及 11 个省级行政单位的物质激励性专利激励政策法规。同时，有些省份的法规具有专利类型的限制，只对发明和实用新型专利给予物质激励。具体颁布了相应专利激励法规的省份、颁布时间、主要优惠政策、法规的覆盖范围以及法规名称如表 2-1 所示。

表 2-1　地方物质激励性的专利激励政策

年份	省份	主要优惠政策	覆盖专利范围	法规名称
1995	广东	税收返还	发明和实用新型	《广东省促进科学技术进步条例》
1997	辽宁	税收返还	发明和实用新型	《辽宁省实施〈中华人民共和国促进科技成果转化法〉规定》

续表

年份	省份	主要优惠政策	覆盖专利范围	法规名称
1998	湖北	税收返还	发明和实用新型	《湖北省新产品税收优惠政策实施管理办法》
1999	吉林	税收返还	发明和实用新型	《吉林省促进科技成果转化条例》
2000	上海	经费补贴	全部	《上海市鼓励引进技术的吸收与创新规定》
2005	北京	税收优惠	全部	《北京市专利保护和促进条例》
2005	安徽	税前扣除	全部	《安徽省专利保护和促进条例》
2007	重庆	税收优惠	全部	《重庆市专利促进与保护条例》
2009	江西	税收优惠	全部	《江西省专利促进条例》
2009	江苏	加计扣除	全部	《江苏省专利促进条例》
2009	青海	加计扣除	全部	《青海省专利促进与保护条例》

对于申请维持费补贴政策，笔者在《中国知识产权年鉴》的基础上，辅之以百度搜索引擎进行检索。最终发现在中国大陆地区 31 个省级行政单位均陆续颁布和实施了专利申请和维持费用补贴政策，并明确了政策名称和具体的针对不同类型专利的补贴内容，详细信息如表 2-2 所示。

表 2-2　专利申请维持费补贴性专利激励政策

年份	省份	法规名称	主要优惠政策
1999	上海	《上海市专利资助办法》	资助专利申请费和年费
2000	北京	《北京市专利申请资助金管理暂行办法》	资助专利申请费
2000	天津	《天津市知识产权专项资金管理暂行办法》	资助发明和实用新型申请费
2000	广东	《广东省发明专利申请费用资助暂行办法》	资助发明专利申请费
2000	江苏	《江苏省省级专利专项资金管理暂行办法》	资助专利申请费
2000	重庆	《重庆市专利资助办法》	资助专利申请费
2001	浙江	《浙江省专利专项资金管理办法》	资助发明专利申请费
2001	黑龙江	《黑龙江省专利技术专项资金管理办法》	资助专利申请费
2001	广西	《广西专利申请资助和奖励暂行办法》	资助专利申请费
2001	海南	《海南省发明专利申请费用资助暂行办法》	资助发明专利申请费
2001	四川	《四川省专利申请资助办法（试行）》	资助发明和实用新型申请费
2001	陕西	《陕西省专利申请资助资金管理办法》	资助专利申请费

续表

年份	省份	法规名称	主要优惠政策
2002	福建	《福建省专利申请资助资金管理暂行办法》	资助专利申请费
2002	江西	《江西省专利申请及实施资助暂行办法》	资助发明和实用新型申请费
2002	河南	《河南省专利申请资助资金管理办法》	资助专利申请费
2002	贵州	《贵州省知识产权专项资金使用管理办法》	资助专利申请费
2002	内蒙古	《内蒙古发明专利费用资助暂行办法》	资助发明专利申请费
2002	新疆	《新疆专利申请资助专项资金管理办法》	资助专利申请费
2003	山西	《山西省专利申请资助专项资金管理办法》	资助专利申请费
2003	安徽	《安徽省专利申请费用资助办法（试行）》	资助发明专利申请费
2003	山东	《山东省专利发展专项资金管理办法》	资助发明专利申请费
2003	云南	《云南专利申请费用和年费资助暂行办法》	资助专利申请费和年费
2003	西藏	《西藏专利申请资助和奖励办法（暂行）》	资助专利申请费
2004	吉林	《吉林省专利申请资助办法》	资助发明专利申请费
2004	湖南	《湖南省专利申请资助资金管理办法》	资助专利申请费和年费
2005	河北	《河北省专利申请资助办法》	资助发明专利申请费
2005	青海	《青海省专利资助资金管理暂行办法》	资助专利申请费
2006	辽宁	《辽宁发明专利申请费用补助资金管理办法》	资助发明专利申请费
2007	湖北	《湖北省授权专利补贴专项资金管理办法》	资助专利申请费
2015	甘肃	《甘肃省专利资助资金管理办法》	资助专利申请费
2017	宁夏	《宁夏回族自治区知识产权补助资金管理办法》	资助发明专利申请费

　　对于地方政府实施的各类专利激励政策，首先思考的是地方政府为何有动力以地方财政收入的减少为代价来出台此类激励政策呢？其中一个非常重要的因素就是地方政府间存在的竞争，周黎安（2004）❶ 将地方政府间存在的竞争行为归结为政治竞标赛。政治竞标赛的主要竞争依据是 GDP

---

　　❶ 周黎安. 晋升博弈中政府官员的激励与合作——兼论我国地方保护主义和重复建设问题长期存在的原因 [J]. 经济研究, 2004（6）：33-40.

发展水平。在 1997 年党的十五大上，我国开始实施科教兴国战略和可持续发展战略，其中提到要"把加速科技进步放在经济社会发展的关键地位，使经济建设真正转到依靠科技进步和提高劳动者素质的轨道上来"。国家为此专门制定了《全国专利工作"十五"计划》，其中规定了专利申请年均增长率为 14% 左右等相应的量化指标。在每五年发布一次的五年经济社会发展规划中，也有对专利数量的相应预期性指标要求，例如，在《国民经济和社会发展第三个五年（2016~2020 年）规划纲要》中，就设定了 2020 年每万人口发明专利拥有量（件）从 2015 年的 6.3 件提高到 12 件的发展目标。在这样的发展战略下，地方政府面临两方面的专利发展激励。一方面，正如历次人大和政府工作报告中提出的，要将科技进步放在经济发展的关键地位，使得地方政府认识到科技在经济发展中的重要作用；另一方面，中央的专利发展目标必然要分解为各地的发展任务，因而部分省份也陆续出台了专利发展规划，如广东省十五期间的专利目标为专利申请量年均增长 10%。在两方面的激励下，为了在政治竞标赛中脱颖而出，完成既定的专利发展目标，部分地方政府在其他相关措施之外，还进一步推出促进科技进步、推进经济发展的专利激励政策。因此，在中国的政治体制下所形成的地方政府间的竞争机制，为中国的知识产权产业的发展提供了良好的激励。

那么，地方政府出台的专利激励政策具有怎样的实际效果呢？现有研究已经对这一问题展开了探索。较为一致的结论主要在专利数量方面，即认为专利激励政策促进了专利数量的增长。然而，对于可能更为重要的专利质量的影响，却并未得到统一的研究结论。朱平芳和徐伟民（2003）❶运用随机效应的面板数据模型研究上海市政府的科技激励政策对大中型工业企业自筹的 R&D 投入及其专利产出的影响，发现政府运用科技拨款资助和税收减免这两大政策工具对企业增加自筹的 R&D 投入具有积极的效

❶　朱平芳，徐伟民. 政府的科技激励政策对大中型工业企业 R&D 投入及其专利产出的影响——上海市的实证研究［J］. 经济研究，2003（6）：45-53.

果，然而，只有自筹的 R&D 支出对专利产出具有积极效果。李伟和夏向阳（2011）❶ 研究了宁波市的专利促进政策的影响，发现政策对专利数量具有积极的作用，但通过格兰杰因果检验，没有发现政策对专利质量造成影响的证据。张钦红和骆建文（2009）❷ 对上海专利资助政策的研究发现，资助政策颁布后，专利的申请数量有显著的提高，但以授权率衡量的专利质量存在下降的趋势。张杰（2019）❸ 研究了中国各省份的从专利申请、审查、授权到维持环节的政府财政资金资助、补贴政策对不同类型专利申请和授权数量的影响，发现各种类型的政府资助政策是中国专利数量快速增长的核心因素。而专利审查机构在一定程度上可以控制政策激励效应下的企业专利申请数量增长中的逆向选择行为。李（Li）（2012）❹ 研究了各地方的专利申请及维持阶段相关费用补助政策对不同主体的发明专利的数量和质量的影响，从结果来看，补助政策促进了发明专利数量的增长，同时从政策对发明专利授权率的影响来看，专利费用补助政策并未对发明专利的质量造成负面影响。

上述研究对于地方政府颁布的各类专利激励政策的实施效果并未达成一致的认识。产生这一结果的原因可能主要有四个：第一，对于地方政府颁布的专利激励法律政策缺乏系统性的分类和研究。事实上，不同类型的专利激励法律政策可能产生完全不同的实施效果，例如，成本补偿性的专利申请维持费用补贴政策和额外收益性的税收优惠等奖励性政策对专利所有人具有完全不同的激励机制。将两类政策混同研究便可能产生完全相反的结果。第二，现有研究大多聚焦于某个地方的专利激励法律政策，从全国范围内运用现实数据来实证研究地方专利激励法律政策影响效果的文献

---

❶ 李伟，夏向阳. 专利促进政策对区域专利增长的影响分析——以宁波为例 [J]. 科学学研究，2011，29（8）：1176-1183.

❷ 张钦红，骆建文. 上海市专利资助政策对专利申请量的影响作用分析 [J]. 科学学研究，2009，27（5）：682-685.

❸ 张杰. 中国专利增长之"谜"——来自地方政府政策激励视角的微观经验证据 [J]. 武汉大学学报（哲学社会科学版），2019，72（1）：85-103.

❹ Li X. Behind the recent surge of Chinese patenting：An institutional view [J]. Research policy，2012，41（1）：236-249.

还相对较少。而各地方的专利法律政策实施效果往往会受到地方不同的经济、政治等方面环境的影响，从而影响到最终的实施效果。第三，现有研究对于专利质量的研究往往集中于授权率等几个较易直观衡量的因素，缺乏对于专利质量更为全面系统的量化衡量标准。第四，现有研究对于专利激励政策的影响机制的探讨还相对有限。事实上，专利激励政策对于专利显然是存在积极和消极两方面影响的，只有详细分析和理解专利激励政策的作用机制，才能准确地分析政策的实施效果。

为了弥补现有研究对地方专利激励政策的影响机制和作用效果的不足，下面笔者将以表 2-1 和表 2-2 中检索的各省级行政单位颁行的物质激励性的专利激励政策为研究对象，结合中国专利数据，通过相关计量模型的运用，从理论和实证角度研究专利激励政策对专利数量和质量两个维度的影响。❶

第四节　地方专利激励政策的效果评估

一、中国专利质量的衡量

专利激励政策的影响效果包括量和质两个维度。而对于专利量和质两个维度的衡量，首先需要基于相关的专利数据，并在此基础上应用适当的衡量指标从而保障衡量的客观性和准确性。

本章使用的专利数据来源于国家知识产权局 1985～2010 年的共计 559 万条已公开专利数据。对于国外申请人，其专利登记的地址信息在中国境外，无法确定他们的省份信息，因而在研究中删除了这些数据，共剩余 429 万条专利。专利信息包括申请号、申请日、公开日、专利号、发明人、申请人、申请人地址、法律状态等。对于专利数量的衡量非常简单，也并无争议。据此可以直接计算出历年来各省级行政单位的专利申请和授权数

---

❶　第四节部分内容曾以"专利激增的动因及其质量效应"为题，发表在《世界经济》2015 年第 6 期。

量，以及区分发明、实用新型和外观设计三种专利类型的各自的申请和授权数。而对于专利质量，目前并未有达成共识的衡量指标，国外的文献较多地采用专利引用率来衡量专利质量。❶ 然而，中国的专利申请书并未强制要求申请书撰写中必须对参考专利文献进行引用，申请人也不用承担虽然参考甚至利用了相关专利的成果但并未在申请书中引用产生的后果，因此，中国的专利引用数据可能与专利质量的相关性并不大。笔者在本章中将立足于通过对中国专利申请和维持制度的介绍，从而尝试发现能够接近于衡量专利质量的有效衡量指标。

中国专利共分为三种类型，分别为发明、实用新型和外观设计。其中，发明是指对产品、方法或者其改进所提出的新的技术方案。实用新型是指对产品的形状、构造或者其结合所提出的适于实用的新的技术方案。外观设计是指对产品的形状、图案或者其结合以及色彩与形状、图案的结合所作出的富有美感并适于工业应用的新设计。❷ 从定义可以看出，发明的创新水平最高，保护期也最长，为 20 年，因此对于发明审查的标准也最为严格，需要进行形式审查和实质审查后方可授予，而实质审查就涉及对专利的新颖性、创造性和实用性的判断。因此，发明专利的质量是最高的；而实用新型和外观设计专利的保护期只有 10 年，只需进行形式审查，而形式审查基本不涉及对质量的审核，因而就无法用这两类专利的授权率来衡量专利的质量。因此，专利实质审查程序的存在使得专利授权率成为衡量发明专利质量的第一项衡量指标。当然，专利授权率衡量专利质量的准确性和有效性依赖于专利审查部门是否能够对专利质量做出正确的判断。

专利申请首先涉及的是专利申请材料的准备和提交，然而，在专利申请提交之后和专利正式授权之前，专利申请人可以对专利进行撤回。根据

---

❶ Lanjouw J O, Schankerman M. Patent quality and research productivity: Measuring innovation with multiple indicators [J]. The Economic Journal, 2004, 114 (495): 441–465; Hirschey M, Richardson V J. Are scientific indicators of patent quality useful to investors? [J]. Journal of Empirical Finance, 2004, 11 (1): 91–107.

❷ 参见《中华人民共和国专利法》第 2 条。

《专利法》第 32 条的规定，申请人可以在被授予专利权之前随时撤回其专利申请。撤回一般包括两种情况，一种是申请人的主动申请撤回，另一种是由于申请人的不作为而被视为撤回。对于后者，法律规定的原因包括：申请人无正当理由逾期不请求实质审查的；请求实质审查时逾期不提交与发明有关的相关资料的；实质审查后不符合相关规定逾期不答复的；逾期未缴纳相关申请费用的。而对于主动撤回的情况，则原因各异，例如，申请人发现申请不符合相关授予规定，申请文件的撰写存在问题和缺陷等。因而，从一般情形来看，撤回申请的专利平均来说质量较低。因此，一定程度上可以用专利的撤回率衡量专利的质量。此外，发生专利撤回的情形主要集中在发明专利，实用新型和外观设计专利出现撤回的概率极低。笔者统计发现，发明专利的平均撤回率为 42.3%，而实用新型和外观设计的撤回率分别仅为 0.61% 和 0.02%。因此，使用撤回率主要衡量的是发明专利的质量。

在不存在专利申请撤回的情况下，根据申请的类型是发明还是实用新型或者外观设计而在申请程序上存在差别。对于发明，专利局收到申请后，经过初步审查符合要求的，自申请日起满 18 个月，即行公布，当然也可应申请人要求早日公布。之后自申请日起 3 年内，专利局可以应申请人的请求对申请进行实质审查。经过实质审查符合规定的，即正式授予专利权，否则予以驳回。而对于实用新型和外观设计，经过初步的形式审查没有发现驳回理由的，即授予专利权。专利被正式授权后专利所有者也并非就此高枕无忧了。自授予专利权起，任何单位或者个人认为专利权的授予不符合相关规定的，可以请求专利复审委员会宣告该专利权无效。这些就构成了专利申请的主要流程。

这些流程依次进行下去的重要前提是缴费，自申请日起两个月内，申请人需要缴纳专利申请费，此外，还有发明专利申请公布印刷费、申请附加费等费用。申请人要求实质审查的，还要缴纳 2500 元的实质审查费。发明专利申请自申请日起满两年尚未被授予专利权的，申请人自第三年起要缴纳申请维持费。未在规定期限内缴纳或缴足上述费用的，专利申请视为撤回。

自专利获得授权后，虽然理论上授权的发明专利享有 20 年的有效期，实用新型和外观设计享有 10 年的有效期，然而这么长的有效期是以专利所有人每年续缴年费为前提的，而且年费呈阶梯状大概平均每三年大幅上调一次，直至期满。逾期未缴纳年费则专利权终止。以发明专利为例，其在专利有效期内的 1~3 年、4~6 年、7~9 年、10~12 年、13~15 年和 16~20 年的年费分别为 900 元、1200 元、2000 元、4000 元、6000 元和 8000元，在专利的维持成本随时间递增的前提下，专利所有人关于专利维持时间长短的决策是基于专利成本与收益的衡量后所作出的理性判断，理论上来说，专利权人只有在专利维持所带来的收益大于维持专利需要缴纳的年费成本的情况下，才会不断续缴年费，否则就会停止缴费从而使得专利权终止。这也就意味着，专利维持的时间越长，表示专利能够带给权利人的收益越大，也反映了专利的质量可能也越高。在专利的维持成本相同的情况下，由专利收益的不同导致的续期时长的差异就取决于专利的质量，因而基于专利续期时长的续期率指标更能客观准确地衡量专利的质量。专利的维持时间越长，专利的质量一般也越高。

对于每一条专利而言，从申请到授权再到专利的维持，每一个环节能否顺利通过以及维持的时长，都在一定程度上体现了专利的质量。对专利申请人而言，如果正在申请的或需要维持的专利质量较低因而市场潜力小，他们继续申请或维持专利并支付相应费用（包括时间费用）的动力也会较小，因而专利被以各种原因终止的可能性会提高，包括撤回以及停止续费。而从审查机构的角度讲，质量较低的专利通过审查的概率也会相应较低，因此专利的授权比率也可以作为专利质量的衡量。故而对于申请阶段的专利质量，撤回率和授权率是常用的两个指标。❶ 而对于授权后的专

---

❶ 叶静怡，李晨乐，雷震，等. 专利申请提前公开制度、专利质量与技术知识传播 [J]. 世界经济，2012 (8)：115-133.

利，专利续期时长是被广为接受的衡量专利质量、比较专利质量差异的指标。❶ 因此，专利授权率、撤回率和续期率可能是目前较为适当的衡量中国专利质量的测度指标。

在具体的专利质量代理变量的构建上。对于专利授权率，用某省某年申请的专利中得到最终授权的比例进行衡量。专利撤回率则是以某省某年中申请的专利数作为分母，然后以该省该年申请的专利中被撤回的数量作为分子，两者的比值即对应该省该年的专利撤回率。对于专利续期率，笔者将研究样本限定为得到授权并且有明确终止日期的专利，之所以排除未终止的专利，在于中国的专利制度建立较晚，截至 2010 年年底，有超过一半以上的专利尚未终止，特别是 2005 年以后申请的专利，计算续期率的分母和分子的数值几乎是完全相同的，无法衡量真正意义上的续期率。此外，上述排除对于所有省份都是一致的，因而不会影响样本的代表性。同时这样可以使我们能够有效地利用近些年的专利续期数据。计算专利续期率的具体方法是，首先将某省某年申请的专利中最终得到授权的数量作为分母，然后将这部分专利中从授权到终止时间大于 3 年、4 年和 5 年的专利数量作为分子，两者的比值即是该省在该年申请并得到授权的专利中，续期 3 年以上、4 年以上和 5 年以上的比例。对于上述三种变量，一般来说，专利授权率和续期率与专利质量正相关，专利撤回率与专利质量负相关。

---

❶ Schankerman M，Pakes A. Estimates of the Value of Patent Rights in European Countries During the Post‑1950 Period ［J］. The Economic Journal，1986，96（384）：1052‑1076；Lanjouw J O，Pakes A，Putnam J. How to count patents and value intellectual property：The uses of patent renewal and application data ［J］. The Journal of Industrial Economics，1998，46（4）：405‑432；Bessen J. The value of US patents by owner and patent characteristics ［J］. Research Policy，2008，37（5）：932‑945；Gupeng Z，Xiangdong C. The value of invention patents in China：Country origin and technology field differences ［J］. China Economic Review，2012，23（2）：357‑370.；朱雪忠，乔永忠，万小丽. 基于维持时间的发明专利质量实证研究——以中国国家知识产权局 1994 年授权的发明专利为例 ［J］. 管理世界，2009（1）：174‑175.

二、专利激励政策对专利数量的影响

如前面所分析的，为研究专利激励政策的实际效果，我们用专利申请数和授权数来衡量专利数量，而用专利撤回率、专利授权率和专利续期率衡量专利质量。在分析专利激励政策对专利数量和质量的同时，控制其他可能影响专利数量和质量的因素，因此可以将双重差分模型（Difference-in-Difference）具体化为如下的双向固定效应线性回归模型（Two-way fixed-effect estimation）：

$$Y_{i,t} = \beta_1 Policy1_{i,t} + \beta_2 Policy2_{i,t} + \gamma X_{i,t} + \eta_i + \mu_t + \varepsilon_{i,t} \qquad (2.1)$$

其中，i 表示省份，t 表示申请年；$Y_{i,t}$ 表示省份 i 在申请年 t 对应的结果变量；$Policy1_{i,t}$ 代表物质激励性专利激励政策，表示省份 i 在申请年 t 是否颁布专利激励政策（1＝已颁布，0＝未颁布），并在一部分分析中具体细化到专利激励政策是否包含外观设计专利；$Policy2_{i,t}$ 则代表专利申请维持费补贴政策，表示省份 i 在申请年 t 是否颁布有申请费补贴政策，其系数 β_1 和 β_2 分别衡量了专利激励法规和申请费补贴政策对因变量的影响；$X_{i,t}$ 为控制变量向量，包括随省份和时间变化的特征值，主要包括人均 GDP、人口数、人均 FDI 这三个衡量经济发展和人力资本水平的变量。η_i 及 μ_t 分别表示不可观测的省份效应和年份效应，$\varepsilon_{i,t}$ 为误差项。

首先来看专利激励政策对人均专利申请数的影响，结果如表 2-3 和表 2-4 所示。从对总样本和企业专利影响的角度来看，除申请费补贴政策对企业实用新型的影响并不显著以外，专利激励政策和申请费补贴政策对专利人均申请数均具有显著为正的影响，且专利激励政策对专利数量的影响要远大于申请费补贴政策。从对非企业专利影响的角度看，专利激励政策对发明和实用新型的非企业专利人均申请数量具有显著为正的影响，申请费补贴政策对发明具有显著为正的影响，而专利激励政策对外观设计，申请费补贴政策对实用新型和外观设计的影响是显著为负的。可能的原因有二：一是在专利激励政策和申请费补贴政策的实施过程中，企业申请人的实际收益更高，因此存在专利从非企业主体向企业主体转移的可能性；二是鉴于发明专利从专利激励政策和申请费补贴政策中得益更多，也可能存在减少实用新型和外观设计专利的申请，从而将申请精力向发明专利转移的现象。

表 2-3　政策对企业及企业不同类型专利人均申请数的影响

变量	（1） 总样本	（2） 企业	（3） 企业发明	（4） 企业实用新型	（5） 企业外观设计
专利激励政策	1.562 ***	0.880 ***	0.360 ***	0.199 ***	0.831 ***
	（0.280）	（0.151）	（0.0607）	（0.0572）	（0.0988）
申请费补贴政策	0.505 *	0.269 *	0.110 *	−0.0193	0.141 ***
	（0.274）	（0.148）	（0.0595）	（0.0468）	（0.0514）
年份固定效应	是	是	是	是	是
省份固定效应	是	是	是	是	是
观察值	769	769	769	769	769
R^2	0.748	0.704	0.628	0.697	0.613

注：回归模型中已控制了总人口对数、人均 GDP 对数和人均 FDI 对数。括号中的数值为在聚类在省级水平上的稳健标准差；*** 、** 、* 分别表示在 1%、5% 和 10% 水平上显著。本章下同。

表 2-4　政策对非企业及非企业不同类型专利人均申请数的影响

变量	（1） 非企业	（2） 非企业发明	（3） 非企业实用新型	（4） 非企业外观设计
专利激励政策	0.159 ***	0.111 ***	0.0344 ***	−0.103 **
	（0.0441）	（0.0162）	（0.0132）	（0.0424）
申请费补贴政策	0.0710	0.0318 **	−0.0606 ***	−0.0845 ***
	（0.0432）	（0.0159）	（0.0108）	（0.0221）
年份固定效应	是	是	是	是
省份固定效应	是	是	是	是
观察值	769	769	769	769
R^2	0.714	0.748	0.791	0.485

其次分别看专利激励政策对企业和非企业专利的影响时可以发现，政策对企业人均申请量的影响要远大于对非企业人均申请量的影响，这个原因主要在于本章研究的专利激励政策主要涉及的是税收类的激励法规，对

企业的影响显然要比对非企业直接。从企业和非企业的不同类型专利来看，专利激励政策对发明的影响要大于对实用新型的影响，原因在于相对于实用新型，政策给予发明的所有者的优惠奖励幅度更大。而对于外观设计，政策对企业外观设计的影响是三种类型中最大的，这与外观设计与技术关联度不大，相对申请难度最低是有关的。

而关于专利激励政策对人均专利授权数的影响，结果如表 2-5 和表 2-6 所示。同样的，奖励性和补贴性专利激励政策均对专利人均授权数具有显著影响，专利激励政策对企业人均授权数的影响要大于对非企业的影响。具体到不同的专利类型，激励政策对企业实用新型的人均授权数的影响要大于对企业发明的人均授权数的影响，原因在于虽然从政策激励的角度，企业更热衷于发明的申请，但发明授权需要进行实质审查，授权的条件要远高于实用新型，因而从实际结果看，政策对企业实用新型的影响要大于对企业发明的影响。对于非企业的不同专利类型，专利激励政策对发明的影响要略高于实用新型的影响，这与非企业中以高技术含量的发明为主要任务的研究机构和高等院校占有较大比重有关。此外，无论对企业还是非企业，专利激励政策对外观设计人均授权数的影响均不显著。

表 2-5　政策对企业及企业不同类型专利人均授权数的影响

变量	（1） 总样本	（2） 企业	（3） 企业发明	（4） 企业实用新型	（5） 企业外观设计
专利激励政策	1.097 ***	0.665 ***	0.141 ***	0.201 ***	0.832 ***
	（0.227）	（0.117）	（0.0219）	（0.0573）	（0.0989）
申请费补贴政策	0.430 *	0.225 *	0.0646 ***	−0.0190	0.141 ***
	（0.223）	（0.115）	（0.0215）	（0.0469）	（0.0515）
年份固定效应	是	是	是	是	是
省份固定效应	是	是	是	是	是
观察值	769	769	769	769	769
R^2	0.723	0.698	0.561	0.696	0.612

表 2-6　政策对非企业及非企业不同类型专利人均授权数的影响

变量	（1）非企业	（2）非企业发明	（3）非企业实用新型	（4）非企业外观设计
专利激励政策	0.102 **	0.0512 ***	0.0368 ***	− 0.102 **
	（0.0399）	（0.00878）	（0.0133）	（0.0424）
申请费补贴政策	0.0595	0.0187 **	− 0.0585 ***	− 0.0842 ***
	（0.0392）	（0.00862）	（0.0109）	（0.0221）
年份固定效应	是	是	是	是
省份固定效应	是	是	是	是
观察值	769	769	769	769
R^2	0.655	0.663	0.783	0.485

通过上面的分析发现，专利激励政策对专利数量的影响效果与已有的研究基本一致。专利激励政策对于专利数量的增加有显著而积极的影响，这种效果尤其体现在对企业专利的影响上。因而，从促进专利数量增加的这一维度来看，专利激励政策和申请费补贴政策均达到了鼓励专利申请和授权，推动专利数量提高的预期效果。

三、专利激励政策对专利质量的影响

专利激励政策的最终目的是提高自主创新能力，实现产业升级，促进经济的可持续发展，因而，实现专利总体创新含量与专利数量的同步增长应该是专利激励政策出台的题中之意。因此，在验证了专利激励政策能够实现专利数量增长的目标之后，接下来研究专利激励政策对于发明、实用新型和外观设计三种不同类型专利质量的异质性影响，其中发明专利的质量最高，但实用新型和外观设计专利在专利总体中占有最大比重，因而对于中国现阶段的创新而言，实用新型和外观设计的质量也是非常重要的。基于前面对专利质量衡量指标的分析，本章将使用专利授权率、专利撤回率和专利续期率三个指标作为专利质量的代理变量，其中前两个指标主要用来评估对发明专利质量的影响，续期率指标则是本章主要使用的衡量三种类型专利质量的代理指标。下面具体观察专利激励政策对以上述三种专利质量代理变量衡量的专利质量的影响。

（一）专利授权率

基于专利授权率指标衡量专利质量。从理论上说，专利的授权率越高，其质量也越好。

首先检验专利激励政策对不同专利持有人类型的专利授权率的影响。从表2-7的（1）～（3）列可以发现，专利激励政策和申请费补贴政策对总样本及非企业样本发明专利授权率的影响均不显著，但专利激励政策对企业发明专利授权率的影响是显著下降的。这意味着专利激励政策的实施降低了企业的专利质量。其次从表2-7的（4）～（5）列进一步观察专利激励政策对发明专利质量的影响发现，专利激励政策对企业和非企业发明专利授权率的影响均不显著。因此，基于专利授权率衡量的专利质量影响研究的初步结论发现，专利激励政策虽然从总体上降低了企业的专利质量，但对企业发明专利的授权率并不存在显著影响。

表2-7　政策对专利授权率的影响

变量	（1） 总样本 授权率	（2） 企业 授权率	（3） 非企业 授权率	（4） 企业发明 授权率	（5） 非企业发明 授权率
专利激励政策	-0.00251 （0.00816）	-0.0141* （0.0069）	-0.00238 （0.00832）	0.000348 （0.0262）	0.0168 （0.0134）
申请费补贴政策	-0.00180 （0.00800）	-0.0137 （0.0157）	0.00444 （0.00816）	0.0203 （0.0259）	0.0133 （0.0131）
年份固定效应	是	是	是	是	是
省份固定效应	是	是	是	是	是
观察值	769	766	769	758	768
R^2	0.661	0.483	0.649	0.453	0.729

然而，使用专利授权率作为专利质量的代理变量存在以下的局限性：第一，总的专利授权率的变化会受到专利类型结构的影响。发明专利由于需要进行实质审查，其授权率要显著低于实用新型和外观设计，因此

三种专利类型构成比例的变化会影响到总的授权率水平。第二，根据不同专利的质量差异情况，各省不同年份的专利授权率可能会不同程度地高估专利的质量，原因在于已授权的不同专利的质量也存在较大差异，专利获得授权后依然存在因为他人的请求而最终被宣告无效的可能，所以在获得授权的专利中，也存在质量较低的专利，且由于这部分专利在不同省份和年份分布的差异，使得各省各年的授权率无法准确地衡量专利质量。

因此，还需要通过其他专利质量代理变量来进一步验证授权率结果的可靠性。对于专利的质量，因为信息的不对称的存在，相比审查机构，专利申请人对专利质量有着更准确的认识。因此，专利申请人或所有人可能才是专利价值的最好评判者。而专利撤回率和续期率作为专利申请人和所有人的行为决策指标，接下来将运用这两项指标进一步衡量专利激励政策对专利质量的影响。

（二）专利撤回率

在从专利提交申请到获得授权这段期间，我们用专利撤回率作为专利质量的代理变量。一般而言，专利被撤回的比例越高，可认为专利的质量越低。所以可以通过检验专利激励政策颁布前和颁布后申请的专利在撤回率上是否存在差异来从一定程度上判断专利的质量。

首先观察专利激励政策对不同持有人类型的专利撤回率的影响。从表2-8的（1）～（3）列可以发现，申请费补贴政策对专利撤回率的影响是不显著的，而在专利激励政策实施后企业的专利撤回率要显著高于专利激励政策实施前申请的专利，这表明专利激励政策的施行降低了企业的专利质量。其次从表2-8的（4）～（5）列观察专利激励政策对发明专利撤回率的影响可以发现，政策对企业发明和非企业发明撤回率的影响都不显著，因此，基于以撤回率衡量的专利质量的分析结果，可以得到与授权率指标类似的结论，专利激励政策虽然降低了企业总体的专利质量，但对企业发明专利的质量并不存在显著影响。

表 2-8　政策对专利撤回率的影响

变量	（1） 总样本 撤回率	（2） 企业 撤回率	（3） 非企业 撤回率	（4） 企业发明 撤回率	（5） 非企业发明 撤回率
专利激励政策	0.00209 （0.00947）	0.0154* （0.00824）	0.00139 （0.0134）	−0.0189 （0.0323）	−0.00637 （0.0148）
申请费补贴政策	0.0128 （0.0125）	0.0256 （0.0166）	0.00697 （0.0107）	−0.0221 （0.0319）	0.0169 （0.0192）
年份固定效应	是	是	是	是	是
省份固定效应	是	是	是	是	是
观察值	769	766	769	758	768
R^2	0.635	0.445	0.628	0.574	0.845

当然，基于专利撤回率来衡量专利质量同样存在相应的局限性，除了同授权率的第一点局限性相类似的关于总的专利撤回率的问题外，另外由于专利撤回的原因中，存在一些诸如申请文书的撰写存在问题和缺陷、需要补充申请书内容等与专利质量无关的干扰性因素，会对用撤回率来衡量专利质量的准确性造成影响。

（三）专利续期率

基于授权率和撤回率两项专利质量代理变量的研究，笔者发现专利激励政策降低了企业的整体专利质量，但对企业发明专利的质量不存在显著影响。因此，笔者的推测是，专利激励政策对企业的实用新型和外观设计专利质量具有显著为负的影响。为了验证这一推测，也为了更好地检验上述发现的稳健性，在专利获得授权后的阶段，我们利用专利续期率来进一步检验专利激励政策对专利质量的影响。

理论上来说，在专利维持成本不变的情况下，由专利收益的不同导致的续期时长的差异就取决于专利的质量，因而基于专利续期时长的续期率指标更能客观准确地衡量专利的质量。专利的维持时间越长，专利的质量一般也越高。以下通过表 2-9～表 2-14 逐年观察专利从授权到终止维持了

3 年以上、4 年以上和 5 年以上的专利续期率水平与专利激励政策的关系。样本中的专利从授权到终止的平均年限为 3.04 年，上述 4 个专利维持期涵盖了 76% ~ 10% 的授权专利样本。

表 2-9　政策对企业及其不同类型专利续期率的影响（3 年以上）

变量	（1） 总样本	（2） 企业	（3） 企业发明	（4） 企业实用新型	（5） 企业外观设计
专利激励政策	−0.0529 ***	−0.0479 **	−0.0498	−0.0282 *	−0.146 **
	（0.0105）	（0.0202）	（0.0477）	（0.0136）	（0.0576）
申请费补贴政策	−0.0183 *	−0.0254	−0.00406	−0.0300	0.0455
	（0.00996）	（0.0191）	（0.0450）	（0.0184）	（0.0278）
年份固定效应	是	是	是	是	是
省份固定效应	是	是	是	是	是
观察值	740	737	642	725	689
R^2	0.900	0.730	0.415	0.741	0.515

表 2-10　政策对非企业及其不同类型专利续期率的影响（3 年以上）

变量	（1） 非企业	（2） 非企业发明	（3） 非企业实用新型	（4） 非企业外观设计
专利激励政策	−0.0410 ***	0.00501	−0.0388 ***	−0.0659 *
	（0.0106）	（0.0191）	（0.0119）	（0.0382）
申请费补贴政策	−0.00630	−0.0115	−0.0154	−0.00611
	（0.0100）	（0.0188）	（0.00975）	（0.0199）
年份固定效应	是	是	是	是
省份固定效应	是	是	是	是
观察值	740	766	769	759
R^2	0.898	0.812	0.880	0.572

表 2-11　政策对企业及其不同类型专利续期率的影响（4 年以上）

变量	（1） 总样本	（2） 企业	（3） 企业发明	（4） 企业实用新型	（5） 企业外观设计
专利激励政策	−0.0331 ***	−0.0490 ***	−0.00246	−0.0462 **	−0.115 **
	（0.00848）	（0.0169）	（0.0455）	（0.0194）	（0.0464）

续表

变量	（1） 总样本	（2） 企业	（3） 企业发明	（4） 企业实用新型	（5） 企业外观设计
申请费补贴政策	-0.00143 （0.00803）	-0.0106 （0.0160）	0.0417 （0.0429）	-0.0142 （0.0158）	0.0561** （0.0224）
年份固定效应	是	是	是	是	是
省份固定效应	是	是	是	是	是
观察值	740	737	642	725	689
R^2	0.846	0.707	0.366	0.738	0.486

表 2-12 政策对非企业及其不同类型专利续期率的影响（4 年以上）

变量	（1） 非企业	（2） 非企业发明	（3） 非企业实用新型	（4） 非企业外观设计
专利激励政策	-0.0207** （0.00878）	0.00355 （0.0170）	-0.0138 （0.00861）	-0.00428 （0.0321）
申请费补贴政策	0.00456 （0.00831）	-0.00608 （0.0167）	0.00791 （0.00704）	-0.0121 （0.0167）
年份固定效应	是	是	是	是
省份固定效应	是	是	是	是
观察值	740	766	769	759
R^2	0.811	0.704	0.814	0.352

表 2-13 政策对企业及其不同类型专利续期率的影响（5 年以上）

变量	（1） 总样本	（2） 企业	（3） 企业发明	（4） 企业实用新型	（5） 企业外观设计
专利激励政策	-0.0220*** （0.00587）	-0.0299** （0.0144）	0.00392 （0.0394）	-0.0286** （0.0135）	-0.0560** （0.0264）
申请费补贴政策	0.000233 （0.00555）	-0.0120 （0.0136）	-0.0337 （0.0372）	-0.00542 （0.0157）	0.0341** （0.0157）
年份固定效应	是	是	是	是	是
省份固定效应	是	是	是	是	是
观察值	740	737	642	725	689
R^2	0.840	0.680	0.341	0.719	0.439

表 2-14 政策对非企业及其不同类型专利续期率的影响（5 年以上）

变量	（1） 非企业	（2） 非企业发明	（3） 非企业实用新型	（4） 非企业外观设计
专利激励政策	−0.0152***	−0.00902	−0.00937*	−0.0103
	（0.00539）	（0.0140）	（0.00506）	（0.0221）
申请费补贴政策	0.00240	−0.0186	0.00157	−0.000647
	（0.00510）	（0.0137）	（0.00414）	（0.0115）
年份固定效应	是	是	是	是
省份固定效应	是	是	是	是
观察值	740	766	769	759
R^2	0.814	0.651	0.827	0.324

从实证结果可以发现，申请费补贴政策对专利续期率不存在显著的影响，对续期率稳定而一致的影响体现在专利激励政策方面，特别是对企业的专利续期率而言，专利激励政策施行之后申请的专利相比于政策施行之前申请的专利，专利续期率都有显著的下降，而且专利激励政策对续期时间越长的专利的影响也越小，原因在于专利激励政策为专利所有人带来了专利之外的收益，而随着专利续期费用的阶梯式增长，维持的成本越来越高，因而使得越来越多的专利所有人在获得了专利之外的收益后，选择放弃对专利续费。此外，虽然从结果来看，激励政策使得续期率下降的比例并不高，但是如果考虑到激励政策的实施客观上会提高对专利的市场需求，原因在于对于已授权的专利，当专利所有人认为专利带来的收益已经不足以弥补维持专利所缴纳的费用的情况下，一般会停止续费而放弃专利，但有了专利激励政策后，专利所有人可以通过自身利用或者保留该专利以待未来转让给他人利用的形式来向政府获取专利的额外收益，这样客观上就提高了对专利的需求，会对专利权人产生一个续期的激励。继而对专利权人的续期行为产生正向的激励效应，但此时续期率却不升反降这一点，则进一步说明专利激励政策出台后专利本身的质量下降效应是相对较大的。而从不同专利类型的角度看，专利激励政策的影响主要集中在实用新型和外观设计这两类专利，发明专利并未受到专利激励政策的显著

影响。

从对以专利续期率衡量的专利质量的研究结果发现，专利激励政策是专利质量下降的重要原因，申请费补贴政策并未对专利续期率产生显著的影响。专利激励政策对专利质量下降的影响主要体现在实用新型和外观设计专利上，质量较高的发明专利并未受到显著的影响。而在前面专利激励政策对发明专利授权率和撤回率影响的检验中也同样发现对发明专利影响不显著的结果。此外，专利激励政策使得企业整体专利质量出现下降的结论在三种专利质量代理变量的检验中都得到了支持。综合上述结果，至少可以得出一个相对谨慎的结论，即专利激励政策对专利申请数和授权数具有显著的正向影响，但对于企业的专利质量则具有负面影响，且这一负面影响并未显著体现在发明专利上，专利激励政策对专利质量下降的作用主要体现在实用新型和外观设计上。

四、专利激励政策对专利质量的影响机制与实证检验

前面在省级层面上观察了专利激励政策和申请维持费补贴政策对专利数量和质量的影响。然而，在省级层面展开研究存在一个重要的不足，即在省级层面对专利数据进行加总会产生信息的损耗，使得专利层面的相关信息无法得到有效利用，从而使得对于专利激励政策影响效果的研究只能得到一个笼统的关于专利质量提高或下降的结论。而事实上，专利激励政策对于专利质量的影响在作用机理和作用方向上存在差异显著的三方面不同效应，笔者将其分别称为选择效应、需求效应和研发效应。

选择效应是指当物质性专利激励政策颁布实施后，在获得专利所带来的税收优惠、财政补贴等各类物质性收益的刺激下，申请人做出策略性申请行为，使得更多的质量较次的专利也进入专利申请流程，从而降低了整体的专利质量。

需求效应是指当专利所有者在做出是否对专利进行续期的决策时，会考虑到当时对专利的市场需求。由于专利激励政策的实施，使得有借助专利获得政府物质性奖励动机的市场主体会选择通过购买其他主体的专利，或者通过购买其他主体的专利并在此基础上进一步研发新专利的方式，从

而获得来自政府的对于专利的物质性激励收益。因此，现有专利的所有者在知晓本地存在专利激励政策后，将会产生一个合理的预期，即预期其所拥有的专利会面临更大的市场需求，从而愿意继续为其持有的专利进行续费，等待合适的买家的出现。需求效应便会带来专利续期率提高的直观表现。

研发效应是指随着专利激励政策的实施，使得企业意识到专利的重要价值，可能会激励企业不断增加研发投入，从而使得企业的创新能力随着时间趋势而不断发展提高，进而使得企业的专利质量也在专利激励政策实施后不断提高。

从上述三类效应对于以专利续期率衡量的专利质量的影响来看，理论上来说，选择效应应当对专利续期率产生负的影响，而需求效应和研发效应应当对专利续期率产生正的影响。前面我们运用省级数据发现，从整体上来说，专利激励政策对于专利续期率存在负的影响，但这一负向影响显然是三种效应叠加后的结果。而对于选择效应、需求效应和研发效应是否存在？不同的效应分别会对专利的续期产生何种影响？上述问题尚有待于通过实证检验进行回答。

在具体的实证策略上，以下运用生存分析（Survival Analysis）方法，在专利级层面对专利激励政策的选择效应、需求效应和研发效应进行实证检验。生存分析作为一种研究影响因素与生存时间和结局关系的方法，相比于前面基于省级数据对专利续期率展开的研究无法对大量尚未终止专利的数据信息进行利用，生存分析方法的一个重要优势就在于可以对我国大量的未终止专利的信息，也即截尾数据（Censored data）进行有效利用，且其被解释变量系被观测单位的生存概率或死亡概率，正好符合我们需要分析的专利续期率的特征。

我们运用考科斯（Cox）比例风险模型（proportional hazards model，简称 Cox 模型）来分别估计专利激励政策的选择效应和需求效应的影响，具体模型设定如下：

$$h(t/X) = h_0(t) \exp(\beta_1 \text{apply after policy} + \beta_2 \text{policy} + \ldots + \beta_p X_p).$$

$$(2.2)$$

其中，h（t/X）代表某一专利在 t 年的风险函数，即假设该专利在第 t 年依然续期的情况下，该专利在之后不再续期的条件概率。apply after policy 和 policy 均为虚拟变量，其中前者表示一项专利是否在专利激励政策实施后申请的，后者则表示一项专利是否在专利激励政策实施后依然有效，即该专利即使是在该地区的专利激励政策实施前申请的，只要在法规实施后依然有效，则该变量为 1。因此，β_1 和 β_2 分别测度了专利激励政策的选择效应和需求效应。由于风险函数刻画的是未来专利不再续期的决策，因此，如果 β_1 为正则表示验证了选择效应的存在，如果 β_2 为负则支持了需求效应的存在。此外，模型中还控制了包括专利申请类型、省份信息、专利技术领域、专利授权年份在内的一系列专利层面的控制变量。

之后进一步考虑企业面对专利激励政策做出增加研发投入，从而提升企业创新能力的可能性。这也是政府在颁布和实施专利激励政策时的主要政策目标和期望。我们将上述影响称为专利激励政策的研发效应。用各专利申请时距离申请所在地区颁布专利激励政策的时间间隔作为研发效应的代理变量，可以预测，专利申请距离当地颁布专利激励政策的时间越长，专利研发投入越高，专利的续期风险也相对越小。具体包含研发效应的模型设定如下：

$$h(t/X) = h_0(t) \ \exp(\beta_1 \text{apply after policy} + \beta_2 \text{policy} +$$
$$\beta_3 \text{year after policy} + \ldots + \beta p X p). \quad (2.3)$$

表 2-15 和表 2-16 分别是基于模型（2.2）和模型（2.3）的估计结果。其中的估计系数表示不同的效应对专利续期风险比例的影响，如果估计系数大于 1，表示该因素对专利续期具有风险增加的影响，如果估计系数小于 1，表示该因素对专利续期具有风险减小的影响。

表 2-15 专利激励政策对专利风险的影响

	总样本	企业	非企业	发明	实用新型	外观设计
Apply after policy (*PPP*)	1.513 *** (0.006)	1.485 *** (0.011)	1.546 *** (0.007)	1.315 *** (0.022)	1.205 *** (0.006)	1.652 *** (0.010)

续表

	总样本	企业	非企业	发明	实用新型	外观设计
Policy	1.018 ***	1.188 ***	0.953 ***	0.911 ***	0.924 ***	1.140 ***
	(0.003)	(0.007)	(0.003)	(0.011)	(0.004)	(0.005)
实用新型	3.848 ***	4.323 ***	3.862 ***			
	(0.018)	(0.048)	(0.019)			
外观设计	6.044 ***	9.248 ***	5.348 ***			
	(0.029)	(0.105)	(0.027)			
申请人类型	是	否	否	是	是	是
授权年份固定效应	是	是	是	是	是	是
省份固定效应	是	是	是	是	是	是
技术领域固定效应	否	否	否	是	是	否
观察值	4517930	1640786	2877144	535237	2179174	1813958
Log likelihood	−23122077	−5320077.2	−16847426	−954682.2	−10826753	−9927307.2
Prob>chi2	0	0	0	0	0	0

表 2-16　专利激励政策对专利风险的影响（含研发效应）

	总样本	企业	非企业	发明	实用新型	外观设计
Apply after policy (PPP)	1.590 ***	1.524 ***	1.614 ***	1.327 ***	1.220 ***	1.645 ***
	(0.006)	(0.012)	(0.003)	(0.026)	(0.007)	(0.010)
Policy	0.953 ***	1.080 ***	0.911 ***	0.909 ***	0.916 ***	0.997
	(0.003)	(0.007)	(0.003)	(0.011)	(0.004)	(0.005)
Year after policy	0.970 ***	0.960 ***	0.979 ***	0.997	0.996 ***	0.945 ***
	(0.0006)	(0.001)	(0.001)	(0.004)	(0.001)	(0.001)
实用新型	3.957 ***	4.474 ***	3.937 ***			
	(0.018)	(0.051)	(0.019)			
外观设计	6.213 ***	9.549 ***	5.455 ***			
	(0.030)	(0.109)	(0.028)			
申请人类型	是	否	否	是	是	是
授权年份固定效应	是	是	是	是	是	是
省份固定效应	是	是	是	是	是	是

续表

	总样本	企业	非企业	发明	实用新型	外观设计
技术领域固定效应	否	否	否	是	是	否
观察值	4517930	1640786	2877144	533484	2169664	1813958
Log likelihood	−23120882	−5319562	−16846984	−954681.9	−10801213	−9925957.1
Prob>chi2	0	1.524 ***	1.614 ***	0	0	0

从表 2-15 的结果来看，无论专利申请人为企业还是非企业，无论是何种类型的专利，代表选择效应的 apply after policy 变量均产生了具有显著减少专利续期可能性的影响。而对于代表市场需求效应的 policy 变量，其影响则随着专利申请人类型以及专利类型的不同而有所差异。具体来说，专利激励政策增加了对非企业申请主体的专利、发明和实用新型的市场需求，而相对轻微地减少了对企业申请主体的专利和外观设计的市场需求。

从增加了代表研发效应的 years after policy 变量后的表 2-16 的估计结果来看，选择效应依然保持对专利续期可能性显著为负的影响。而市场需求效应的影响依旧随着专利申请人和专利类型的变化而变化。对于研发效应，可知研发效应的估计系数均略微小于 1，表示随着时间的推移，不同类型主体申请的专利的续期可能性是在提升的，特别是对于实用新型和外观设计专利，从而说明专利激励政策在一定程度上激励了专利的研发。

综合上述关于专利激励政策的选择效应、需求效应和研发效应的实证分析结果可以发现，选择效应和研发效应对不同申请主体和不同类型专利的专利续期风险的影响是稳定一致的。在专利激励政策的刺激下，由于更多的质量较低的专利也进入专利申请中，❶ 使得专利的平均质量出现下降。与此同时，专利激励政策也确实具有一定程度的激励研发投入的效果，使得各主体越来越认识到增加研发投入，通过实现高质量创新获得竞争优势

---

❶ 质量较低的专利进入专利申请流程并最终获得专利授权包括两种可能情况：第一，专利审查是由国家知识产权局统一实施的，如果审查授权的标准保持不变，则表示质量较低的专利至少满足专利审查通过授权的最低标准；第二，各省级政府可能有途径影响国家知识产权局的授权决策，从而使得质量较低的专利申请获得专利授权。

的重要价值和作用。基于对不同效应的估计系数大小的比较以及前面在省级数据中发现的整体效果的观察进行判断，专利激励政策的选择效应对专利质量的负面影响要明显大于研发效应对专利质量的正面影响。

第五节　小结

通过对中国专利法律制度从建立到历次修订的趋势以及政府推动专利发展的政策实践的观察可以发现，中国的专利发展走过了一条保护水平从相对较低到不断增强，保护标准从与国际接轨到适应中国专利发展的特殊需要，宏观专利法律制度保护和政府政策相结合的演进之路。特别需要强调的是，与其他国家的专利发展历程不同，中国政府在专利发展过程中积极发挥作用，从专利的创造、保护和运用，中国各级政府颁布了一系列鼓励性、保护性、激励性的专利政策。基于 40 年来中国专利发展的实践表现，以及通过现有的理论和实证研究证实，这样一条道路对于推动中国的专利发展从近乎从无到有，再到专利数量领先世界，发挥了积极重要的作用。理论和实践都揭示了这样一条道路是适应中国专利和创新发展需要的。

在肯定成绩的同时，也需要不断总结经验、教训，从而更好地服务与指导中国的专利发展实践。通过对中国各省级行政单位实施的物质激励性专利激励政策和专利申请维持费补贴政策的梳理研究，综合运用中国省级和专利级的专利数据，我们展示了专利激励政策和专利申请费补贴政策对专利数量和质量的影响。两类政策对专利申请和授权数量增加的显著影响毋庸置疑，从而从政府政策的视角解释了专利制度建立以来，特别是近 20 年来我国专利数量的爆炸式增长。在专利质量方面，专利激励政策是造成专利平均质量下降的重要原因。具体来说，在获得专利所带来的税收优惠、财政补贴等各类物质性收益的刺激下，更多的质量较次的专利也进入专利申请流程，从而降低了整体的专利质量。虽然专利激励政策也会通过研发效应在一定程度上鼓励研发投入而提高专利质量，但相对于选择效应，其积极影响相对较小。

　　需要强调的是，评估一项政策的有效性取决于该政策产生的整体效果。对于专利政策而言，其整体效果应当等同于数量和质量的乘积。通过前面的研究虽然发现了专利激励政策造成了专利数量的激增和专利平均质量的下降的事实，但是如果专利数量增加的幅度要远大于专利质量下降的幅度，那么从整体效果来看，对于专利激励政策还是应当予以肯定的。未来所需要做的，是进一步对专利政策进行优化调整，以减轻乃至于消除专利激励政策由于选择效应的存在而对专利质量的负面影响。如果是相反的情况，则需要对我国的专利激励政策做一个颠覆性的修改。然而，上述一正一负的整体效果确实相对难以评估，关键的难点在于如何客观准确地对专利的质量进行量化。国内外对于专利价值的评估已经做了长期的研究，但迄今为止尚没有一套能够被广泛认可的评价体系。这也是未来有待于各领域的专家学者进一步努力的方向。

第三章　中国的著作权制度、政策与创新发展

第一节　著作权与专利权保护的异同

不同于专利法保护的客体主要是技术方案，● 中国的著作权制度保护的客体是作品，《著作权法》第 3 条列举了作品的具体类型，包括文字、口述、音乐、戏剧、曲艺、舞蹈、杂技艺术、美术、建筑、摄影、电影作品、工程设计图、产品设计图、地图、示意图、模型、计算机软件等。著作权法律制度和专利法律制度保护的客体也存在交集，主要表现在外观设计的保护上。《专利法》意义上的外观设计是指对产品的形状、图案或者其组合以及色彩与形状、图案的结合所作出的富有美感并适于工业应用的新设计。根据著作权法，上述外观设计也可能被视作艺术品而获得著作权保护。

著作权保护必要性的基本逻辑与专利权保护基本一致，即通过赋予著作权人对其创造的文学艺术作品一定期限的垄断性权利，从而平衡激励著作权人的创作和社会公众获取使用艺术作品的利益。因此，政府选择的理想的著作权保护水平，是达到强化著作权的保护水平给权利人带来的边际收益等于社会公众由于著作权的限制而付出的边际成本这样一个临界点。

● 《中华人民共和国专利法》第 2 条规定，发明是指对产品、方法或者其改进所提出的新的技术方案。实用新型是指对产品的形状、构造或者其组合所提出的适于实用的新的技术方案。

为此，在各国的专利法律制度中，均通过对专利权赋予有限的保护期限、必要情况下的专利强制许可等限制垄断权利的措施来换取专利中的技术方案的公开。那么，著作权的保护是否存在类似的制度措施使得著作权的保护达到理想的水平呢？答案是肯定的，著作权与专利权保护一样，同样是通过对著作权赋予有限期限的保护、合理使用等措施来对著作权予以限制。

著作权保护与专利权保护又存在较大的差异。首先，不同于专利权，著作权的获取不以登记注册为要件，因此，对于著作权不存在像专利权那样需要以申请并公开换取保护；其次，著作权的保护期限要远远长于专利权。世界各国的著作权保护期限一般均为作者终生并附加死亡后若干年限。中国现行《著作权法》的保护期限为作者终生及其死亡后 50 年，远远大于专利权一般最长仅 20 年的保护期限。著作权和专利权设置的目的均为鼓励创造，为什么会形成不同的保护方式和强度呢？

主要的原因还是权利客体的差异。正如前面所述，专利权的客体是技术方案，法律所保护的，是形成特定的发明创造的产品或方法的技术方案，偏重于相关的技术设计思想。著作权是否可以像专利权那样保护作品所表达的具体思想呢？显然是不可以的。对于一般人来说，最常接触的作品类型就是文字和戏剧影视作品。正如列夫·托尔斯泰在《安娜·卡列尼娜》中的那句名言，"幸福的家庭都是相似的，不幸的家庭各有各的不幸"。作品中的很多情节无论是基于现实，还是基于艺术的创造，往往都具有很大的相似性，正如影视剧中大量存在女主人公突发致命性疾病这样的剧情转折一样，如果对这样的情节予以保护，那么其他人就无法运用类似情节进行再创作了。因此，著作权保护的客体实际上是作品的具体表达形式。相同的情节只要在具体的表达形式上不雷同，就均可以获得相应的著作权。

为什么著作权的保护要排除思想，美国的兰德斯（Landes）和波斯纳（Posner）法官也从四个方面予以了解释：首先，如果保护第一个作者在作品中表达的思想，就会增加之后想要表达类似思想的创作者的成本，从而减少了新作品的数量。其次，从创作者的角度来说，任何作品的创作往往都需要利用他人的已有作品，保护思想意味着相当程度阻碍了创作者的后续创作。再次，保护思想会导致过度的寻租行为，人们会努力抢先占有还没有被表达过的新思想，从而浪费大量的资源。最后，保护思想会引发很高的制度管理成本。法院需要去具体界定每个思想的边界，从而判断是否与其他思想发生重叠，侵犯了他人的权利。❶

因此，著作权制度保护的是作品的表达形式而非思想，判定是否构成著作权侵权的标准也常被称为"思想表达二分法"。以此为前提，著作权法赋予了作品创作者在保护期限上远长于专利权，权利获取方式上远便捷于专利权的权利，从而鼓励和推动文化艺术作品上的创造与繁荣。

第二节　中国著作权法律制度的演进

著作权制度的建立和完善有利于激励作品创作，振兴文化市场。然而，中国在改革开放之后重建著作权保护法律制度体系却经历了漫长而曲折的历程。同专利法的制定背景类似，1979 年中美签署了《中美高能物理合作执行协议》和《中美贸易协定》。协议中约定了双方相互保护版权。这成为中国重建著作权法律制度的重要外在推动力。同年，国家出版局向国务院呈送报告，请求建立版权机构，制定版权法，报告获得批准。《著作权法》的立法工作也正式开始。然而，受计划经济思维影响，将具有公共产品属性的著作权纳入私法保护范畴，存在包括意识形态在内的较大障碍。争论的核心问题包括：第一，著作权赋予了作者过多的权利，特别是作者享有修改权和保护作品完整权，出版单位如何把控作品的政治关。第二，作品的广播权问题。对于已经发表的作品，广播电台、电视台播放时，是否需要经过作者的同意并支付报酬。我国的广播电台、电视台是宣传、教育的工具，不是商业台，听众、观众不交纳收听、收看费用，如果需要支付报酬，则由财政负担。第三，著作权是否可以继承。反对者认为

---

❶　Landes W M, Posner R A. An economic analysis of copyright law [J]. The Journal of Legal Studies, 1989, 18 (2): 325-363.

我们是社会主义国家，子女不应该依赖父母的劳动成果。❶ 第四，关于著作权法律（Copyright Law）究竟应该叫"版权法"还是"著作权法"。❷

总之，一系列关于著作权涉及的著作权人权利与义务关系，创作、出版与国家政治等问题使得著作权法的立法工作不断拖延。为了缓解著作权法迟迟无法出台，但又亟须保护并制止侵犯版权的行为的问题。1984 年中国制定了《图书、期刊版权保护试行条例》，从而在一定范围内对著作权进行保护。1985 年，国务院批准成立国家版权局。1986 年，《民法通则》正式通过，其中第 94 条规定"公民、法人享有著作权（版权），依法有署名、发表、出版、获得报酬等权利"，从而在私法意义上确立了著作权这一私权利，为《著作权法》的颁布扫清原则上的障碍。1990 年 9 月 7 日，全国人大常委会通过《著作权法》，著作权法也成为继商标法、专利法之后最后通过的核心知识产权法律制度。

《著作权法》颁布实施以来，目前经历了两次修改。2001 年 10 月，《著作权法》完成了第一次修改。同《专利法》的修改原因类似，主要是为了满足加入世界贸易组织的条件需要，从而对不符合世界贸易组织《与贸易有关的知识产权协议》规定的条款进行了修改。例如，大幅增加了著作权的财产权利类型，在 1990 年的《著作权法》中，著作权仅包括发表权、署名权、修改权、保护作品完整权、使用权和获得报酬权。第一次修订后，增加了复制权、发行权、出租权、展览权、表演权、放映权、广播权、信息网络传播权、摄制权、改编权、翻译权、汇编权，还增加了一个兜底条款。同时，增加了对于著作权侵权赔偿的条款，即规定"侵犯著作权或者与著作权有关的权利的，侵权人应当按照权利人的实际损失给予赔偿；实际损失难以计算的，可以按照侵权人的违法所得给予赔偿。赔偿数额还应当包括权利人为制止侵权行为所支付的合理开支"。"权利人的实际

---

❶ 张玉敏. 知识产权法制三十年 [J]. 法学杂志，2009（2）：14-17.

❷ 相关代表性的争论可参见郑成思. 作品、著作物与版权 [J]. 知识产权，1989（1）：10-13；刘春田. 关于我国著作权立法的若干思考 [J]. 中国法学，1989（4）：45-53. 本书对于著作权和版权不做特别区分，实际上，在经济领域，版权的称呼会更为常见。

损失或者侵权人的违法所得不能确定的，由人民法院根据侵权行为的情节，判决给予五十万元以下的赔偿。"这使得中国的著作权法律制度实现同国际接轨。

2010 年 2 月，中国完成著作权法的第二次修改，这次修改幅度较小，主要是为履行世界贸易组织贸易争端裁决，争议的焦点在于 2001 年《著作权法》第 4 条，该条规定"依法禁止出版、传播的作品，不受本法保护。著作权人行使著作权，不得违反宪法和法律，不得损害公共利益"。该规定本身似乎并无问题，但往往与中国的行政审批制度存在冲突，即存在部分作品在国内是禁止出版、传播的，但作品内容并未违反法律，也没有损害公共利益，这部分作品在 2001 年著作权法下就无法得到保护。例如，中国对国外电影的进口是存在审批和配额管理的，每年有相当数量内容健康，没有违反中国法律规定的电影无法进入中国市场，被禁止在国内出版、传播。但是按照第 4 条的解释，这些电影作品即便在国内被盗版，也无法得到著作权法的保护。因此，国外电影公司通过美国政府在世界贸易组织争议解决机制中向中国提起诉讼，最终在知识产权纠纷案 DS362 中，世贸组织判定中国违反了作为 WTO 成员国的义务。因此，中国将《著作权法》第 4 条修改为"著作权人行使著作权，不得违反宪法和法律，不得损害公共利益。国家对作品的出版、传播依法进行监督管理"。从而解决了前面所述的"盗版有理"的问题。另外，为了适应日益广泛的对名人字画、出版物等进行质押利用的需要，著作权法第二次修订中增加了一条作为第 26 条，即"以著作权出质的，由出质人和质权人向国务院著作权行政管理部门办理出质登记"。从而将 1996 年国家版权局颁布的，部门规章层级的《著作权质押合同登记办法》上升为法律层面的规定，有利于增强商业银行对著作权质押的认可。

而对于著作权法的第三次修订，修订工作实际上早在 2011 年就已经启动，2012 年 3 月、2012 年 7 月和 2012 年 10 月，国家版权局分别发布《中华人民共和国著作权法》（修改草案）（以下简称"修改草案"）的第一稿、第二稿和第三稿，并向社会各界公开征求意见。2012 年 12 月国家版权局向国务院提交修订草案，2014 年 6 月，国务院法制办发布《中华人民共和国著作权法（修订草案送审稿）》公开征求意见的通知。不同于前两次修订主要是源于与国际规则接轨的外在压力，且只是对相对个别的条款进行修改。著作权法的第三次修订则主要是"顺应市场的发展和解决当下社会突出的矛盾问题"，❶ 同时在体例、条款上有了较大范围的修改，以修改草案的第一稿为例，第一稿共有八章八十八条，而现行《著作权法》只有六章六十一条。主要的修改内容包括对著作权的客体采用概括式加列举式的规定，增加对实用艺术作品的保护，进一步扩大著作权的人身权和财产权内容的范围，例如，增加美术和摄影作品权利人的追续权，引入"三步检验法"，增加音乐作品法定许可的规定，增加延伸性集体管理的规定，增加惩罚性赔偿规定等。然而，也同样由于修改范围较大，涉及的利益主体较多，使得第三次修订的工作进展十分缓慢，截至本书付梓出版前，《著作权法》的第三次修改增删四稿、历时已近七年，仍未完成。

究其原因，与修改草案中的相关条款往往涉及多方主体的利益，使得历次修改草案的调整引发了广泛的质疑和争议有重要关系。典型的争议包括法定许可范围规定是否过宽，著作权集体管理组织的延伸管理，网络服务提供商是否承担与著作权相关的信息审查义务等。以下我们简单探讨几项重要的争议性修改，分析修改对相关主体利益以及创新的影响。

第三节　著作权法第三次修订的争议

一、法定许可范围的争议

修改草案第一稿增加了关于录音制品和广播电台、电视台使用他人作品的法定许可。

关于录音制品，其中第 46 条新增规定了"录音制品首次出版 3 个月后，其他录音制作者可以依照本法第四十八条规定的条件，不经著作权人

---

❶　国家知识产权局．聚焦《著作权法》第三次修改［EB/OL］．（2015-05-25）［2019-09-24］．http：//www.sipo.gov.cn/gwyzscqzlssgzbjlxkybgs/zlyj_zlbgs/1062576.htm.

许可，使用其音乐作品制作录音制品"。❶ 该条的规定实质是对音乐作品中著作权的极大限缩，根据现行著作权法的规定，包括俗称的"翻唱"在内的使用，需取得原唱歌曲的著作权使用许可，而第 46 条的规定使得录音作品的垄断性使用的权利从以往的整个著作权有效期内大幅缩减为 3 个月，从而引发了部分音乐界人士的强烈反对，认为这一规定将极大打击唱片公司推广新作品的积极性，对音乐市场造成重大打击。第 46 条出台的初衷在于，在现行著作权法的规定下，词曲作者将会受制于一家录音制作者，无法通过扩大传播获取更多收益，从而影响社会公众利益。❷ 平衡两方利益的关键在于找到这样一个均衡点，给予录音作品的著作权人多长时间的独家垄断使用权，能够使得对音乐公司推广新作品的积极性产生的损害，等于社会公众因为能够自由使用该作品产生的利益。这样一个点既不可能是等于终生加死后 50 年那么长，也很可能不会是 3 个月这么短。确定一个合理期限的最有效办法还是需要基于相关现实数据，运用相关理论进行实证分析。在来自音乐界的巨大压力和争议面前，第 46 条在修订草案第二版中已被删除。从理论上来说，这种直接删除的简单处理方式并非是实现著作权人和公众利益平衡的最佳路径。

对于广播电台、电视台使用他人作品的法定许可，修改草案第一版第 47 条规定如下，"广播电台、电视台可以依照本法第四十八条规定的条件，不经著作权人许可，播放其已经发表的作品；但播放他人的视听作品，应当取得制片者许可。"也就是说，在满足备案、指明作者信息和付费三步条件的情况下，广播电台、电视台可以无须著作权人许可，使用除视听作品以外的已发表作品。增加这一法定许可事项方便了广播电台、电视台对于他人作品的使用，从而提高节目制作效率。然而，电视台也将盈利性作为运营的重要目标，如果电视台在商业节目中，例如，在一档音乐类综艺节目中使用音乐人新近创作的歌曲，实际上也就落入了修改草案第一稿第

---

❶　第 48 条是指不经著作权人许可使用其已发表的作品，需要符合在使用前向国务院著作权行政管理部门申请备案，使用时指明作者信息，使用后 1 个月内向著作权集体管理组织支付使用费的条件。也被称之为"三步检验法"。

❷　张贺.《著作权法》修改草案三大争议 [J]. 中国报道，2012（5）：78-81.

46条的情形中，是否会严重损害著作权人的利益？答案是不言自明的。因此，在修改草案第二版中，删除了第47条关于广播电台、电视台使用他人作品的法定许可的条款。不过，在修改草案第三版中，广播电台、电视台的法定许可又再次得到恢复。这一反复的过程体现的是电台、电视台与著作权人利益的博弈。

从理论上来说，在损害著作权人利益的情况下，依然授予广播电台、电视台使用已发表作品的法定许可的前提在于，一方面，电台、电视台在无法通过协商取得使用许可的前提下，依然具有使用某一已发表的作品的必要性，或者无法找到作品的权利人。另一方面，电台、电视台通过取得权利人许可而使用他人作品的交易成本过高，从而不能以合理的效率和成本使用他人已发表作品，因而需要由法律拟制著作权人给予了电台、电视台的著作权使用许可。对于前一方面，由于著作权保护的是表达形式，很难想象电台、电视台存在某一完全无法绕过的作品，使其必须要使用该作品；对于后一方面，电台、电视台作为专业的机构，使用他人作品一般也不会过度分散，一般仅限于部分作品，一般而言是有足够的能力同著作权人展开许可使用谈判的。在谈判中，对于商业性节目，电视台会根据其节目盈利状况与著作权人确定合理的许可使用费，而对于公益性节目，由于难以盈利，可能电台、电视台无法向著作权人支付如商业性节目那样标准的许可使用费，在这种情况下，基于正常的商业谈判电台、电视台与著作权人可能无法达成共识。因此，法律可以通过法定许可的形式授权电台、电视台利用已发表作品。总结上述分析，笔者认为，只有当已发表作品属于孤儿作品，或者电台、电视台出于公益性目的的使用，方可适用法定许可。

二、著作权延伸性集体管理的争议

修改草案第一稿中增加了对于延伸性集体管理的规定，该草案第60条规定，"著作权集体管理组织取得权利人授权并能在全国范围代表权利人利益的，可以向国务院著作权行政管理部门申请代表全体权利人行使著作权或者相关权，权利人书面声明不得集体管理的除外"；第70条规定，

"使用者依照与著作权集体管理组织签订的合同或法律规定向著作权集体管理组织支付报酬的，对权利人就同一权利和同一使用方式提起诉讼，不承担赔偿责任，但应当停止使用，并按照相应的集体管理使用费标准支付报酬"。延伸性集体管理制度的设立初衷是解决众多创作者的著作权缺乏有效管理，而使用者与众多著作权人进行沟通、获取许可的交易成本过高的问题。这两个条款如果正式实施，意味着即使著作权人没有加入著作权集体管理组织，集体管理组织也可以代权利人行使权利。该条款引发了较大的争议，争议主要在于对过分扩大集体管理组织权利的担忧，认为此举会使集体管理组织获得作品的定价权。就目前现状而言，权利人通过诉讼获得法院赔偿的数额一般会高于集体管理组织的收费标准。第 70 条的规定使得使用者只要向著作权集体管理组织支付了报酬，就不必承担赔偿责任，从而可能使著作权人的利益受损。

因此，在修改草案第二稿和第三稿中，对延伸性集体管理加以限制。其中，第二稿中的限制主要表现在两个方面：第一，在集体管理组织……以集体管理的方式行使权利人的著作权或者相关权中间增加了"难以行使和难以控制"的限定，但对于如何界定"难以行使和难以控制"尚未有清晰的说明。第二，对集体管理组织延伸性管理的范围进行了限定。草案第二稿第 60 条规定，集体管理组织可管理的范围只包括广播电台、电视台播放已经发表的文字、音乐、美术或者摄影作品，以及自助点歌经营者通过自助点歌系统向公众传播已经发表的音乐或者视听作品这两类。从而将集体管理组织的延伸性管理权限限缩在上述两类情形中。在修改草案第三稿中，进一步将著作权集体管理组织的延伸性管理范围修改为"可以就自助点播等方式向公众传播已经发表的文字、音乐或者视听作品，代表全体权利人行使著作权或者相关权"，从而将著作权延伸性集体管理主要限制在"卡拉 OK"、宾馆饭店、商场超市、机场、车站、交通运输工具等领域内。

著作权延伸性集体管理制度究竟是一种权利的行使还是权利的限制，目前存在较大争议。从权利限制的角度来说，著作权延伸性集体管理确实使得著作权人由于"被代表"而无法基于市场原则，通过自由谈判获得相应的著作权收益。通过第二稿和第三稿的修改，这种"被代表"被限制在著作权人"难以行使和难以控制"著作权的特定领域，这一领域的代表便是"卡拉 OK"行业。"卡拉 OK"企业的核心竞争力之一便是点唱系统曲库的数量，为了获取足够数量的供点播歌曲，企业需要与每一首曲目的著作权人进行协商谈判，通过支付合理的许可费用获得歌曲的使用权。显然，对于以万为单位计的歌曲数量而言，要求企业与每一位著作权人进行交易的包括搜寻、谈判在内的交易成本是极高的。根据科斯定理的推论，当交易成本很高以至于阻碍谈判时，有效率的资源利用将取决于产权的安排。❶ 这就是著作权集体管理组织存在的重要价值。通过著作权集体管理组织获得分散的著作权人的集中许可，从而降低"卡拉 OK"企业获得歌曲授权许可的交易成本。如果不存在集体管理组织，则"卡拉 OK"行业在严格的著作权法保护下也将不复存在。延伸性集体管理制度的存在，是为了进一步弥补由于集体管理组织难以获得全部著作权人授权的不足，而对其他非集体管理组织成员的著作权人的一种法律拟制的授权。修改草案第三版第 61 条规定，"著作权集体管理组织在转付相关使用费时，应当平等对待所有权利人"，就是这种拟制授权的体现。

基于上述分析可以发现，为了鼓励和促进以"卡拉 OK"为代表的行业发展，著作权集体管理组织有效地发挥代理和中介职能是极为重要的，如果没有集体管理组织的代表，广大的著作权人实际上是难以有效地向作品的使用者行使自身的权利的。这也是为什么在修改草案中将著作权延伸性集体使用放在权力的行使这一章。需要注意的是，前面所述的是著作权集体管理组织存在的重要价值，而延伸性集体管理制度存在必要性的一个重要前提是，以"卡拉 OK"企业为代表的需求方有获得集体管理组织已集中授权范围以外的其他著作权人作品的需求。也就是说，如果"卡拉 OK"企业已经通过著作权集体管理组织获得了满足企业运营需要的足够多的曲目，或者企业有能力通过自身的谈判获得其所需要的非集体管理组

---

❶ 罗伯特·考特，托马斯·尤伦. 法和经济学（第五版）［M］. 史晋川，董雪冰，等译. 上海：格致出版社，上海三联书店，上海人民出版社，2010：84.

织成员方的曲目授权，则集体管理组织延伸性管理的必要性和合理性就不大了。

　　所以问题的关键还是在于理顺著作权集体管理组织和著作权人的关系，保证集体管理组织获得足够数量的著作权人的认可。以中国音乐著作权协会为例，其成立于 1992 年 12 月，是中国成立最早且目前唯一的音乐著作权集体管理组织。截至 2017 年年底，该协会会员总数仅为 8907 人，2017 年的许可总收入 2.1 亿元。❶ 对比美国作曲家、作词家及音乐出版商协会（ASCAP），其在 2015 年的会员总数就超过 58.5 万人，2015 年总收入 10.14 亿美元。❷ 由此观之，中国的著作权集体管理组织代表性上还存在较大不足，这也是为什么修改草案第一版出台后遭遇到相当数量著作权人的异议，因为大多数的著作权人还游离于现有的著作权集体管理组织之外。不从如何提高著作权集体管理组织的代表性入手，反而过度追逐于通过延伸性著作权管理制度扩大集体管理组织的权利，无异于舍本逐末，从而创造了一个著作权许可市场的垄断者，形成著作权人和集体管理组织利益的冲突，最终损害著作权人创作的积极性，也不利于以"卡拉 OK"为代表的相关行业的长远发展。

三、网络环境下的著作权保护问题

　　虽然早在 2006 年国务院发布的《信息网络传播权保护条例》中已经就网络环境下的著作权保护问题予以明确，但通过修改草案第一版第 69 条进一步将网络服务提供者的责任问题从行政法规上升到法律层面予以明确。第 69 条第 1 款规定，"网络服务提供者为网络用户提供存储、搜索或者链接等单纯网络技术服务时，不承担与著作权或相关权有关的信息审查义务"。明确了网络服务提供者不承担审查责任，即通常所称的技术中立

---

　　❶ 中国音乐著作权协会 . 2017 中国音乐著作权协会年报［R/OL］.［2019-09-24］. http：//www. mcsc. com. cn/pdf/phpmEB0Ez. pdf.

　　❷ ASCAP. ASCAP 2015 Annual Report［R/OL］.［2019-06-08］. http：//www. ascap. com/~/media/files/pdf/about/annual-reports/2015-annual-report. pdf.

和过错责任的"避风港原则"。第 2 款规定，"网络用户利用网络服务实施侵犯著作权或者相关权行为的，被侵权人可以书面通知网络服务提供者，要求其采取删除、屏蔽、断开链接等必要措施。网络服务提供者接到通知后及时采取必要措施的，不承担赔偿责任；未及时采取必要措施的，与该网络用户承担连带责任"。即网络服务提供者的"通知—删除"义务。第 3 款规定，"网络服务提供者知道或者应当知道网络用户利用其网络服务侵害著作权，未采取必要措施的，与该网络用户承担连带责任"。也就是通常所说的"红旗原则"，也是上述"避风港原则"的例外适用，即如果侵犯信息网络传播权的事实是显而易见的，就像红旗一样飘扬，网络服务提供者就不能装作看不见或以不知道侵权为由来推脱责任。

著作权领域的"避风港原则"最早来源于美国 1998 年的《数字千年版权法案》（Digital Millennium Copyright Act, DMCA）。该原则的产生，一方面是受限于当时的技术发展水平，要求网络服务商逐一审查每件上传的作品是否侵权不具有现实的操作可行性；另一方面是为了激励互联网产业的发展，降低网络服务商的经营成本。此外，在当时的互联网发展水平下，著作权侵权问题涉及的覆盖面和影响范围都相对较小。而随着近 20 年来互联网产业的蓬勃发展，网络服务商与著作权人的利益冲突也日趋激烈。"红旗原则"虽然在一定程度上可以就部分显而易见的侵权问题对网络服务提供商进行限制，但是该原则主要是对网络服务提供者主观要件的规定，在具体的司法实践中不同法官的判断标准难以统一，极易产生争议。因此，是否应当继续沿用 20 年前的"避风港原则"产生了广泛的争议。如何在当前互联网发展的新形势下有效平衡网络服务提供者和著作权人的利益，成为亟待解决的重要问题。

欧盟在上述问题上开始采用新的立场。2019 年 4 月 15 日，欧盟的版权法改革获得欧盟多数成员国的支持，《数字化单一市场版权指令》（Directive on Copyright in the Digital Singles Market）经过投票表决，正式成为欧盟新的版权保护法律。该指令第 17 条规定，网络服务提供商要对上传到其网站上的内容负责，要使用过滤器对涉嫌侵权的内容进行筛查，以阻止侵犯版权的上传行为。该指令的出台使得互联网平台必须通过安装过滤器来对用户上传的内容进行把关，以阻止受版权保护的内容被上传到网络平台上，从而卷入侵权纠纷并承担相应的赔偿责任，改变以往网络服务提供商仅承担"通知—删除"义务的状况，对网络服务提供商施加了更重的阻止版权侵权的义务。这一变化产生的技术背景是随着以"单词过滤器"为代表的新技术的发展，使得网络服务商逐步具备对用户上传作品进行低成本、高效率的事前审查的能力。

欧盟新版权法显然采取了更加有利于对著作权进行保护的立场。引发了以谷歌为代表的互联网巨头的强烈反对。虽然该指令已经得到通过，各成员国将在两年时间内将其内容落实到各自国家的相关法规中。但指令中关于要求网络服务提供商安装过滤器阻止侵权的条款依然存在较大的争议。有担心过滤软件还无法做到完全有效地识别上传内容是否侵权，而服务商出于撇清责任的考虑，将部分不受保护的内容视作受保护而阻止用户上传，从而将阻碍文化艺术作品的传播。也有担心该条款实际上是有利于大公司，因为只有大公司才有财力和技术能力安装并不断优化其过滤软件，小公司则因为无法满足指令的要求面临着极大的侵权风险，从而实际被剥夺了参与互联网平台竞争的权利。

网络服务提供商承担责任的变化实际是对网络服务提供商和著作权人利益的再调整。这种调整也会对未来互联网产业的发展产生重要影响。欧盟新版权法实施后对互联网产业的影响还有待观察，但有一点可以肯定的是，新版权法反过来会激励和推动越来越多的预防版权侵权的新技术的涌现和发展。最终当新技术不断成熟，新技术的实施成本不断下降后，互联网平台能够更好地保护著作权人利益，著作权人也有激励和动力去创造更多更优质的作品，可能会打破互联网产业和著作权人的零和博弈，实现互联网产业和著作权人的双赢。

法律在某种意义上也具有优化配置资源，推动社会经济发展的重要作用。反观中国《著作权法》的第三次修订，是将十多年前已经通过行政法规的形式明确的网络服务提供商责任问题写入《著作权法》，是否必要，必要性有多大？即使必要，"避风港原则"是否还能继续引领中国互联网产业未来十年、二十年的发展？是否可以通过更为前瞻性的立法推动版权产业的发展？这些都是值得立法者深思的问题。

基于上述关于著作权法修订过程中出现的典型性争议可以发现，著作权法的修订涉及多方利益的博弈，立法者如何平衡创作者的个人利益和社会公众利益，从而既能调动创作者的积极性，也最大可能地使社会公众有效利用创作出来的各类作品，推动创新发展，促进社会整体福利的提高，极大地考验立法者的智慧。

第四节　中国版权相关产业的发展

从前面著作权法的作用、功能，中国著作权法历次的修订及其产生的争议可以发现，著作权法律制度对于创新发展，特别是对于与著作权相关的产业发展具有重要的作用和意义。著作权相关产业正日益成为中国经济、就业和对外贸易发展过程中不可忽视的力量。

根据中国新闻出版研究院发布的"2017年中国版权产业的经济贡献"调研结果，❶ 2017年中国版权产业的行业增加值为60810.92亿元，占全国GDP的比重为7.35%。从事版权产业的城镇单位就业人数为1673.45万人，占全国城镇单位就业总人数的9.48%。版权产业商品出口额为2647.73亿美元，占全国商品出口总额的11.70%。从纵向的发展增速来看，2006~2017年，中国版权产业的行业增加值已从13489.33亿元增长至60810.92亿元，12年间产业规模增长了350.81%，年均增长率达到14.67%，超过了同期GDP的增长率，在国民经济中的比重从6.39%提至7.35%，提高了近1个百分点。从事版权产业的城镇单位就业人数从762.92万人增加至1673.45万人，占我国城镇单位就业总人数的比重从6.52%提高至9.48%。❷

---

❶　中国新闻出版研究院.2017年中国版权产业的经济贡献［R/OL］.（2019-04-01）［2019-09-29］.http：//www.ncac.gov.cn/chinacopyright/upload/files/2019/4/2817439510.pdf.

❷　2017年中国版权产业增加值突破6万亿占GDP7.35%［EB/OL］.（2018-12-25）［2019-09-24］.http：//media.people.com.cn/n1/2018/1225/c14677-30487280.html；中国版权年鉴编委会.中国版权年鉴2017［M］.北京，中国人民大学出版社，2018.

进一步从版权相关产业的分类来看，世界知识产权组织将版权相关产业分为四类：核心版权产业、部分版权产业、相互依存产业和非专用支持产业。❶ 其中，核心版权产业是指那些创作和出品受版权保护产品的行业，包括音乐、书籍、杂志和报纸出版业等，这部分产业的重要性自不待言；部分版权产业一般是指传统产业中有部分产品享有版权的产业，如陶瓷、家纺等；相互依存产业是指生产、销售有助于创造和使用受版权保护的设备的产业，其中核心相互依存产业包括电视机、收音机、CD 播放器、电子游戏设备、电脑等相关设备，部分相互依存产业包括摄像机、复印机、空白记录材料生产等相关行业；非专用支持产业是指有助于传播、交流、分配或者销售受著作权保护的作品的相关行业，该产业是由核心版权产业的外部效应而产生的，部分产值也属于其他非版权产业。表 3-1 列明了 2015 年四大类型版权相关产业在中国经济发展中的贡献率。

表 3-1　2015 年中国版权产业的经济贡献

类型	行业增加值		就业人数		商品出口额	
	数值（亿元人民币）	占全国比重（%）	数值（万人）	占全国比重（%）	数值（亿美元）	占全国比重（%）
核心	30229.87	4.41	870.40	4.82	72.85	0.32
相互依存	8966.17	1.31	412.49	2.28	2344.83	10.31
部分	3811.12	0.56	233.18	1.29	215.67	0.95
非专用支持	7046.98	1.03	150.82	0.84	—	—
合计	50054.14	7.30	1666.90	9.23	2633.36	11.58

注：来源于中国版权产业经济贡献调研课题组：《2015 年中国版权产业的经济贡献》，《中国版权年鉴 2017》。

从表 3-1 可知，核心版权产业在行业增加值和就业人数方面占全国的比重分别达到整个版权产业的 60.41% 和 52.22%。显示了核心版权产业在中国版权相关产业发展中的突出地位。然而，中国的核心版权产业虽然在

❶　WIPO, National studies on assessing the economic contribution of copyright-based industries, Creative Industries Series, No. 5 ［M］. Geneva：WIPO Publication, 2011：3-122.

创造增加值和解决就业方面具有显著优势，但在衡量出口创汇能力的商品出口额方面，相较以电视机、CD 播放器、电脑等行业为代表的相互依存版权产业，却几乎可以忽略不计，显示出中国的音乐、图书、影视等核心版权产业尚不具备国际的竞争力。因此，虽然中国的版权产业在国民经济中已经成为一股不可忽视的重要力量，但还具有广阔的发展和提升空间。

从进一步发展中国版权产业，提升版权产业竞争力的角度来说，至少可以从如下两个方面促进版权产业的发展，推动中国版权产业创新升级，引领产业发展的未来：第一，努力改变核心版权产业相对大但不强的现状，提升版权产业的国际竞争力。以电影、电视、音乐和文学艺术作品为代表的核心版权产业体现的是国家的软实力，在创作过程中，如何既能够彰显中国元素和民族特色，又能够以海外受众乐于接受和理解的方式讲好中国故事，是未来中国版权产业从业人员努力的方向。第二，从四大版权相关产业的发展现状来看，核心版权产业一枝独秀，而相互依存版权产业、部分版权产业、非专用支持版权产业尚有较大的发展潜力和空间。从推动版权产业整体做大做强的角度来说，就需要从推动除核心版权产业以外的其他版权产业的发展着手，进而反过来助推核心版权产业的进一步发展，实现版权产业的整体繁荣。

第五节　版权保护与经济发展

版权保护对社会福利存在两方面影响，一方面，加强版权保护可以减少由于创作的减少而造成的社会福利的损失；另一方面，加强版权保护也可能使得可资利用的作品数量下降导致社会福利损失的增加。诺沃斯（Novos）和瓦尔德曼（Waldman）（1984）[1] 基于理论模型分析了版权保护对上述两方面社会福利的影响，发现前一方面的减少社会福利损失的影响更能得到理论的支持。这一发现结果也可以从经验角度予以解释，版权只

---

[1]　Novos I E, Waldman M. The effects of increased copyright protection: An analytic approach [J]. Journal of political economy, 1984, 92 (2): 236-246.

保护表达，不保护思想，因此，实际上版权保护对于可资社会利用的表达资源的限制是极其有限的，版权保护的作用更多体现在避免对已有作品的简单复制，从而鼓励作品的创作。

然而，版权保护对于鼓励作品创作，促进经济发展的作用究竟有多大？是否可以从实证角度具体衡量版权保护对社会福利、经济发展的影响？由于版权的获取不以登记为要件，直接从版权登记作品数量的角度显然无法完整和客观地衡量版权保护的效果。因此，现有的为数不多的关于版权保护与版权产业、经济发展关系的研究，多选择从产业经济发展的视角探究版权保护的实际效果。而对于版权保护水平，也同样缺乏有效的衡量标准。代表性的 G-P 指数是以综合考虑各国包括版权保护年限、专利保护覆盖范围、是否加入相关国际条约等方式综合衡量建立相关的知识产权保护指数，❶ 其中版权保护只是知识产权保护水平指标的一部分。即便单独观察版权的立法保护水平，如版权保护年限这样的可量化指标对经济发展的影响，则一方面只能用于研究国家层面的版权保护水平和经济发展的关系，另一方面也依然无法完全克服由于双向因果、测量误差导致的内生性问题的存在，❷ 使得难以准确评估版权保护在产业经济发展中究竟起到怎样的作用。史密斯（Smith）等（2009）❸ 曾以国家层面的个人电脑、服务器数量、网络带宽作为版权相关资本的代理变量，运用累积生产函数检验了版权相关资本对经济发展的积极影响，但版权相关资本与版权保护的相关度显然有限。

---

❶ Park W G. Do intellectual property rights stimulate R&D and productivity growth? Evidence from cross-national and manufacturing industries data [J]. Intellectual Property and Innovation in the Knowledge-Based Economy, Industry Canada, Ottawa, 2005 (9): 1-9.

❷ 典型的如美国的原《版权法》只赋予版权 56 年的保护期，但在 1976 年和 1977 年，迪士尼和其他企业通过游说，使得美国两次调整相关法案，对版权保护的期限进行延长。在 1997 年为版权保护期续了 20 年的《著作权年限延长法案》，还被称为《米老鼠保护法案》，即说明了其主要目的是保护迪士尼公司著名的米老鼠形象。

❸ Smith P J, Da'ar O B, Monroe K H, et al. How do copyrights affect economic development and international trade? [J]. The Journal of World Intellectual Property, 2009, 12 (3): 198-218.

因此，如何探究版权保护对于产业经济发展的作用，是目前学术研究中的一个难点。2004 年福建省德化县颁布了一项关于版权本地免费登记的政策，即对于本地企业进行版权登记，按照原有办法应当到位于福建省福州市的福建省版权局缴纳一定费用进行著作权登记，而版权本地免费登记政策的实施，使得德化县政府在德化县专门建立相应的版权登记服务机构，在该登记机构内为本地企业进行版权登记提供免费服务，企业在本地进行版权登记后，由政府部门代表企业统一到福建省版权局进行登记，免除了企业往返奔波之苦。这是一项有利于企业进行更好地版权保护的政策。该政策的实施为分析版权保护与产业发展之间的关系提供了一个很好的切入点，通过运用企业级的微观面板数据，对这样一项准自然实验效果进行研究，使我们有条件探究版权保护与产业发展的因果关系。❶

一、福建德化的版权本地免费登记政策

以一个地方的政策为背景展开研究，其研究价值和意义在于其是否具有代表性和典型性，是否对该地政策的研究有助于为在更大范围内推广该政策提供参考。以下通过对福建德化版权本地免费登记政策的背景介绍来论证研究样本选择的合理性。

福建德化与江西景德镇、湖南醴陵并称中国三大古瓷都，陶瓷产业长期以来都是德化的支柱产业。以 2012 年为例，德化县 GDP 为 134. 68 亿元，而陶瓷产业的产值便达到了 124. 23 亿元，占当地 GDP 的 92. 24%。❷从瓷器特色来看，与河北唐山、广东佛山等以工业瓷为主的陶瓷产地不同，德化陶瓷在以工艺瓷为传统优势的基础上，形成了以白瓷为代表的德化瓷器特征，具有较高的艺术美感和价值。同时，德化陶瓷产业竞争激烈，截至 2012 年，当地共有 1361 家陶瓷企业，若想在如此众多的企业中脱颖而出，唯有不断在产品设计方面推陈出新，而版权保护对于德化陶瓷

---

❶ 以下的部分内容曾以"版权保护能够提升企业绩效吗——来自德化陶瓷企业的证据"为题，发表在《经济学动态》2016 年第 6 期。

❷ 德化县统计局. 德化县统计年鉴 2013 ［R］. 泉州：德化县统计局，2013.

产业在发展过程中成功避免被竞争对手模仿的重要性则愈加凸显。❶ 因而德化的陶瓷产业是部分版权产业中对版权依赖程度较高的典型产业，以其为研究对象能够较准确地衡量版权保护对部分版权产业发展的影响。

与此同时，福建德化在版权保护方面做了大量工作，而其中 2004 年开始实施的企业本地免费版权登记制度更成为全国首创的版权保护措施。世界知识产权组织和国家版权局将德化经验概括为主要包括通过行政执法制止侵权行为，调处版权侵权纠纷，引导成立行业公会，加强司法保护和普法宣传教育等。❷ 但我们认为，相比其他地区，德化固然可能对于上述措施施行的力度更大，但真正区别于其他地区的版权保护措施则是德化的版权本地免费登记制度。为便于企业进行版权登记，并减少企业版权登记的成本，德化县于 2004 年成立版权登记服务中心，开始在本地为企业免费进行版权登记。德化的版权保护工作得到了国内外的肯定，2006 年德化被国家版权局授予"全国版权保护示范单位"，又在 2011 年被授予"世界知识产权组织版权保护优秀案例示范点"，是继江苏南通之后，世界知识产权组织在华授予的第二个版权保护示范点。

版权本地免费登记政策的实施有哪些效果呢？首先，也是最直接的效果是降低了版权所有人的登记成本，从而增加了版权所有人对版权登记的需求。陶瓷产品一般是作为美术作品而受到《著作权法》保护的，而根据《国家发展改革委关于著作权自愿登记收费有关问题的通知》，美术作品的登记费为每件 300 元，系列作品登记第二件起每件 100 元。进行版权登记往往需要聘请中介公司，中介费用根据各地情况有所差异，大概在每件 100～150 元；如果不通过中介公司而自行办理登记事宜，则需要另外承担相应的人力和物力成本。以德化为例，登记版权需要到福建省版权局办理，而在 2004 年高速公路开通之前，从德化到福州需要四五个小时的车程，企业派人派车需要耗费大量的成本，由于企业不可能经常性地往返于

---

❶ 对于陶瓷产品还可以选择通过外观设计专利等其他形式进行保护，但版权保护的优势在于具有保护期限长、费用低和登记手续简便等优势。

❷ 世界知识产权组织，国家版权局. 版权保护促进中国德化陶瓷产业发展的研究 [M]. 福州：福建人民出版社，2016.

两地，便会造成大量作品逾期登记，从而得不到及时的保护。此外，基于版权免费登记政策所成立的德化版权登记服务中心，还发挥了推动当地陶瓷企业之间的版权作品交流，起到避免侵权的作用。根据世界知识产权组织和国家版权局的德化调查报告，德化县陶瓷作品的侵权主要来源于本地陶瓷企业，而通过将陶瓷作品在版权登记服务中心进行登记展示，可以形成对有侵权动机的本地陶瓷企业的震慑，有效制止当地的其他陶瓷企业的侵权行为，这一作用是传统上到省版权局进行登记所不具备的。

综上所述，德化县通过实施版权本地免费登记政策，一方面帮助陶瓷企业节省了版权登记费用以及交通等相关人力物力成本，因为企业只需要把相关材料递交当地的版权登记中心，后者收集好全县企业的资料，一并送到省版权局登记。另一方面通过将各自的版权作品在当地进行展示，为企业通过行政或司法途径寻求救济提供了版权所有的直接证据，从而提高了其他企业的侵权成本，更好地避免了侵权。同时，版权登记中心的设立也便于企业就近咨询相关版权业务知识，为版权知识的宣传起到推动作用，进一步提高企业版权登记的意识。

因此，版权本地免费登记政策节约了企业进行版权登记的成本，提高了企业版权保护的意识和其他企业的侵权成本，使得企业所设计的产品能够得到更有效的保护，避免潜在侵权行为的发生，企业因而会更愿意加大设计投入，不断设计新的产品，受到版权保护的企业在一定程度范围内可以获得著作权法赋予的垄断地位，从而更有效地参与市场竞争，获得市场竞争优势，帮助企业销售额的提升。在企业消耗的生产成本没有显著的增加，企业雇员人数等经营基本状况不变的情况下，企业工业增加值、劳动生产率都会相应提高，使得企业的利润率也获得提高。

此外，版权本地免费登记政策对不同类型的陶瓷产品的影响也是存在差异的。根据《国民经济行业分类代码》，陶瓷行业可细分为建筑陶瓷制品、卫生陶瓷制品、特种陶瓷制品、日用陶瓷制品和园林、陈设艺术及其他陶瓷制品几个子类。那么，版权本地免费登记政策对哪一类陶瓷行业的影响最大呢？根据《国民经济行业分类代码》中对园林、陈设艺术及其他陶瓷制品的说明，该类产品是"具有艺术造型或花纹、图案等，主要供陈设、观赏或装饰用的纯艺术欣赏陶瓷制品和以欣赏为主的陶瓷陈列品、实用品的制造"。❶ 因此，此类陶瓷产品与版权的关联最为密切，版权本地免费登记政策能够提高生产此类陶瓷制品的企业的版权登记数量，从而推动此类企业具有更好的绩效表现。

二、版权免费登记政策的实施效果评估

从直观角度来看，评估版权本地免费登记政策对企业绩效的影响，就是直接比较版权本地免费登记政策实施后和实施前的企业绩效是否存在系统性差异。但是，这种简单比较可能无法得出可信的结论，因为版权本地免费登记政策实施前、实施后的企业绩效差异也可能是由其他因素引起的，而不是版权本地免费登记政策的结果。为了更准确地识别版权保护对企业绩效的影响，我们采用倍差法（Difference-in-Difference）来实证分析版权登记政策的实施效果。

倍差法通常被用来评估某项政策或事件对实施对象的影响，其中隐含的假设是将某项政策或事件视作一个自然实验。这要求该政策或事件对结果的影响足够外生，不存在反向因果和共时性的问题，即政策与所研究的结果之间既没有互为因果的关系，也不是同为其他因素作用的结果。版权本地免费登记政策是由德化县政府实施的，作为个体的陶瓷企业无法影响政府的决策，因此政策变量部分地满足政策的外生性要求。同时，通过选择德化县以外与德化位于同一地级市（泉州市）辖区的陶瓷企业作为控制组（也即未受自然实验影响的样本，control group）来与作为实验组的德化县陶瓷企业（也即受自然实验影响的样本，treatment group）进行比照，由

---

❶ 而建筑陶瓷制品指用于建筑物的内、外墙及地面装饰或耐酸腐蚀的陶瓷材料的生产，以及水道、排水沟的陶瓷管道及配件的制造；卫生陶瓷制品指卫生和清洁盥洗用的陶瓷用具的生产；特种陶瓷制品指专为工业、农业、实验室等领域的各种特定用途和要求，采用特殊生产工艺制造；日用陶瓷制品指以黏土、瓷石、长石等为原料，经破碎、制泥、成型、烧炼等工艺制成，主要供日常生活用的各种瓷器、炻器、陶器等陶瓷制品的制造。对比园林、陈设艺术及其他陶瓷制品，上述陶瓷制品由于以实用为主，故与版权相关的艺术、设计的成分相对较少。

于德化县和除德化以外的泉州其他地区的陶瓷企业同属一个地级行政辖区，地理位置相近，在陶瓷产品生产制造过程中的原材料、政策环境、市场环境、区位条件等各个方面都极为相似，因此可以认为，在德化县的免费版权登记政策实施之前，德化县和除德化外的泉州其他地区的陶瓷企业具有相似的发展趋势，❶ 从而较好地解决共时性的问题并准确考察政策对结果造成的净影响。在另外的稳健性检验中，本章也会利用与德化并称为中国三大古瓷都的景德镇和醴陵的企业样本作为对照组。

具体地，将基于倍差法的双向固定效应面板模型设定如下：

$$Y_{i,t} = \beta policy_{i,t} + \gamma X_{i,t-1} + \eta_i + \mu_t + \varepsilon_{it} \tag{3.1}$$

其中，i 表示企业，t 表示年份，$Y_{i,t}$ 将分别衡量企业销售增长率、劳动生产率和利润率，其中企业的利润水平用三种方式衡量，即 ROS（总利润/总销售额）、ROA（总利润/总资产）和 ROE（总利润/（总资产−总负债））。$policy_{i,t}$ 代表版权本地免费登记政策试验，具体来说，当企业 i 在空间维度位于德化县行政区域内（实验组），在时间维度处在免费登记政策实施后（t>2004）时，$policy_{i,t}$ 取值为 1，其余情况则 $policy_{i,t}$ 取值为 0。因此，$policy_{i,t}$ 取值等同于倍差法模型中用于捕捉政策实施效应的交乘项。而 $X_{i,t-1}$ 是企业级的控制变量，具体包括上一期的总销售额和雇员人数（用来控制企业规模）、资本密度（即总资产/雇员人数，用来控制企业的资本技术含量）、企业存续时长（用来控制企业历史）和资本构成（用各种所有制形式股份额度表示）。在回归中将使用除资本构成以外的所有这些变量的对数形式，η_i 和 μ_t 分别为不随企业和不随时间变化的固定效应，$\varepsilon_{i,t}$ 是误差项。

对于版权本地免费登记政策的效果评估，主要研究数据来源于国有及大中型工业企业数据库，该数据涵盖了全部国有企业和年销售额在 500 万元人民币以上的非国有企业。取决于具体的研究范围和要求，我们通过企业名称、企业地址和行业代码信息从 1998~2007 年工业企业数据中选取相

---

❶ 为了保障倍差法的可适用性，我们还将利用版权免费登记政策实施前的样本数据进行平行趋势的检验。

应地区和行业的陶瓷企业数据，来生成将要用到的企业微观数据。❶ 例如，在基准分析中，样本仅限于福建省泉州市的陶瓷企业，而之后的稳健性分析则包括德化、景德镇和醴陵的陶瓷企业。

此外，笔者通过德化县文体局获得了 2001~2007 年的德化本地陶瓷企业的版权登记数量的信息，即包括登记时间、著作权人名称和作品名称等数据。我们筛选出其中著作权人为企业的数据，根据企业的名称和工业企业数据库进行匹配，获得德化县 2001~2007 年陶瓷企业版权登记数量的数据。基于该数据，可以对版权本地免费登记政策的最直观效果进行检验，即版权免费登记政策能否推动版权登记数量的提高。然而，由于仅有德化县的版权登记数据，因而无法基于倍差法来直接同泉州非德化地区的控制组进行比较。为了检验政策的效果，我们采用了一种替代性的方法，即以德化县的园林、陈设艺术及其他陶瓷制品企业为实验组，以德化县的其他类型陶瓷企业为控制组，来比较版权免费登记政策是否对园林、陈设艺术及其他陶瓷制品企业的版权登记数量的影响更大。

基于上述数据所获得的福建省泉州市陶瓷企业样本的描述性统计结果如表 3-2 所示。可以发现，对于陶瓷企业绩效指标，实施了版权本地免费登记政策后的德化县陶瓷企业，其用三种方式衡量的企业利润水平都要显著高于其他位于泉州市（非德化）或免费登记政策实施前的德化县的陶瓷企业，而销售额的增长率和劳动生产率在实验组和对照组间不存在显著差异。最后一组的变量是德化县陶瓷企业的版权登记数，同其他变量不同的是，该变量的实验组是德化工艺陶瓷企业，控制组是德化其他类型的陶瓷企业。从对比结果来看，德化工艺陶瓷企业的版权登记数量要明显高于其他类型陶瓷企业的版权登记数量。

---

❶　在对工业企业数据处理的过程中，为了尽可能减少极端异常值对研究结果的影响，参考现有文献的处理方式（Cai 和 Liu，2009），我们剔除了以下几种类型的数据：就业人数缺失或少于 8 人的企业；固定资产净值、总产出、总销售额和总资产缺失或小于 0 的企业。同时，我们还删除了在样本存续期内行业类型有调整的企业。为了保证数据在不同年份间的可比性，以 1998 年为基期，使用 CPI 指数对相关数据进行了平减处理。

表 3-2 泉州市陶瓷企业的统计特征

变量	未分组		控制组		实验组		t-统计量
	观测值	均值	观测值	均值	观测值	均值	
销售额增长率 对数	829	-1.26 (1.23)	592	-1.26 (1.31)	237	-1.26 (0.99)	-0.07
劳动生产率 对数	1497	3.53 (0.83)	1184	3.53 (0.90)	313	3.52 (0.53)	0.32
Ln（ROS）	1133	-2.17 (0.92)	830	-2.27 (0.98)	303	-1.88 (0.64)	-6.43 ***
Ln（ROA）	1076	-1.88 (1.18)	804	-2.14 (1.17)	272	-1.10 (0.83)	-13.59 ***
Ln（ROE）	954	-1.65 (1.12)	759	-1.85 (1.10)	195	-0.86 (0.78)	-11.84 ***
销售额对数	1535	9.58 (0.99)	1219	9.55 (1.00)	316	9.71 (0.94)	-2.53 ***
雇员人数对数	1536	5.18 (0.85)	1220	5.11 (0.84)	316	5.42 (0.85)	-5.87 ***
资本密度对数	1536	4.09 (1.17)	1220	4.27 (1.20)	316	3.40 (0.76)	12.34 ***
企业年龄对数	1508	1.79 (0.73)	1195	1.77 (0.74)	313	1.85 (0.72)	-1.64 *
版权登记数	804	1.16 (9.12)	369	0.63 (3.43)	435	1.60 (11.98)	-1.51 **

注：*** 、 ** 、 * 分别表示在 1% 、5% 和 10% 水平上显著。

上述只是对版权本地免费登记政策影响效果的初步发现，基于前面给出的模型 3.1 和相关的企业数据，我们进一步运用倍差法得到了具体的实证回归结果，具体如表 3-3 所示。

表 3-3 版权本地免费登记政策对企业绩效的影响

变量	(1) Ln（销售额增长率）	(2) Ln（劳动生产率）	(3) Ln（ROS）	(4) Ln（ROA）	(5) Ln（ROE）
政策	0.337 * (0.204)	0.384 *** (0.0839)	0.815 *** (0.158)	0.693 *** (0.203)	0.504 ** (0.208)

续表

变量	(1) Ln（销售额 增长率）	(2) Ln（劳动 生产率）	(3) Ln（ROS）	(4) Ln（ROA）	(5) Ln（ROE）
总销售额对数	−1.182***	0.112*	−0.0147	0.135	0.0592
（滞后一期）	(0.181)	(0.0641)	(0.0908)	(0.120)	(0.107)
雇员人数对数	0.698***	−0.0189	−0.0410	−0.0717	−0.0531
（滞后一期）	(0.148)	(0.0786)	(0.121)	(0.149)	(0.146)
资本密度对数	0.442***	0.0686	−0.0195	−0.107	−0.110
（滞后一期）	(0.106)	(0.0525)	(0.102)	(0.116)	(0.102)
企业年龄对数	0.156	−0.0324	0.00526	0.0664	0.0665
（滞后一期）	(0.145)	(0.0485)	(0.0851)	(0.112)	(0.104)
资本构成类型	是	是	是	是	是
企业固定效应	是	是	是	是	是
年份固定效应	是	是	是	是	是
观测值	810	1139	870	826	725
R^2	0.141	0.373	0.168	0.245	0.199

　　注：括号中的数值为聚类在企业水平上的稳健标准差；***、**、*分别表示在1%、5%和10%水平上显著，下同。

　　从表3-3的第（1）列可以发现，政策变量的估计系数显著为正，表明了版权本地免费登记政策颁布后，德化陶瓷企业销售额的增长率显著高于泉州市（非德化）的陶瓷企业，具体来说，德化县的陶瓷企业销售额的增长率要高出泉州市（非德化）的陶瓷企业33.7%。而在第（2）列中政策变量的估计系数在1%的显著性水平上为正，表明在德化县版权本地免费登记政策实施后，德化陶瓷企业的劳动生产率高于泉州市（非德化）的陶瓷企业，具体来说接近提高了40%。而从表3-3中的（3）～（5）列可以发现，政策变量的估计系数在1%的显著性水平下为正，意味着在德化县实施了版权本地免费登记政策后，德化陶瓷企业的利润率要显著高于泉州市（非德化）的陶瓷企业。具体来说，版权本地免费登记政策可以使得德化陶瓷企业基于不同方法衡量的利润率高于其他非德化的泉州陶瓷企业50%~80%。综合上述结果可知，版权本地免费登记政策能够提升企业销售额、劳动生产率和利润率。

进一步地，通过在回归模型 3.1 中额外加入一个政策 * 工艺陶瓷企业的交互项，其中当工艺陶瓷企业哑变量等于 1 时则代表生产园林、陈设艺术及其他陶瓷制品的企业，加入该变量后的回归结果如表 3-4 所示。通过表 3-4 的第（1）列可以发现，政策 * 工艺陶瓷企业这一交互项的估计系数在 10% 的显著性水平下为正，表示在版权免费登记政策实施后，德化县的工艺陶瓷企业版权登记的数量要高于其他类型陶瓷企业平均 3 件以上，说明版权免费登记政策对工艺陶瓷企业进行版权登记的影响是直接和显著的。从对于企业绩效的影响来看，从第（2）列可以发现，在加入交互项后，虽然政策变量不再显著，但政策变量对销售额增长率的影响变为负的，可能的原因是，在版权本地免费登记政策实施后，企业通过版权保护的增强获得了一定程度的市场垄断优势，因而可以通过控制销量，提高产品价格来增加企业利润。我们发现交互项依然是在 5% 的水平上显著为正的，说明对于工艺陶瓷企业，版权保护的加强使得企业的销量更有保障，因而销售额增长率的提高才是政策的最主要影响。从第（3）列可以看到，版权免费登记政策对劳动生产率的影响在不同类型的陶瓷企业之间并不存在显著的差异。从第（4）～（6）列的结果来看，政策 * 工艺陶瓷企业对企业利润水平的影响均是显著为正的，说明德化县版权本地免费登记政策所起到的提高陶瓷企业利润率的作用主要表现在生产园林、陈设艺术及其他陶瓷制品的企业方面。通过上述结果发现，版权本地免费登记政策对生产园林、陈设艺术及其他陶瓷制品的企业在版权登记数量和企业绩效表现方面的影响更大，显示了版权保护对于与版权相关程度越高的行业，作用效应也越大。

表 3-4　版权本地免费登记政策对企业绩效的影响

变量	（1）版权登记数	（2）Ln（销售额增长率）	（3）Ln（劳动生产率）	（4）Ln（ROS）	（5）Ln（ROA）	（6）Ln（ROE）
政策		−0.0301 （0.231）	0.297** （0.144）	0.493** （0.215）	0.0786 （0.299）	−0.187 （0.316）

续表

变量	（1）版权登记数	（2）Ln（销售额增长率）	（3）Ln（劳动生产率）	（4）Ln（ROS）	（5）Ln（ROA）	（6）Ln（ROE）
政策 *工艺陶瓷企业	3.220 *	0.419 **	0.0986	0.367 *	0.703 **	0.805 ***
	(1.875)	(0.183)	(0.129)	(0.200)	(0.280)	(0.295)
总销售额对数	0.767	−1.182 ***	0.112 *	−0.0151	0.134	0.0653
（滞后一期）	(0.925)	(0.182)	(0.0641)	(0.0906)	(0.120)	(0.106)
雇员人数对数	−2.171	0.703 ***	−0.0184	−0.0364	−0.0595	−0.0484
（滞后一期）	(2.571)	(0.146)	(0.0789)	(0.121)	(0.147)	(0.145)
资本密度对数	0.287	0.453 ***	0.0706	−0.00949	−0.0892	−0.0964
（滞后一期）	(2.109)	(0.106)	(0.0529)	(0.102)	(0.114)	(0.0997)
企业年龄对数	0.303	0.158	−0.0323	0.00201	0.0597	0.0482
（滞后一期）	(0.788)	(0.144)	(0.0486)	(0.0859)	(0.113)	(0.104)
资本构成类型	是	是	是	是	是	是
企业固定效应	是	是	是	是	是	是
年份固定效应	是	是	是	是	是	是
观测值	628	810	1139	870	826	725
R^2	0.031	0.143	0.374	0.171	0.253	0.209

　　进一步地，我们还通过替换控制组来检验版权本地免费登记政策对德化陶瓷企业的影响是否稳健。正如在背景部分所介绍的，福建德化同江西景德镇、湖南醴陵并称中国三大古瓷都，三地在陶瓷产品特色上各有不同，但均以与版权联系紧密的工艺陶瓷见长。因而，三地的陶瓷企业产品特点相近，且在当前国内市场一体化的背景下，三地陶瓷企业面临的市场环境和竞争态势也是相近的。所以我们将泉州（非德化）的陶瓷企业替换为景德镇和醴陵的陶瓷企业作为控制组应当也是合适的。替换控制组后的回归结果如表 3-5 所示。从表 3-5 的结果来看，第（1）列显示政策变量对销售额增长率的影响接近显著为正。第（2）列显示政策对劳动生产率存在正向的影响，但不显著。第（3）～（5）列则显示政策在 1% 的显著性水平上对陶瓷企业利润存在显著为正的影响，通过与表 3-3 的对比，可

以发现在影响的具体程度方面也是较为接近的，版权本地免费登记政策的实施可以使得德化陶瓷企业的利润率高于景德镇和醴陵的陶瓷企业75%~110%左右，而销售额的增长率高44%左右。这就验证了版权本地免费登记政策对德化陶瓷企业的影响效果是稳健的。

表3-5　版权本地免费登记政策对企业绩效的影响（控制组为景德镇、醴陵陶企）

变量	（1）Ln（销售额增长率）	（2）Ln（劳动生产率）	（3）Ln（ROS）	（4）Ln（ROA）	（5）Ln（ROE）
政策	0.439	0.134	0.756 ***	1.110 ***	0.885 ***
	(0.282)	(0.113)	(0.181)	(0.213)	(0.206)
总销售额对数	-1.280 ***	0.0688	-0.0343	0.240 *	0.155
（滞后一期）	(0.179)	(0.0619)	(0.117)	(0.145)	(0.146)
雇员人数对数	0.623 ***	-0.0996	-0.131	-0.446 **	-0.0558
（滞后一期）	(0.177)	(0.0775)	(0.155)	(0.184)	(0.189)
资本密度对数	0.371 **	0.0490	0.129	-0.121	-0.128
（滞后一期）	(0.150)	(0.0563)	(0.139)	(0.168)	(0.174)
企业年龄对数	0.175	-0.0225	0.0247	0.0733	0.0112
（滞后一期）	(0.113)	(0.0431)	(0.0859)	(0.101)	(0.104)
资本构成类型	是	是	是	是	是
企业固定效应	是	是	是	是	是
年份固定效应	是	是	是	是	是
观测值	812	1078	755	706	552
R^2	0.128	0.350	0.192	0.265	0.230

在表3-5的基础上，表3-6进一步加入政策＊工艺陶瓷企业变量以检验版权本地免费登记政策主要作用于与版权联系更为紧密的陶瓷产业门类的结论是否稳健。从结果来看，与之前表3-4中发现的结果类似，版权本地免费登记政策对于企业销售额的增长率和利润水平的促进作用主要集中在与版权联系更为紧密的生产园林、陈设艺术及其他陶瓷制品的企业方面，这也再次验证了先前研究结论的稳健性。

表3-6 版权本地免费登记政策对企业绩效的影响（控制组为景德镇、醴陵陶企）

变量	（1）Ln（销售额增长率）	（2）Ln（劳动生产率）	（3）Ln（ROS）	（4）Ln（ROA）	（5）Ln（ROE）
政策	0.0797	−0.0114	0.431 *	0.531 *	0.194
	（0.304）	（0.185）	（0.242）	（0.295）	（0.329）
政策 *工艺陶瓷企业	0.407 **	0.164	0.369 *	0.652 **	0.786 **
	（0.178）	（0.150）	（0.208）	（0.270）	（0.310）
总销售额对数（滞后一期）	−1.279 ***	0.0682	−0.0364	0.238 *	0.169
	（0.180）	（0.0619）	（0.116）	（0.143）	（0.138）
雇员人数对数（滞后一期）	0.629 ***	−0.0993	−0.121	−0.425 **	−0.0350
	（0.177）	（0.0775）	（0.153）	（0.182）	（0.185）
资本密度对数（滞后一期）	0.383 **	0.0522	0.144	−0.0956	−0.0942
	（0.150）	（0.0564）	（0.138）	（0.165）	（0.160）
企业年龄对数（滞后一期）	0.178	−0.0228	0.0228	0.0703	−0.00639
	（0.113）	（0.0431）	（0.0863）	（0.101）	（0.103）
资本构成类型	是	是	是	是	是
企业固定效应	是	是	是	是	是
年份固定效应	是	是	是	是	是
观测值	812	1078	755	706	552
R^2	0.130	0.351	0.196	0.274	0.246

第六节 小结

通过前面从对中国著作权法的历次修订的评述到对福建省德化县颁布的版权本地免费登记政策的实施效果的实证分析可以发现，在著作权相关产业已经在中国国民经济发展、劳动力就业等方面发挥着举足轻重的作用的情况下，著作权相关法律制度的优化与完善对于中国向创新型经济的转型升级和经济的持续健康发展具有重要的作用。同专利制度类似，著作权法律制度也是通过对公共利益和个人利益的平衡从而鼓励作品的创作，因此，著作权法的修订牵一发而动全身，在制定过程中需要从理论上综合衡量和评估权利的变动对各方主体利益的影响，在可能的情况下，尽可能结合相关数据选择科学的评估方法进行法律政策效果的评估。

而从政府颁布实施的版权保护和鼓励版权产业发展的政策角度来看，不同于上一章政府通过对获得专利的企业给予税收优惠、减免等专利激励政策实际上出现了专利数量上升而质量下降的未预期效果，本章通过对福建省德化县实施的版权本地免费登记政策的实施效果的评估发现，没有额外的财政税收激励，只是通过建立本地化的版权作品免费登记平台，一方面节约了著作权人的登记成本，另一方面方便了著作权人登记版权、咨询版权获取相关事宜以及企业之间的版权作品的信息交流，既解除了著作权人研发设计新产品可能遭遇侵权的后顾之忧，又通过市场手段给予新产品的著作权人合理的市场回报。通过这一政策，政府以极低的政策实施成本获得良好的经济效益，帮助当地的陶瓷产业这一部分版权产业获得有序健康的发展，实现了著作权人、市场和社会公众的多方共赢。

因此，通过总结可知，政府更应当在基础性的知识产权保护运用上发挥积极作用，在不必要情况下应尽可能减少给予超出知识产权保护范围之外的激励政策手段的运用，注重政府有形之手与市场无形之手的激励相容，从而更好地发挥企业、个人等市场主体创新的积极性。

第四章　中国的商标制度、政策与创新发展

第一节　商标权的本质与功能

在权利制度设定的初衷上，商标权与专利权、著作权是完全不同的。赋予专利权和著作权的权利人一定期限的法定垄断权利，其目的在于鼓励权利人对于发明、文学艺术作品等专利权和著作权客体的创造。而商标权设定的目的，并不是鼓励权利人对于作为商标权客体的商标的创造。商标并非一般意义上的智力成果，商标大多是以一种文字或图形符号的形式呈现，主要是用来将某一企业生产的产品或提供的服务与其他企业的商品或服务区分开来，从而节约消费者的搜寻成本。[1] 试想一下，如果没有商标权的保护，一家企业投入大量的资源用以提升产品不易为消费者从外在方面察觉的内在品质，从而提升了该企业的产品销量和利润，其他企业通过"搭便车"可以很轻易地在其同类产品上运用相同的商标标识，[2] 从而造成消费者的混淆。在这种情况下，市场中同一类型产品的质量良莠不齐，最终会出现"劣币驱逐良币"的现象。因此，商标权的设立，实质上是从维护公平竞争、保障市场竞争秩序的角度出发的。

此外，一家企业获得了对某一商标的独占性使用的权利，也意味着该

---

[1] Landes W M, Posner R A. The economics of trademark law [J]. Trademark Rep., 1988 (78): 267.

[2] Mendonça S, Pereira T S, Godinho M M. Trademarks as an indicator of innovation and industrial change [J]. Research Policy, 2004, 33 (9): 1385-1404.

企业必须为其提供的商品的质量负责，消费者会将带有某一商标标识的产品与之前体验的产品质量相关联，企业必须保证其所提供的产品的品质的稳定性，如果消费者购买使用后发现与其原有预期不一致，则会放弃对该企业产品的购买。因此，在早期这样一种产品和生产者相关联的观念指导下，商标的许可是不合法的。在 1901 年的 Macuahan 案中，法官禁止了商标的许可使用，认为没有销售者或者许可人企业的整体转让，商标是不能单独进行转让和许可的。即便随着商标权逐步被认为是可以由权利人任意支配的一种私权，可以进行转让和许可。但商标背后凝结的是商标权人的商誉，商誉的建立需要大量的投入和较长的时间，但如果转让和许可后不能维系原有的产品或服务质量，则商誉的损毁是在转瞬之间发生的。因此，我们可以发现，商标的权利人在进行了商标的许可后，往往也会建立相应的监督体系对被许可方的产品或服务的品质进行监督和控制。中国在 1963 年计划经济时期颁布的《商标管理条例》也明确其立法目的为加强商标的管理，促使企业保证和提高产品的质量。

而随着市场经济的高速发展，市场竞争日趋激烈，在"酒香也怕巷子深"的时代背景下，品牌管理日益得到企业的重视。商标作为指示企业产品或服务的重要载体，通过良好的广告创意宣传，一方面，使得消费者认识并逐步接受其产品或服务，降低消费者的信息搜寻成本。另一方面，选择一个特色鲜明、富有寓意的商标进行宣传，甚至能够发挥在传递产品信息之外更多的功能，从而让企业的产品或服务为消费者喜爱和接受。

学术界对于企业注册商标动机的研究也验证了我们前面的分析，克虏伯（Keupp）等（2009）[1] 通过对瑞士的中小企业展开问卷调查发现，67.2%被调查企业将"免受竞争对手的混淆"作为注册商标的首要原因，其次是 42%的被调查企业认为"宣传功能"是他们注册商标的首要原因。

---

❶ Keupp M M, Lhuillery S, Garcia-Torres M A, et al. Economic focus study on SMEs and intellectual property［M］. Bern：Swiss Federal Institute of Intellectual Property, 2009.

富利卡马（Flikkema）等（2014）❶ 对比荷卢经济联盟的 660 家企业的调查问卷也发现，避免混淆、支持市场活动、提升企业形象是企业注册商标的最主要的动机。

综上所述，商标的本质实际上是对商品或服务信息的一种简化传达，理想情况下这样一种信息的简化传达应该准确清晰，不引起混淆，从而实现在功能上：对于消费者而言，帮助消费者以较低的成本搜索商品或服务，识别商品或服务来源，满足其特定的需求；对于企业而言，激励企业对其产品和服务不断投入资源、提升品质，帮助企业更有效地展开宣传，增强消费者的忠诚度，不断积累和提升企业商誉。然而，如果没有商标权的保护，其他竞争对手对任意商标标识都可以随意使用，这种基于商标的信息简化传达功能就会失灵。因此，商标对于提升企业的市场价值具有重要而积极的影响。❷ 商标权的保护就在于通过明确简化传达的信息权利的归属，从而维护市场的公平竞争秩序，鼓励企业创新，促进市场经济的有序健康发展。

第二节　商标权与创新的关系

正如之前所分析的，商标权的首要目的在于避免市场中产品和服务的混淆，维护市场公平竞争秩序。当企业知晓自身所付出的包括创新在内的相应投入所获得的市场声誉凝结在企业的商标之中受到法律的保护，其他的竞争对手不得随意侵犯其商标权。当企业知晓消费者将依据其商标来进行消费决策，如果企业不能在供给侧不断依据消费者的需要进行创新，提供满足消费者需要的商品和服务，企业将难以挽回逝去的商誉时，企业就有了持续通过增加研发资金在内的创新投入，从而维护商标美誉度，提升

---

❶　Flikkema M，De Man A P，Castaldi C. Are trademark counts a valid indicator of innovation? Results of an in-depth study of new benelux trademarks filed by SMEs ［J］. Industry and Innovation，2014，21（4）：310-331.

❷　Sandner P G，Block J H. The Market Value of R&D，Patents and Trademarks ［J］. Research Policy，2011，40（7）：969-985.

企业市场竞争力的动力。

因此，对于商标权与创新的关系，一方面，商标权与创新的关系并非像专利权、著作权那样明显和直接，商标权与创新的关系是一种相对间接的关系；通过赋予企业其获得的专利、作品以专利权、著作权能够直接激励企业的创新行为，而赋予企业以商标权，则进一步将企业基于创新而获得的专利权、著作权通过不断累积，凝结到代表企业商誉的商标之中，从而实现对企业创新的长期激励。

另一方面，商标与专利、著作权作品以及其他知识产权类型更是一种互补的关系。❶ 对于企业而言，商标和专利、作品都是企业创新的重要表现形式，但是专利和著作权的实施有期限的限制，一旦到期企业丧失了独占性，专利权和著作权工具即不再成为企业的核心竞争力，商业秘密也需要时刻担心被竞争对手窃取，而商标是企业维持长期竞争力的重要武器，通过建立消费者对品牌的忠诚，可以持续维持企业的竞争力。

此外，对于不同类型的企业，商标和专利的应用状况是不同的，相比于专利，在服务业领域和低技术工业领域，商标是更为可靠的衡量创新活动的指标。❷ 根据欧盟委员会实施的第三次社区创新调查发现（见表4-1），整体而言，欧盟国家企业对商标的使用比例比专利更高，然而如果将企业区分为创新型企业和非创新型企业，则可以发现对于商标的使用比例，创新型企业一般只是稍高于专利的使用比例，但对于非创新型企业，则对商标的使用比例要显著高于专利。

---

❶ Amara N, Landry R, Traoré N. Managing the protection of innovations in knowledge-intensive business services [J]. Research policy, 2008, 37 (9)：1530-1547.

❷ Mendonça S, Pereira T S, Godinho M M. Trademarks as an indicator of innovation and industrial change [J]. Research Policy, 2004, 33 (9)：1385-1404; Semadeni M, Anderson B S. The follower's dilemma：Innovation and imitation in the professional services industry [J]. Academy of Management Journal, 2010, 53 (5)：1175-1193.

表 4-1　欧盟委员会第三次社区创新调查结果

国家	商标使用比例（%）		专利使用比例（%）	
	创新型企业	非创新型企业	创新型企业	非创新型企业
比利时	22	6	15	1
丹麦	25	8	14	1
德国	21	6	21	2
希腊	23	6	6	0
西班牙	15	4	12	2
法国	34	9	27	5
意大利	17	6	13	2
卢森堡	19	10	8	1
荷兰	15	7	14	1
奥地利	21	8	18	1
葡萄牙	18	7	6	3
芬兰	25	5	20	2
瑞典	41	15	28	5
英国	37	14	14	1
挪威	27	8	18	1

资料来源：European Communities（欧盟委员会）（2004）.❶

　　综上所述，商标在一定情况下也可以作为创新的衡量指标。在由德国教育部和八家德国研究机构联合发布的 2001 年德国技术表现报告中，❷ 认为商标已经不再仅仅是工业产权的一种附属权利，德国在 20 世纪 90 年代商标注册数量翻了三番，显示了商标在经济发展中发挥着越来越重要的作用，特别是在新产品和服务领域。施莫河（Schmoch）（2003）❸ 发现商标

---

❶　European Communities. Innovation in Europe：Results for the EU，Iceland and Norway：Data 1998-2001［M］. Brussels：Publications Office，2004.

❷　Velling J. Germany's Technological Performance［R］. Bundesministerium für Bildung und Forschung，2001.

❸　Schmoch U. Service marks as novel innovation indicator［J］. Research Evaluation，2003，12（2）：149-156.

和创新之间存在显著的相关关系。富利卡马等（2014）❶ 将与商标有关的创新分为六类，即过程创新、服务创新、产品创新、技术创新、组织创新和市场创新。通过对 2007 年 1 月到 2008 年 3 月在比荷卢知识产权局进行商标注册的 4430 位申请人的问卷调查发现，58% 的受访者将其注册商标的目的与至少其中一个创新需要相关联。其中比例最高的 35% 的受访者认为注册商标是与服务创新相关，33% 的受访者认为与产品创新相关，之后分别有 28%、25%、20%、17% 的受访者认为注册商标与过程创新、市场创新、组织创新、技术创新相关。因此，商标权的设立，对于鼓励和推动企业创新，同样具有重要而积极的意义。

第三节　中国商标法律制度的演进

推动商标的创造与运用，核心和基础便是商标法。在改革开放之后重建中国的知识产权法律制度过程中，商标法律制度是最早开始展开重建工作的。1978 年 9 月，国家工商行政管理局设立了商标局，重新确立了统一的商标注册制度。1982 年，第五届全国人大常委会第二十四次会议通过了《商标法》。虽然从国际比较的角度来看，1982 年的《商标法》还存在很多不完善的地方，例如，不保护服务商标，未规定对驰名商标的特殊保护，也没有对于优先权的相关规定，但对于当时从计划经济向市场经济过渡，逐步恢复和调动市场主体生产经营的积极性，具有重要和深远的意义。

随着改革开放的深入，商标保护法律制度也在逐步完善并同国际接轨。1985 年中国加入了《保护工业产权巴黎公约》（Paris Convention for the Protection of Industrial Property）（以下简称《巴黎公约》），1989 年加入了《商标注册马德里协定》（Madrid Agreement on Registration of Trade

---

❶ Flikkema M, De Man A P, Castaldi C. Are trademark counts a valid indicator of innovation? Results of an in-depth study of new benelux trademarks filed by SMEs［J］. Industry and Innovation, 2014, 21（4）：310-331.

Marks）。为了与商标保护的国际通行做法相衔接，1993 年中国对《商标法》进行第一次修改，主要的修改内容包括扩大商标保护的范围，增加对服务商标的保护；加大对商标侵权行为的惩罚力度；规定地名不得作为商标注册；增加商标使用许可的规定；明确注册不当商标的撤销规定。1993 年中国通过《反不正当竞争法》，其中对于假冒他人注册商标以及与商标相关的商品名称、包装、装潢等规定进一步给予了商标权更周密的保护。

2001 年，为了适应中国加入世界贸易组织的需要，中国对《商标法》进行第二次修改。这次修改一方面扩大了商标权的主体和客体，将集体商标、证明商标纳入保护范围；商标的构成要素上准予注册立体商标；增加对驰名商标的保护和驰名商标认定方面的相关规定。另一方面加大对侵权行为的处罚力度和手段，增加诉前申请财产保全、证据保全救济措施。

前两次修改主要是从商标保护制度与国际接轨的角度进行调整，而 2013 年的《商标法》第三次修改则是在借鉴国际上关于商标保护的经验基础上，更多的从适应新形势下中国商标保护和发展的需要所做的调整。主要的修改内容包括：增加声音注册商标；引入商标的无效宣告；禁止驰名商标的宣传；引入了惩罚性赔偿制度；限定了商标注册审查的周期，提高了审查效率；对商标异议的主体、异议理由进行了限制，从而减少商标恶意异议申请。

而 2019 年《商标法》的第四次修改，则更是对近年来社会各界对于商标的保护运用过程中出现的现实问题的具体回应。其中最为重要的修改便是针对商标的恶意注册问题。中国当前存在大量的不以使用为目的，恶意抢注知名商标的现象，恶意注册的目的是向知名商标的权利人或在先权利人出售该商标进而牟取暴利。这一行为背离了商标注册使用的初衷，产生的"搭便车"或者"敲竹杠"的结果只会造成社会福利的净损失，不利于市场公平竞争秩序的实现。此次商标法修改从实体到程序等诸多方面完善了对于商标恶意注册的规制。其中首先明确规定了商标注册应以使用为目的，不以使用为目的的恶意商标注册申请，应当予以驳回。将不以使用为目的的恶意商标注册申请作为商标异议的申请事由。而对于已经注册成功的不以使用为目的的恶意商标注册，赋予相关权利人向商标评审委员会撤销该注册商标的权利。为了保证禁止商标恶意注册的实施效果，还对代理机构施加了相应的责任，规定商标代理机构知道或者应当知道委托人申请注册的商标属于不以使用为目的的恶意商标注册，不得接受其委托。此外，从恶意注册的后果方面，新商标法规定对恶意申请商标注册，根据情节给予警告、罚款等行政处罚；对恶意提起商标诉讼的，由人民法院给予处罚。

另外，新商标法进一步加大了对商标侵权的惩罚力度，此次修订的商标法将法定赔偿的上限提升至 500 万元，并将惩罚性赔偿的额度提升到最高 5 倍，从而更有力地震慑了商标侵权行为。对假冒注册商标的商品以及主要用于制造假冒注册商标的商品的材料、工具也规定了采取销毁、禁止进入商业渠道的处罚。

从中国商标制度的演进历程来看，中国对商标的保护范围在不断扩张，保护力度在不断增强。通过商标保护制度的不断完善，中国的商标发展亦不断取得新的突破。据统计，2018 年，中国商标注册申请量达到 737.1 万件。商标注册量 500.7 万件，其中，国内商标注册 479.7 万件，商标注册平均审查周期缩短至 6 个月以内，商标驳回复审案件审理时间压缩到 7 个月以内。截至 2018 年年底，中国国内有效商标注册量（不含国外在华注册和马德里注册）达到 1804.9 万件，每万户市场主体商标拥有量达到 1724 件。2018 年，马德里商标国际注册申请量为 6594 件。截至 2018 年年底，中国申请人马德里商标国际注册有效量为 3.1 万件，同比增长 23.5%。❶ 中国的商标注册申请量已经连续 17 年位居世界第一，累积注册总量占全球的比重超过 40%。

如此庞大的商标申请数量，一方面反映了中国商标法律制度的不断完善以及在经济发展领域取得的重大突破和显著成绩，另一方面也促使我们进一步思考，如此庞大的商标申请注册数量，是仅仅反映了经济发展背景

---

❶ 国知局. 对全国人大会议《关于尽快修改商标法》议案的答复 [EB/OL].（2019 - 06 - 27）[2019 - 09 - 29]. http：//www.iprdaily.cn/article1 _ 22067 _ 20190628. html.

下市场主体对商标的现实需要？还是如同专利一般，数量的背后也在一定程度上反映着政府通过各类商标政策的推动和促进？

第四节　中国的商标政策

在法律手段之外，中国政府往往也会通过政策手段推动某一项目标实现，商标也不例外。然而，虽然中国的商标法是主要的知识产权法律制度中最早恢复重建的，但在较长的一段时期，政府并没有深刻认识到商标的重要作用和价值。直至 1989 年，北京市药材公司发现其拥有百年历史的"同仁堂"商标在日本被抢注，商标的价值才在社会公众和政府视野中得到重视。

为了挽回"同仁堂"商标，北京市药材公司以"同仁堂"为公众熟知的驰名商标为由，请求日本特许厅撤销在日本被抢注的"同仁堂"商标。日本作为《巴黎公约》的签约国，具有保护他国驰名商标的义务，日本因此要求中方提交"同仁堂"系中国驰名商标的证明文件。❶ 而中国虽然在 1985 年就已加入《巴黎公约》从而具有了保护驰名商标的国际义务，却并未意识到驰名商标保护的重要价值，迟迟未曾出台关于驰名商标保护的相关认定办法。而在举国瞩目的"同仁堂"商标抢注事件后，为了保护我国企业的权益，商标局才在 1989 年正式认定"同仁堂"商标为我国的驰名商标。

"同仁堂"商标事件为中国政府认识到商标的重要价值起到了重要作用。1990 年国家工商行政管理总局颁布了《关于大力加强企业商标工作的通知》，其中在导言部分明确指出，"《商标法》把保护注册商标作为中心环节，实质上是通过保护企业的商标权益，促使企业维护商标信誉，促进

---

❶　驰名商标的概念最早起源于 1925 年《保护工业产权巴黎公约》海牙文本。为了对相关公众所熟知，具有较高声誉的商标加强保护，该文本中首次提出了对于驰名商标给予特殊的保护，即不以注册为前提，在公约成员国范围内禁止他人在相同或类似商品上注册容易与驰名商标产生混淆的商标。而在 1994 年签署的《与贸易有关的知识产权协议》中，又进一步将保护范围扩大到不相同或不相类似的商品上。

生产的发展"。在具体加强商标工作的办法上，"为了尽快改变我国企业商标工作的落后面貌，充分发挥商标对社会主义商品经济发展的促进作用"，提出六个方面的具体方针政策：第一，各级工商行政管理机关要把加强企业的商标工作作为一项重要任务来抓，各级工商行政管理机关应当在保护注册商标专用权，查处商标侵权、假冒商标案件的同时，下大力气指导和帮助企业搞好商标工作。第二，对企业深入进行宣传教育，促使企业建立和完善商标工作机制。主要采取举办培训班、召开研讨会、举办讲座、发放宣传材料等多种形式开展对企业的宣传教育活动。第三，搞好大中型企业的商标工作。在全国范围内先抓好100个大中型企业的商标工作。第四，对重点行业的商标工作进行整顿和指导。当时提出了医药行业、机电行业存在的商标使用混乱、竞争力弱等问题。第五，指导企业做好到国外注册商标的工作。这一政策也是针对当时存在的中国商标被国外抢注的现象。第六，鼓励企业创驰名商标。该通知是据笔者所知的最早的从政策角度专门性推动商标发展的文件。

此后，为鼓励商标发展，从中央到地方陆续实施了一系列鼓励商标申请、推动商标发展的政策。对政策进行梳理可以发现，主要的政策类型包括如下三类，笔者将其分别称为优化商标申请服务政策、节约商标申请成本政策和商标品牌提升政策。具体如表4-2所示。

表4-2 中国的商标政策

商标政策类型	商标政策示例
优化商标申请服务政策	上海、重庆商标审查协作中心成立（2017）；《关于简化马德里商标国际注册申请材料和手续的通知》（2017）；《工商总局关于深化商标注册便利化改革切实提高商标注册效率的意见》；商标网上申请系统开通
节约商标申请成本政策	商标局《注册、变更、转让、续展、许可备案、异议、评审案件等官方收费：全部减半》（2017）
商标品牌提升政策	驰名商标、著名商标等认定评选；国家商标战略实施示范城市、示范企业

对于优化商标申请服务，近年来商标局围绕便利商标申请、提升商标申请效率颁布了一系列的政策以更好地推动为商标申请人提供商标申请服

务。例如，改变集中受理的做法，不断增设地方商标受理窗口。商标网上申请受理业务范围由商标注册申请扩大至商标变更、续展、转让、注销、许可备案等更多业务。为解决商标申请量剧增的压力，2017 年陆续增设了上海和重庆商标审查协作中心，从而提高商标申请审查的质量和效率。为了更好地服务商标申请人在国外注册商标，2017 年商标局发布《关于简化马德里商标国际注册申请材料和手续的通知》，从而简化商标申请人在办理马德里商标国际注册新申请业务、各项后续业务时的申请材料和手续。进一步提升商标申请的审查效率，2017 年 11 月，商标局在官网发布《工商总局关于深化商标注册便利化改革切实提高商标注册效率的意见》，其中提出要在 2018 年年底之前，将商标注册申请受理通知书发放时间压缩到 1 个月，商标注册审查周期压缩到 6 个月，商标转让审查周期压缩到 4 个月，商标变更、续展审查周期压缩到 2 个月，商标检索盲期压缩到 2 个月。

对于节约商标申请成本，商标申请成本是最直接影响商标申请人的商标申请意愿的因素。而商标局收取商标申请的相关费用，一方面是弥补相关的行政成本；另一方面则是通过一定的费用门槛，避免商标申请的泛滥。2017 年 3 月，商标局发文《注册、变更、转让、续展、许可备案、异议、评审案件等官方收费：全部减半》，根据《关于调整商标注册收费标准的公告》，自 2017 年 4 月 1 日起，商标注册收费标准降低 50%。包括受理商标、集体商标、证明商标注册费，补发商标注册证费，受理转让注册商标、商标续展注册、续展注册延迟费等全部在原有标准上减半收取。从而大幅度地降低了商标申请相关的费用，从对商标数量的影响来说，显然是有助于商标数量的进一步提升。然而，降低申请费用是否会进一步助推商标抢注、商标囤积等现象的发生，还有待进一步的观察。

上述类型的商标政策主要是由商标局具体实施，而对于商标品牌提升政策，这是从中央到地方均投入包括鼓励、奖励、扶持等在内的各种手段予以重点推动的。其中与企业品牌管理最为直接相关的就是各地为鼓励企业争创驰名商标、著名商标而采取的一系列的从精神到物质的激励措施。

　　早在 1990 年的《关于大力加强企业商标工作的通知》中，已经专门将鼓励企业创驰名商标作为关键方向列入，并提出"驰名商标给国家和企业带来巨大的经济效益。驰名商标的多少，在一定程度上表现了一个国家的经济实力和水平。创一批国内外驰名的商标，是我国企业的一项战略任务。"中央层面对驰名商标的鼓励和追求激励了地方政府和官员在"晋升竞标赛"的压力下，出台了包括对拥有驰名商标给予 50 万元~500 万元数额不等的奖励，以及产品采购优先等各类倾斜性政策办法鼓励企业创驰名商标。

　　例如，据笔者了解的最早对拥有驰名商标的企业进行奖励的厦门市2000 年颁布的《厦门市著名商标认定和保护管理办法》，规定了对获得驰名商标的企业，由市政府一次性给予 100 万元的奖励。湖北省人民政府2008 年颁布的《关于进一步加强商标工作的意见》指出，按照"本地知名，全省著名，全国驰名"的梯次发展思路，引导企业加强商标注册和培育工作，不断提高产品质量，加强商标的广告和宣传，增强商标的知名度和影响力，不断创新发展，积极争创知名商标、著名商标和驰名商标。并对拥有驰名商标的企业颁布了一系列具体的扶持政策：对获得驰名商标认定的企业，给予 50 万元的奖励。企业以驰名商标、著名商标权作为非货币出资对公司出资的，在保留货币出资不少于公司注册资本 30% 的前提下，非货币出资可以按不超过注册资本 70% 的比例予以核准登记；其他企业将驰名商标、湖北省著名商标作为字号使用易引起误认的，工商部门不予核准。对于拥有驰名商标、著名商标的企业，科技部门要在科研项目上优先安排；对其建立企业工程技术中心，发展改革、科技部门要给予重点支持；对相关企业开展技术改造，经济管理部门要给予重点倾斜。对驰名商标、著名商标、知名商标企业，按照同等优先原则，政府采购部门优先采购其商品、服务和劳动等。

　　那么，上述激励企业争创驰名商标的政策效果究竟如何？是否发挥了预期的鼓励企业通过提高产品质量，提供优质服务来创建驰名商标的政策本意？

第五节　中国驰名商标制度的异化和治理

中国驰名商标制度的正式建立是在 2001 年《商标法》的第二次修订中，在 2001 年《商标法》的第 13～14 条中，规定了禁止使用复制、摹仿或翻译他人的驰名商标以及驰名商标的认定标准。然而，在 2013 年《商标法》的第三次修订中，却又增加了禁止驰名商标宣传的规定，规定"生产、经营者不得将'驰名商标'字样用于商品、商品包装或者容器上，或者用于广告宣传、展览以及其他商业活动中。"违反该条规定的，"由地方工商行政管理部门责令改正，处十万元罚款。"禁止驰名商标宣传的规定从未出现在其他法域的法律法规之中，为什么单单中国在《商标法》这一规制商标制度的根本大法中做出这样的规定？

学术界主要从驰名商标异化的角度对禁止宣传的原因展开论述。❶ 所谓驰名商标的异化，是指企业追求驰名商标认定的目的不在于保护自身的商标权，而在于谋求商标保护之外的荣誉宣传、政府奖励等其他利益。而驰名商标异化的原因，目前学界的共识是政府通过一系列激励政策的不当奖励及引导，诱使企业盲目、采取投机甚至不合法的手段追求驰名商标的认定。代表性的案例包括 2007 年通过故意制造侵权案件从而通过司法途径认定驰名商标的汕头康王驰名商标造假案、❷ 2013 年浙江吉尔康鞋业涉嫌伪造驰名商标司法认定文书案❸等虚假认定驰名商标案件。2009 年辽宁

---

❶ 王正发. 中国驰名商标的异化及规制 [J]. 知识产权，2008，18（3）：40-42；张剑文. 驰名商标认定的异化与回归 [J]. 国家检察官学院学报，2008（3）：124-128；温芽清，南振兴. 驰名商标保护的异化与理性回归 [J]. 河北法学，2012，30（6）：77-88.

❷ 康王商标大战真假迷雾 [EB/OL]. （2007-08-08）[2019-09-30]. http：//finance. sina. com. cn/leadership/ppjz/20070808/10153862681. shtml.

❸ "十二五"：浙江商标品牌建设领跑全国 [EB/OL]. （2016-05-05）[2019-09-30]. http：//www. sohu. com/a/73620701_ 117723.

省更是出现了多名法官涉嫌与当事人串通，制造通过司法认定驰名商标的假案。❶ 浙江省高级人民法院在其 2008 年颁布的《关于在民事审判中防范和查处虚假诉讼案件的若干意见》中，将驰名商标认定的案件列为六类常见虚假诉讼案件之一，可见虚假认定驰名商标已经不仅仅是个案，而是具有一定普遍性的现象。

通过对上述代表性的关于驰名商标异化现象的归纳可以发现，绝大多数虚假认定驰名商标的案件都发生在司法过程中。而中国对于驰名商标的认定，包括行政认定和司法认定两种途径。

起初，关于中国驰名商标的认定采取的是消费者评选的方式。在 1990 年国家工商行政管理局发布的《关于大力加强企业商标工作的通知》中，针对当时中国尚未建立驰名商标认定制度的现状，首次提出了"在一定时期，可以采取民间投票，社会调查和消费者评议等办法来认定驰名商标"。并同时将"驰名商标必须是其商品有相当规模的销售量，销售范围很广泛，商标使用时间较持久，知名度很高，信誉很高"作为一个初步的认定标准。因此，1991 年，由中央电视台、法制日报社、中国消费者报社联合举办了首届驰名商标消费者评选活动，评选出了首批驰名商标，❷ 并由包括国务院副总理在内的多位国家领导人在人民大会堂为获评驰名商标的企业颁发了由国家工商行政管理总局商标局出具的《中国驰名商标证书》。从首批评选出的驰名商标来看，分别是代表了各个领域的佼佼企业。驰名商标评选活动的举行也使得驰名商标自此被企业和消费者视为了一项荣誉，成为高品质产品的象征。

驰名商标的评选认定方式一直延续到 1996 年，当年国家工商行政管理总局正式颁布了《驰名商标认定与管理暂行规定》，将驰名商标认定的方式由消费者评选改为了行政认定。最初的行政认定采取的是被动与主动

---

❶ 辽宁多名法官陷入驰名商标假案，"驰名"背后有猫腻 [EB/OL]. (2009-12-14) [2019-09-30]., http：//ip. people. com. cn/GB/10573078. html.

❷ 首批中国驰名商标包括茅台牌（酒）、凤凰牌（自行车）、青岛牌（啤酒）、琴岛·利勃海尔（电冰箱）、中华牌（香烟）、北极星牌（钟表）、永久牌（自行车）、霞飞牌（化妆品）、五粮液（酒）、泸州牌（酒）、健力宝牌（饮料）等 124 枚商标。

行政认定相结合的驰名商标行政认定方式，上述规定中明确提出，"商标注册人请求保护其驰名商标权益的，应当向国家工商行政管理局商标局提出认定驰名商标的申请。国家工商行政管理局商标局可以根据商标注册和管理工作的需要认定驰名商标。"虽然停止了对于驰名商标的荣誉式的评选，但政府接受驰名商标认定申请和进行主动认定的行为实际上可能进一步加强了驰名商标的市场影响力，使驰名商标成为企业在市场营销中的有利武器。而到2003年，驰名商标行政认定的方式又做了相应的调整，在当年颁布的《驰名商标认定和保护规定》中，废除了之前行政认定中商标局和商标评审委员会可以根据需要主动认定驰名商标的规定，规定行政机关对于驰名商标的认定，必须以当事人的请求作为前提，从而确立了个案认定、被动保护的驰名商标行政认定原则。

与此同时，随着中国于2001年加入世界贸易组织，为了与《与贸易有关的知识产权协定》中驰名商标保护的原则相一致，中国开始建立驰名商标的司法认定机制。最高人民法院在2001年和2002年分别发布了《关于审理涉及计算机网络域名民事纠纷案件适用法律若干问题的解释》和《关于审理商标民事纠纷案件适用法律若干问题的解释》两部司法解释，其中规定，法院在审理涉及注册驰名商标跨类保护、请求停止侵害未注册驰名商标以及有关域名与驰名商标冲突的商标侵权和不正当竞争纠纷等三类案件中，可以应当事人的请求，根据具体案情需要认定驰名商标。[1] 从而确认了中级及以上法院具有认定驰名商标的权力。自此，中国正式建立了行政认定和司法认定的驰名商标认定双轨制。

那么，行政认定和司法认定存在什么样的差异呢？为什么司法认定成为大量发生的虚假驰名商标认定的重灾区？对比来看，行政认定和司法认定主要存在两方面差异：一方面，司法认定和行政认定的法律标准存在差异。在国家工商行政管理总局1996年实施的《驰名商标认定与管理暂行规定》中，规定申请认定驰名商标，应当提交下列证明文件，包括使用该

---

[1] 曹建明. 全面加强知识产权审判工作为建设创新型国家和构建和谐社会提供强有力的司法保障 [J]. 科技与法律, 2007（2）：3-9.

商标的商品在中国的销售量及销售区域；使用该商标的商品的主要经济指标（年产量、销售额、利润、市场占有率等）及其在中国同行业中的排名；使用该商标的商品在外国（地区）的销售量及销售区域；该商标的广告发布情况；该商标最早使用及连续使用的时间；该商标在中国及其外国（地区）的注册情况等。在2003年颁布的《驰名商标认定和保护规定》中，进一步完善了上述标准。而驰名商标司法认定的主要依据是《商标法》第14条，其中规定认定驰名商标应当考虑如下因素：（1）相关公众对该商标的知晓程度；（2）该商标使用的持续时间；（3）该商标的任何宣传工作的持续时间、程度和地理范围；（4）该商标作为驰名商标受保护的记录；（5）该商标驰名的其他因素。不同于行政认定的标准更为具体，上述司法认定因素并没有具体可量化的标准，从而赋予了法官在认定驰名商标过程中较大的自由裁量权。这也意味着司法认定驰名商标具有更大的操作空间。

另一方面，相比于司法认定，行政认定的标准和尺度更为统一。行政认定是由国家工商行政管理总局商标局在全国范围内进行统一认定，认定的尺度和标准上相对统一。而司法认定是由全国各地超过三百家的中级及以上法院的不同法官进行认定，受限于各个法院的审判水平、司法独立性、公正性等各方面问题，使得不同地区、不同法院进行司法认定的标准上可能大相径庭。这也为部分难以达到行政认定标准的企业获得驰名商标认定提供了投机和寻租的空间。

基于上述行政认定和司法认定的差异可以发现，之所以司法认定成为虚假驰名商标认定的重灾区，是与司法认定标准相对宽松以及司法体制本身存在的深层次问题有直接关系的。原本设置驰名商标司法认定方式的目的在于解决驰名商标异化问题，恢复驰名商标本意是在发生商标侵权纠纷后，通过驰名商标制度对相关公众熟知的商标予以特殊保护。然而，却又在各级政府对于驰名商标的各类激励政策作用下，驰名商标司法认定反而成为了企业追求驰名商标认定的捷径。

但是，通过修订《商标法》禁止驰名商标的宣传是否是解决驰名商标异化问题的有效解决办法？基于前面的分析，笔者认为可能难以解决驰名商标异化的问题，甚至对于部分优质企业造成不当的损害。主要的理由是，一方面，企业通过投机等方式获得驰名商标认定的动机可能并不是为了宣传，而是为了获得政府的相关奖励和扶持；另一方面，一刀切地禁止驰名商标的宣传可能损害了通过行政方式获得驰名商标认定的企业想要利用驰名商标进行宣传，进而提升企业绩效表现的合理需求。

为了验证上述关于驰名商标异化问题治理难以取得预期效果的推测，我们将基于驰名商标和工业企业的相关数据，运用计量模型从如下三个方面进行实证检验：第一，拥有司法认定和行政认定驰名商标的企业是否均具有通过对驰名商标的宣传而提升企业绩效的动机？如果发现拥有司法认定驰名商标的企业在宣传投入上相比于无驰名商标企业并无显著提升，表示拥有司法认定驰名商标的企业并无通过宣传提升企业绩效的动机，则可以推测企业获得司法认定驰名商标的主要目的并非基于运用驰名商标宣传而提升企业绩效，而在于获得其他方面的利益。第二，拥有司法认定驰名商标的企业在经营绩效表现上是否比没有获得驰名商标认定的情况下更好？如果发现拥有司法认定驰名商标的企业在经营绩效上并没有显著优于没有获得驰名商标的企业，则可以进一步验证获得司法认定驰名商标的企业的主要动机并非基于驰名商标本身而获得经营绩效的提升。第三，拥有行政认定驰名商标的企业在经营绩效表现上是否比没有获得驰名商标认定的情况下更好？如果拥有行政认定驰名商标的企业在经营绩效表现上优于无驰名商标的企业，说明驰名商标确实有助于提升企业绩效，一味地禁止驰名商标宣传可能并非最优的选择。

第六节 驰名商标异化治理效果的实证检验

一、实证检验的数据与方法

为了检验上述推测，我们采用的主要研究数据来源于国有及大中型工业企业数据库（1998—2007 年）和中国驰名商标名录。国有及大中型工业企业数据涵盖了全部国有及年销售额在 500 万元人民币以上的非国有企业，是目前可获得的覆盖企业数目最多、范围最广的企业研究数据。驰名商标名录来源于国家工商总局网站以及中国驰名商标网，笔者手工收集了网站上公布的驰名商标名及对应的企业名称，驰名商标认定方式和时间。截至 2007 年，共有 1296 件驰名商标，其中包括 79 件外国商标，1217 件国内商标。通过行政认定 1015 件，司法认定 281 件。上述驰名商标由 1280 个企业或组织持有。

中国驰名商标的数量在 1999 年之前始终保持在一个较低的水平，而在此之后则呈现了大幅增长的态势（见图 4-1），其中通过国家工商总局获得行政认定的驰名商标数量保持相对较为平缓的增长速度，而通过法院获得司法认定的驰名商标数量则保持着较大的增长幅度。

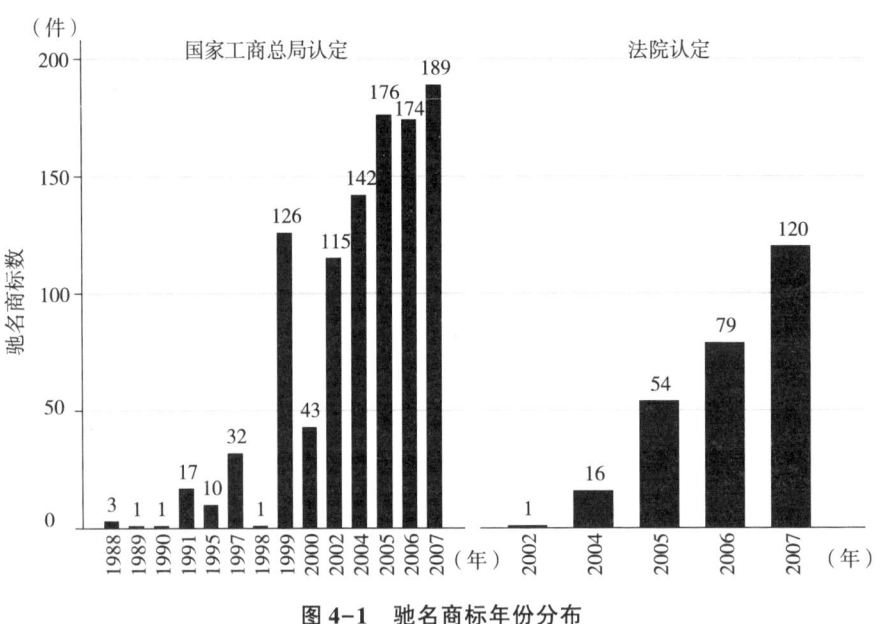

图 4-1　驰名商标年份分布

笔者将驰名商标数据和工业企业数据根据企业名称进行匹配，共匹配成功 1072 家企业，占工业企业数据中企业总数的 0.21%。其中包含 25 家外资企业（含港澳台），1047 家内资企业。在认定来源上包含行政认定 835 家，司法认定 237 家。未匹配成功的 208 个驰名商标拥有者主要包括非工业企业（如中国银行、钓鱼台国宾馆）、高校（如复旦大学、清华大学）、行业协会（如绍兴黄酒行业协会）以及部分规模以下非国有企业。如果以所有获得驰名商标认定的企业作为实验组，以没有驰名商标认定的企业作为对照组，我们共有实验组企业 1072 家，对照组企业 511851 家。首先通过简单的描述性统计来比较是否拥有驰名商标对企业经营绩效的影响，结果如表 4-3 所示。

表 4-3　描述性统计量

变量	全样本		对照组		实验组		t-统计量
	均值	标准差	均值	标准差	均值	标准差	
销售额增长率	0.420	2.067	0.420	2.068	0.425	1.956	-0.208
利润率	-0.008	0.654	-0.008	0.001	0.053	0.003	-8.605***
工业增加值增长率	0.532	2.305	0.532	2.307	0.558	2.076	-0.952
雇员人数增长率	0.119	0.860	0.118	0.857	0.203	1.265	-8.351***
研发强度	0.002	0.016	0.002	0.016	0.005	0.015	-15.110***
新产品销售比	0.032	0.144	0.031	0.143	0.133	0.253	-60.980***

注：*、**、*** 分别代表在10%、5%、1%的显著性水平上显著。

从表 4-3 中 t 检验的结果来看，拥有驰名商标的实验组企业在经营绩效上整体要显著优于没有驰名商标的对照组企业。但是对于产生这一差别的原因，究竟是由于是否获得了驰名商标的认定而产生的，还是能够获得驰名商标认定的企业本身在企业的经营发展方面的表现就比较好，尚无法通过简单的 t 检验得到解答。

因为一般来说，能够获得驰名商标认定的往往是本身经营业绩较好的企业，因此，是否拥有驰名商标所产生的企业绩效的差异可能是由于企业初始条件的不同造成的，而并非驰名商标本身的影响，故可能存在选择偏差。此外，t 检验估计的企业是否拥有驰名商标产生的效果是一种包括两方面差别的"平均"效果，即有驰名商标的企业如果一开始没有驰名商标，和没有驰名商标的企业如果有驰名商标，平均会对企业绩效产生什么影响。而我们实际关注的是前一方面效果。

为了解决上述问题，我们采用倾向得分匹配（Propensity Score Matching，PSM）方法，通过建立一个"反事实框架"来解决评估驰名商标认定方式对企业影响过程中存在的选择偏差问题。具体的实现倾向得分匹配的基本思路是：首先，找到影响企业是否能够获得驰名商标的一组影响因素；其次，依据上述影响因素估计企业拥有驰名商标和没有驰名商标的概率；最后，根据不同影响因素的概率大小进行倾向得分匹配，使得影响企业是否获得驰名商标的因素在匹配后的实验组和对照组的分布较均匀，从而尽可能使得实验组和对照组在除是否获得驰名商标认定以外的其他影响因素上不存在显著差异。

然后，就可以计算企业拥有驰名商标的平均处理效应（average treatment effect for the treated，ATT），用公式表示为：

$$ATT = E(y_1 - y_0 \mid famous = 1) = E(y_1 \mid famous = 1) - E(y_0 \mid famous = 1)$$

$$(4.1)$$

其中，y_1 表示有驰名商标的企业的绩效，y_0 表示没有驰名商标的企业的绩效，famous = 1 表示有驰名商标，famous = 0 表示没有驰名商标。上式计算的结果即为拥有驰名商标的企业如果没有驰名商标，和它们有驰名商标的情况下的绩效表现的差异。

倾向得分匹配具有多种不同的匹配方法，主要包括最近邻元匹配、半径匹配和核匹配。理论上使用不同的匹配方法所得到的结果应当是一致的。笔者将企业总销售额、资本密度、雇员人数、成立年限、不同所有制类型、年份虚拟变量、行业类型虚拟变量均作为影响企业是否获得驰名商标认定的协变量进行处理。鉴于本研究具有的对照组数量的显著优势，仅采用最近邻元匹配和半径匹配两种方法是能够保证匹配质量的。在具体的实证估计中，均为采用最近邻元一对一匹配。估计结果的标准误差均是通过 bootstrap 方法获得。

二、实证检验的结果分析

首先，对拥有司法认定和行政认定驰名商标的企业是否均具有通过对驰名商标的宣传而提升企业绩效的动机进行检验。对于企业而言，宣传的最重要渠道就是广告，我们可以以企业的广告费用衡量企业的宣传动机，如果发现是否获得驰名商标认定对于企业广告费用增长率没有显著影响，则表示企业获得驰名商标认定的动机并非是利用驰名商标进行宣传，从而提高企业的知名度、美誉度和消费者的忠诚度。《商标法》中禁止驰名商标宣传的规定也就缺乏适用的必要性了。具体的估计结果如表4-4所示。

表4-4　不同类型驰名商标对广告费用增长率的影响

广告费用增长率	实验组/对照组	ATT
行政认定	1010/106721	1. 093 ***
		（0. 256）
司法认定	117/84172	0. 236
		（0. 494）

从估计结果可以发现，获得行政认定驰名商标的企业，相比于如果该类企业没有驰名商标的情况，企业的广告费用增长率获得了显著提高，具体来说，平均提高了接近110%。而对于获得司法认定驰名商标的企业，我们发现该类企业的广告费用增长率并未出现显著的提高。基于上述结果可以推断，获得行政认定驰名商标的企业，其目的之一确实在于利用驰名商标进行宣传，而获得司法认定驰名商标的企业，其动机并不在于利用驰名商标进行宣传。《商标法》中禁止驰名商标宣传的规定实际上无法对通过司法认定获得驰名商标的企业产生实质影响，禁止宣传的规定实际上影响的是获得行政认定驰名商标的企业。

接下来，我们对拥有司法认定驰名商标的企业在经营绩效表现上是否比没有获得驰名商标认定的情况下更好进行实证检验。我们的实验组是获得司法认定驰名商标的企业，对照组是没有获得驰名商标认定的企业。估计结果如表4-5所示。从估计结果来看，处理组的平均处理效应（ATT）在销售额增长率、利润率、工业增加值增长率、雇员人数增长率、研发强度、新产品销售比等经营绩效方面均不显著，说明获得司法认定驰名商标的企业相对于其没有获得驰名商标认定的情况下，在企业经营绩效方面不存在显著差异。在前面发现获得司法认定的企业并没有增加宣传投入的情况下，则进一步验证了企业获得司法认定驰名商标的动机既不在于宣传，也没有因为获得驰名商标而激励企业进一步加大投入，从而在经营的绩效表现上获得提升。而作为理性经济主体的企业，显然不可能做出完全毫无收益的事情，因此，能够合理解释企业通过司法认定获得驰名商标的动机就只有政府的相关奖励、扶持性政策措施了。

表 4-5　拥有司法认定的驰名商标对企业绩效的影响

变量	实验组/对照组	ATT
销售额增长率	153/632542	0.085
		(0.110)
利润率	153/631560	0.025
		(0.016)
工业增加值增长率	152/607577	0.150
		(0.123)
雇员人数增长率	153/632697	0.137
		(0.092)
研发强度	150/548161	0.003
		(0.002)
新产品销售比	151/549021	−0.033
		(0.031)

最后，对拥有行政认定驰名商标的企业在经营绩效表现上是否比没有获得驰名商标认定的情况下更好进行实证检验。实验组是获得行政认定驰名商标的企业，对照组是没有获得驰名商标认定的企业。估计结果如表4-6所示。从估计结果来看，一方面获得行政认定驰名商标的企业在销售额增长率、雇员人数增长率、研发强度和新产品销售比方面要显著高于如果该类企业没有获得驰名商标认定时的情况，显示了获得行政认定驰名商标的企业一方面通过外延式的扩张提升企业的规模，另一方面也在加大创新方面的投入，实现企业内涵式的长期发展。从而说明获得行政认定驰名商标的企业通过利用驰名商标进行宣传，有利于提升企业的经营绩效表现，一刀切地禁止驰名商标宣传，客观上也不利于最大化发挥驰名商标对提升企业经营绩效的价值。

表 4-6 拥有行政认定的驰名商标对企业绩效的影响

变量	实验组/对照组	ATT
销售额增长率	2226/1196467	0.148 **
		(0.063)
利润率	2223/1192450	0.005
		(0.016)
工业增加值增长率	2137/1147543	0.082
		(0.059)
雇员人数增长率	2228/1196748	0.069 *
		(0.037)
研发强度	1759/792366	0.001 *
		(0.001)
新产品销售比	2039/1086573	0.032 ***
		(0.011)

综上所述,驰名商标异化的根源实际在于地方政府为了鼓励企业争创驰名商标而实施的一系列包括物质奖励、政策扶持等在内的激励政策。在司法认定机制为企业提供了一个能够以较低成本获得驰名商标认定的途径后,企业能够从政府那里获得的收益越高,而司法认定的成本只要相对低于潜在的收益,就会激励企业通过各种途径获得司法认定的驰名商标。而简单地通过禁止驰名商标宣传,无助于解决上述问题,反过来只会阻碍真正具有较高质量的获得行政认定驰名商标的企业通过宣传进一步提升企业商誉和经营绩效的效果。

因此,解决驰名商标异化问题需要从两个方面入手:一方面,统一司法认定和行政认定的标准,尽可能控制影响司法认定的不确定性因素。2009 年最高人民法院发布了《最高人民法院关于涉及驰名商标认定的民事纠纷案件管辖问题的通知》和《最高人民法院关于审理涉及驰名商标保护的民事纠纷案件应用法律若干问题的解释》,明确了驰名商标的司法认定由省、自治区人民政府所在地的市、计划单列市中级人民法院,以及直辖市辖区内的中级人民法院管辖,从而大幅度地减少了具有驰名商标司法认定资质的法院数量，有利于驰名商标认定标准的统一。另一方面，取消政府对于驰名商标的激励政策。只要政府关于驰名商标的激励政策依然存在，企业就会进行成本收益的衡量，在判断获得驰名商标认定的成本小于驰名商标认定后产生的收益的情况下，企业就依然会采取一切办法获得驰名商标的认定。因此，只有从源头上消灭对企业获得驰名商标的政策红利，才能使企业在进行驰名商标认定时，恢复驰名商标设定的立法原意。2017 年 6 月 24 日，原国家工商总局局长张茅表示，推进品牌促进质量问题方面，要纠正政府替企业质量背书的现象。过去有各地政府大量的评比著名品牌、知名品牌，这扭曲了政府和市场的关系，知名品牌和著名品牌应该在市场竞争中由消费者来认可的，而不是由政府来认可。❶

第七节　小结

通过对商标法律制度和政策，特别是与驰名商标相关的法律政策的梳理研究发现，在利用商标制度推动品牌升级、创新发展过程中，需要注意并认真分析政府的商标政策可能存在的未预期效果。在对专利激励政策的分析中，已经发现了政府的专利激励政策在推动专利创新中的潜在问题，而这一问题也同样出现在了政府的商标战略实施过程中。

政府通过各类激励政策手段推动商标发展的初衷无疑是好的，也取得了较大的效果。截止到 2018 年年底，从总量上中国的有效商标注册量已经连续 17 年位居世界第一，中国毫无争议地发展成为一个商标大国。然而，根据世界品牌实验室公布的 2018 年世界品牌 500 强数据，美国有 223 个品牌上榜，英国和法国分别有 42 个和 43 个品牌上榜，日本入选 39 个品牌。反观中国仅 38 个品牌上榜，与其作为占世界商标总量 40% 以上的商标第一大国地位不相匹配。如何改变中国商标大国而非商标强国这一现

---

❶ 暂停知名品牌评比，落实企业责任纠正政府替企业质量"背书"现象 [EB/OL]. （2017 - 06 - 27）[2019 - 10 - 01]. http：//www.chinatesting.com.cn/0hyzx/b/20170616100.html.

状？政府在商标发展过程中应当如何发挥适当的作用？

改革开放 40 年来，政府采取了一系列从商标法律制度的完善、优化商标申请服务的政策到商标品牌提升政策，为中国建立起了相对完备的商标法律政策体系。然而，政府通过法律政策的形式向作为市场主体的企业发出了引导性的信号，而企业作为一个自利的、具有自主决策权的市场主体，其是否能够真正接受政府释放的信号，按照政府的预期进行行动，取决于政府的目标和企业的目标是否能够实现激励相容。

以驰名商标政策为例，在政府看来，以广受企业和消费者重视和认可的驰名商标为载体，通过商标激励政策鼓励企业争创驰名商标的方式培育高价值品牌，可能成为推动企业品牌建设的一条有效路径。然而，是否市场中的所有企业均能够按照政府的引导争创驰名商标呢？

假设市场中存在两类企业，一种是大型企业，另一种是中小企业。大型企业已经在市场上建立起了自身的良好口碑和形象。对于这类企业，政府的商标战略与其自身的发展定位是相吻合的，企业追求的是通过驰名商标的宣传进一步提升企业的品牌形象，从而提升企业的经营绩效。政府是否有相应的激励政策都不会影响这类企业通过持续稳定的投入来提升企业的商标品牌形象。在对于驰名商标认定方式的选择上，大型企业一般会选择行政认定的方式，原因在于作为传统意义上的驰名商标认证方式，行政认定是由省级和中央政府机关分别进行认证，在权威性和社会认可度上往往更强。而且，大型企业往往符合或者接近达到驰名商标行政认定的标准，即便因为行政认定的程序更为繁杂而暂时无法获得驰名商标的认定，或者选择通过司法认定获得驰名商标，也不会通过不合法的方式获得驰名商标的认定，因为企业声誉越高，声誉受损的成本也越大。

而对于中小企业，其企业规模和社会影响力相对较小，短期内无法达到行政认定驰名商标的标准。而政府的驰名商标激励政策实质上也是针对这一类型的企业，希望能够激励其不断加强投入，提升企业经营绩效和品牌价值。然而，对于中小企业，一部分矢志打造百年老店的企业可能会如政府所期望的，不断将企业发展壮大，提升企业的品牌价值，政府的驰名商标激励政策对这部分企业仅起到锦上添花的作用；而另一部分企业则在政府的商标激励政策的诱导下嗅到了潜在的投机路径，即缺乏统一标准，尺度更为灵活，甚至可以通过人为制造假案等途径实现驰名商标的司法认定，在激励政策的收益明显高于司法认定获得驰名商标的成本时，作为理性的企业经营者，自然会选择通过驰名商标的司法认定获得相应的政府奖励等收益。通过前面的实证分析，我们发现后一部分的中小企业是居于多数的。

因此，当政府意欲通过制定相关的政策引导企业实现某一目标时，政府需要认真分析政府政策对其目标对象可能产生怎样的影响？可能存在哪些因素会影响政策的干预效果？政府政策和现行的法律制度的规定是否存在冲突？为了提高政策的合理性和科学性，政府在进行法律和政策制定时，需要从两个方面实施政策的预评估：一方面，进行政府政策的成本收益分析，只有当政策的实施收益大于成本时，原则上才具备进一步展开政策制定的合理性。另一方面，全面细致地分析和评估政策实施可能出现的未预期效果，即是否可以通过合理规避的方式以较低的成本获得政策的红利，从而堵住潜在的政策漏洞。例如，驰名商标司法认定即可视为一种政策漏洞，在司法认定的存在成为企业以较低成本通过驰名商标认定的后门的背景下，使得政府对于驰名商标的奖励性措施失去了应有的奖优的意义和效果。因此，在未来关于商标法律和政策的制定和实施过程中，我们应当不断提高政府政策制定的科学性，更好地实现政府政策目标和企业发展目标的激励相容，从而有效和充分地发挥政府政策在激励企业商标品牌建设，推动企业创新发展上的重要作用。

第五章 知识产权之外推动创新的替代性办法

知识产权制度作为人为构建的一项权利，其设置的目的在于通过授予发明人对于其发明创造在一定期限内的垄断性的权利，从而激励发明创造，即"给天才之火添上利益之油"。然而，如果没有知识产权制度，是否就会显著地阻碍创新，甚至令创新停滞？

现代意义上的知识产权制度肇始于西方，大多数研究者认为，世界上第一次以法律形式对发明专利予以肯定，是 1624 年英国制定的《垄断法》，而 1709 年英国的《安娜法案》是世界第一部现代意义上的著作权法。在此之后，很多国家和地区直到近代以来，方才制定各国相应的知识产权法律制度。以中国为例，历史上中国第一部专利法的雏形，是 1898 年清朝光绪年间颁布的《振兴工艺给奖章程》，这是第一次以法规的形式将西方专利制度引入中国，直到 1944 年《中华民国专利法》的颁布，中国才有了第一部现代意义上的专利法。而中国历史上的第一部商标法是 1904 年清政府"采择各国通例，参协中外之宜，酌量添改"颁布的《商标注册试办章程》，第一部著作权法也是在国外的压力下，于 1910 年颁布的《大清著作权律》。由此可知，中国的知识产权制度实质上是近代以来西方舶来的产物。

对于中国为什么没有产生现代意义上的知识产权制度，学术界存在较大争议。主流的观点认为古代中国长期维持皇权集权的政治体制，忽视对于私人权利的保护。例如，美国哈佛大学的安守廉（William Alford）教授在其著作《窃书为雅罪》（*To Steal a Book is an Elegant Offense*）中，将中国未产生知识产权制度归因于中华帝国的立法思想是维护皇权。而英国孕育出现代知识产权制度的原因则在于英国中世纪后期，为了赢得对社会的控制权，王室、贵族、商人团体等多元权力相互竞争，相互制约，从而使得知识产权作为一项私权得以产生。❶

然而，比讨论古代中国为什么没有产生知识产权制度可能更重要的是，思考在没有知识产权制度的情况下会对创新造成何种影响？因为从实际结果来看，一直到清朝之前，中国的发明创新在世界上始终具有举足轻重的地位。除了以造纸术、印刷术、指南针、火药为代表的四大发明外，中国发明的指南车、地动仪、鼓风机械等均具有极其重要的历史地位。

实际上，在人类漫长的历史长河中，绝大多数时间是不存在知识产权制度的。然而，人类的进步是否就此停滞了呢？答案显然是否定的。那么，进一步需要回答的问题是，在知识产权制度之外，是否存在其他激励创新的有效办法？其他办法同知识产权制度相比，各自的优势和缺点表现在哪些方面？不同的激励和保护创新的办法是否具有不同的适用场景？

第一节　鼓励创新的物质和精神奖励制度

对于创新的物质与精神奖励制度长期以来与知识产权制度并行不悖，其适用的时间和范围甚至还远甚于知识产权制度。名与利往往是人最重要的两项追求。经济学理论的根基便是理性的经济人假设，认为人的目标函数便是利益最大化。马斯洛的需求层次理论，认为人在满足了基本的基于利来实现的生理需求、安全需求后，会进一步产生通过名来实现的社交需求、尊重需求和自我需求。因此，从名与利这两方面着手，同样也是激励创新的有效手段。

古今中外，通过运用物质与精神奖励手段以激励创新的案例屡见不鲜。在大航海时代，精准的时钟对于海上航行安全具有重要意义。1714

---

❶ Alford W P. To steal a book is an elegant offense：Intellectual property law in Chinese civilization ［M］. California：Stanford University Press，1995.

年，英国政府通过《经度法案》（*Longitude Act*），给予能有办法在 30 里以内精密确定经度的人以 2 万英镑（相当于今天的数百万英镑）的奖金奖励。这部法案的初衷明确地写在法令的开头："一是因为这件事情本身的难度很大；二是因为这种奖励可以鼓励人们从事有益于社会的工作；三是因为实验的过程需要资金。"1735 年，英国钟表匠约翰·哈里森（John Harrison）制作完成了第一台航海天文钟。该天文钟具有极高的时间精度，哈里森也因此顺利拿到了政府的奖励。古代中国则更多通过荣誉手段来鼓励创新。儒家经典《周礼》将发明创造定义为"知者创物……皆圣人之作业"，从而将发明者高举到圣人这一位阶。为了纪念和尊崇从事发明的圣人，还会为技术发明或传播者立祠。例如，对于创造新式坊车的黄道婆，由于创新并推广先进的织造技术推动了纺织行业的发展，在其逝世后，当地人为她立祠以做纪念。

　　从正式制度的角度对发明创新予以物质精神奖励的，据笔者所了解的，最早见于苏联。苏联在十月革命后的 1919 年颁布了苏联第一部发明专利法，首次设立了发明者证书制度。该法规定了发明可在申请专利之外授予发明者证书，该证书只认可发明者的发明权，而发明的所有权则归属国家。任何国营或集体企业和组织可以不经国家批准使用该项发明，而发明者有权获得奖励、报酬及住房等物质和精神奖励。此后苏联的专利制度几经变革，最终确立了发明者证书和专利证书的双轨制，该双轨制规定除国家或集体组织资助取得的发明、企业及组织集体研制取得的发明外，苏联及外国申请人允许选择其中的一种证书进行申请，既可以选择申请专利从而获得一定期限的专利权保护，也可以获得直接一次性的物质奖励和精神性回报。1949 年中华人民共和国成立后，也移植了苏联双轨制的专利制度。1950 年政务院批准了《保障发明权和专利权暂行条例》，该《条例》将发明创造分为发明权和专利权，对于发明权，规定发明的采用和处理权属于国家，发明人享有领受奖金、奖章、勋章或荣誉学位以及署名的权利。而对于专利权，则同西方的专利权制度类似，将专利权视为专利权人的私权，专利权人有权使用、处分、转让其专利。而到 1963 年，国务院废止了《保障发明权和专利权暂行条例》，代之以《发明奖励条例》，发明创造的专利权模式被废除，从而对于创新的激励仅剩发明权这样一种物质和精神奖励模式。该种状态一直持续到 1985 年中华人民共和国第一部专利法的正式实施。

今天，虽然绝大多数国家和地区都建立了将知识产权作为私权进行保护的知识产权制度，但正如前面各章所介绍的，对于创新的物质和精神奖励措施作为激励创新的重要辅助手段依然被各国政府所广泛采用。

然而，为什么物质和精神奖励制度不能完全取代知识产权制度呢？笔者认为，主要原因在于一次性的物质奖励难以对发明价值进行客观、准确的评定。物质奖励的有效性取决于是否能够对所激励创造出来的发明赋予其适当的对价，如果奖励的实际金额小于发明的实际价值，则难以有效激励发明人的创造。而是否能够给予潜在发明人有效的激励水平，难点就在于对潜在发明的预测和价值评估。事实上，事前的发明创造的预测和价值评估是无法实现的。因此，通过专利制度赋予发明人在有限期限内对发明的独占性的权利，使得发明人能够将发明的外在收益内部化，从而后续自主根据专利价值进行使用、收益、处分，将专利的价值交由专利权人进行判断，专利权人获得了专利权这一私权，可以通过市场机制，对专利的利用处理方式、存续时长进行判断，从而避免了物质奖励制度需要事前对发明进行预测和价值评估的困境。而对于精神奖励，可能只对部分人群能产生效果，即只有那些满足了基本的物质需求的人，通过精神奖励可以激励创造，而对于还无法满足基本的物质需求的部分人群，精神激励的效果可能要大打折扣。

因此，物质和精神奖励制度，对于激励创新，只能发挥锦上添花的作用，并且必须要维持一定的度，如第二章所述，如果物质激励的水平超过了专利申请和授权的实际成本，则可能反而产生推动大量低质量专利的产生的政策激励效果。

第二节　商业秘密制度

商业秘密可能是最为古老的保护无形财产的方式。历史上所谓的秘方、独门绝技等，实质上均属于今天商业秘密保护的客体，可以说，在历史的长河中，通过商业秘密的方式，是对发明创新进行保护的常态。

然而，若要对商业秘密进行一个清晰的界定，并非易事，"商业秘密"一词在历史上，在不同的国际条约或国家的立法中，具有不同的称谓，包括"专业技术""专有技术""特许权利""秘密方法""营业秘密"等。主要原因在于，商业秘密的外延极为广泛，且边界不清，往往随着商业活动的发展而不断扩展。❶ 中国对于商业秘密的定义也是几经变迁，从 1993 年的《反不正当竞争法》将商业秘密定义为"不为公众所知悉、能为权利人带来经济利益、具有实用性并经权利人采取相应保密措施的技术信息和经营信息"。到 2019 年修订的《反不正当竞争法》第 9 条中，将商业秘密的定义修改为"不为公众所知悉、具有商业价值并经权利人采取相应保密措施的技术信息、经营信息等商业信息"。从定义的变化可以看出，对于商业秘密的构成要件已经从原有的四要件，即秘密性、价值性、实用性和保密性，调整为三要件，即秘密性、价值性和保密性，取消了实用性的要求。关于取消实用性要件的原因众说纷纭，但从客观效果来看，取消实用性要件实质上扩大了商业秘密的保护范围，即对于像失败的实验数据这样不具有实用性但具备价值性的信息可以作为商业秘密得到法律上的保护。

实际上，商业秘密的保护是一种法律上的实然状态，个人和企业均会在必要的情况下选择将其所拥有的某项技术、商业信息通过商业秘密进行保护，而无论是否存在相应的保护制度。同时，即便通过法律明确了商业秘密的定义和构成要件，在司法实践中，特别是随着商业实践和创新的不断发展，对于认定是否属于商业秘密，是否构成对商业秘密的侵犯等问题，依然存在争议。

事实上，法律介入对于商业秘密的保护是近代以来的事情。1817 年英国在一件案件中判决被告对一种治疗痛风用的配方的私自使用构成对原告的侵权，责令被告赔偿。该案例成为最早对商业秘密进行保护的记载。而

---

❶ 郑友德，钱向阳。论我国商业秘密保护专门法的制定 [J]. 电子知识产权，2018（10）：34-88.

通过具体的法律对商业秘密进行保护，则是在 1909 年德国的《防止不正当竞争法》。之后，在 1994 年世界贸易组织通过的 TRIPS 协定第 39 条，提出了对于未披露信息的保护，一方面开启了将商业秘密保护视为国际义务的新篇章。各国纷纷开始重视商业秘密的保护，有的制定了专门的商业秘密法，有的将商业秘密保护置于反不正当竞争法中，还有的在合同法、侵权责任法等法律法规中规定对商业秘密的保护。另一方面也将商业秘密纳入知识产权的范畴，即便迄今为止在学术界对于商业秘密是否属于知识产权依然存在争议。

商业秘密和知识产权具有什么关系？为什么在已经建立了知识产权制度后，还需要不断加强和完善商业秘密的保护制度？在保护的客体方面，商业秘密与知识产权具有紧密的相关性，商业秘密所保护的技术、方法、商业信息等无形财产往往也可以受到知识产权法中专利法、著作权法的保护。例如，大家所熟悉的作为商业秘密保护的可口可乐的配方，微软 Windows 操作系统的源代码等，其中前者也可以通过专利法进行保护，后者则可以通过著作权法进行保护。那么，为什么可口可乐、微软没有选择通过专利、著作权对上述配方、源代码进行保护，而将之作为商业秘密进行保护呢？这就涉及商业秘密和知识产权保护的重要差别。将与商业秘密保护客体最为相关的专利保护和商业秘密保护进行比较，两者主要存在三个方面的重要差别：第一，专利保护具有一定的期限，发明专利的保护期一般不超过 20 年，而商业秘密没有保护期限的限制。第二，专利权的获取是以公开来换取的，包含在发明中的知识和信息是需要向社会公开的，而商业秘密则没有公开的要求。第三，专利权的保护具有垄断性，即便他人通过独立、平行实现了发明，只要存在在先的专利，则该发明便无法实施。而商业秘密能够允许他人的平行发明的存在。

从上述专利权和商业秘密的对比可以发现，商业秘密的保护强度要优于专利权。只要保密措施适当，商业秘密的保护期可以是无限的，商业秘密的权利人可以无限期地垄断所掌握的技术秘密信息。因此，事实上商业秘密对于企业的重要性，可能要远超其他知识产权类型。在 1994 年对于美国 1478 家生产型企业研发经理的问卷调查中，在 33 个工业行业中，有

17 个将商业秘密视为最重要的创新收益来源，仅有 2 个将专利视为最重要的收益来源。❶ 2012 年美国国家科学基金会（NSF）和人口普查局支持的商业研发与创新调查也显示，有 58.3% 的美国企业认为商业秘密非常重要，与此相比，认为专利权非常重要的为 45.4%。❷ 由此可知，与通常认为的专利等知识产权非常重要的传统观点相反，商业秘密在企业的无形资产中可能占有更大的比例。

　　然而，是否由于商业秘密具有更高的保护强度，从而形成商业秘密对于知识产权保护的替代呢？下面首先来了解一项关于世界博览会上展览产品创新的研究。世界博览会是集中展示世界各国具有创新性产品的重要平台，莫泽（Moser）（2005）❸ 研究了 1851 年伦敦世博会和 1876 年费城世博会所展示的产品，当时参加世博会的部分国家还没有建立知识产权保护制度，因此，参加世博会的产品有的已获得专利权保护，有的并没有专利权保护。然而，莫泽发现，一国是否具有专利法对于创新的数量并不具有显著影响，但是却会对创新活动的方向产生影响，没有专利法的国家所展出的商品更多的集中在商业秘密能够提供有效保护的工业领域，例如，难以通过反向工程获得技术秘密信息的领域，如食品加工和精密科学仪器制造。从上述发现可以知道，商业秘密虽然保护强度较高，但是在具体使用上是具有局限性的。一旦商业秘密的所有人无法采取有效的保密措施，或者让其他主体通过反向工程等方式破解了商业秘密信息，则商业秘密的前期研发投入将会瞬间付之东流。因此，对于难以采取有效保密措施，或者较易通过反向工程等方式破解的发明创造，申请专利保护是更为有效的，更能保障稳定回报的发明保护手段。

---

❶　Cohen W M, Nelson R R, Walsh J P. Protecting their intellectual assets：Appropriability conditions and why US manufacturing firms patent（or not）［R］. National Bureau of Economic Research，2000.

❷　National Science Foundation（NSF），National Center for Science and Engineering Statistics（NCSES）. Business Research and Development and Innovation：2012，2015，tables 53-57. https：//www. nsf. gov/statistics/srvyindustry/，2016. 12. 1.

❸　Moser P. How do patent laws influence innovation? Evidence from nineteenth-century world's fairs［J］. American economic review，2005，95（4）：1214-1236.

综上所述，商业秘密和知识产权保护实质上是互补的关系。我国 2017 年制定的《民法总则》将作品、发明、商业秘密等均视为知识产权保护的客体。❶ 从立法精神和司法实践来看，总的趋势也是不断加强对商业秘密的保护。从传统的依靠民事手段，从违约责任、侵权责任，到进一步通过刑事救济的方式保护商业秘密。1996 年《美国经济间谍法》规定了经济间谍罪和侵夺秘密罪，从而开始对商业秘密予以刑法保护。我国在《刑法》中也规定了侵犯商业秘密罪，对于侵犯商业秘密的行为，最高可处以 3 年以上 7 年以下有期徒刑。❷ 然而，是否对于商业秘密的保护越强，越有利于激励创新、增进社会整体福利呢？

商业秘密的保护对激励创新、增加社会福利存在正反两方面的影响。从积极方面来说，第一，商业秘密保护同其他知识产权保护类似，有利于促进研发，特别是对于可能不满足可专利性的发明的研发投入。第二，商业秘密保护可能促进信息的披露和共享。如果没有对商业秘密的法律保护，商业秘密的持有人会将秘密限制在极个别的人群范围内，而有了商业秘密保护的存在，商业秘密持有人知晓如果侵犯商业秘密会受到法律的惩处，则会鼓励商业秘密的持有人在公司内部和公司之间共享信息。第三，商业秘密保护可以减少不必要的保密措施和偷窃秘密的投入。如果没有商业秘密的法律保护，商业秘密的持有人可能会投入过多的成本以保守其商业秘密，而其竞争对手也会投入较大的成本去偷窃其商业秘密。从而造成不必要的社会资源的浪费。

而从消极方面来说，第一，商业秘密具有完全意义上的垄断性，如果无法被他人通过反向工程等方式获取商业秘密的信息，商业秘密将会形成无时间限制的垄断，从而产生长期的由垄断造成的社会整体福利的无谓损失。第二，由于商业秘密不对社会公开，社会公众可能会持续投入研发到一项已经被掌握的发明创造中，从而在事实上造成社会资源的浪费。

综合上述分析，商业秘密保护对于激励创新和增进社会福利均具有正

---

❶ 《中华人民共和国民法总则》第 123 条。
❷ 《中华人民共和国刑法》第 219 条。

反两方面的影响。从理论上来说，商业秘密的保护应当促进积极影响，抑制消极影响。然而，商业秘密保护的法律干预却难以对上述各项影响均能产生干预效应。原因在于，商业秘密并非像专利、著作权一般系法律创设的权利，而是随着人类社会的发展，特别是商品经济、市场经济的出现而自然而然的出现的，是人类保守基于自身努力创造的重要信息的本能手段。因此，事实上是先有商业秘密而再有商业秘密的法律保护。商业秘密对创新的影响是不以法律是否对其进行保护为转移的。

从前述商业秘密对创新和社会福利的影响来看，对于激励创新的积极作用，实际上商业秘密法律保护只会对促进商业秘密的共享以及减少不必要信息保密投入产生影响，而无法影响对创新的激励。而对于激励创新的消极作用，事实上无论是否存在商业秘密保护的相关法律，垄断和研发投入资源的浪费均是不可避免的。

综合上述分析，笔者认为对于商业秘密的法律保护，重点应当关切两个方面：第一，如何通过有效地促进商业秘密信息在更大范围内的共享和交换，从而促进商业秘密信息的有效利用，最大化避免商业秘密信息的闲置。第二，如何通过帮助企业制定具有可操作性的商业秘密管理指南，从而有效地减少企业的保密成本和增加侵犯商业秘密的违法成本。

第三节　市场占先

除了物质精神奖励和商业秘密这两项激励创新的替代性制度外，市场占先（Lead time）也是激励创新的有效方式。市场占先是指在市场经济条件下，即便没有任何激励创新的奖励或制度性举措，企业通过技术、商业模式等方面的创新，在市场经营过程中取得时间上的领先优势，从而也能够基于市场获得创新的合理回报。因此，市场占先不是一项政策性或制度性的举措，市场占先无须政府的主动介入，政府唯一需要做的，便是维持公平的市场竞争秩序。

通过市场占先取得市场竞争优势的例子也是不胜枚举。例如，谷歌的安卓操作系统（Android OS），该系统本身是开源的，也就是谷歌公司对于安卓系统不享有任何排他性的知识产权，任何企业或个人均可以在安卓系统源代码的基础上进行修改和补充。谷歌公司基于安卓系统的获利主要源于谷歌在智能手机市场方兴未艾之际开发了安卓系统并将其投入市场，通过开源允许手机厂商免费使用，抢占了市场先机。随着安卓系统的市场占有率不断提高，安卓生态系统的不断建设并日趋完善，谷歌利用安卓平台推出包括谷歌应用商店、谷歌地图、Gmail、YouTube 等软件，借助安卓系统，上述软件在国外取得了极高的市场占有率，为谷歌赢得了巨大的收益。❶

　　市场占先能够获得竞争优势的主要原因包括三个方面：第一，满足市场需求的创新性产品一经面世并投入市场，其他企业进行模仿和复制需要一定的时间，而在此期间，创新产品可以独占市场，从而获得一定期限范围内对创新产品的垄断定价权。因此，垄断利润越高，越能激励企业的创新。第二，消费者往往会有先入为主的观念，对于最先进入市场的产品，往往会在消费者的头脑中占有主导地位，因而更容易培养消费者对产品的忠诚度和认同度。而在后进入的企业往往需要耗费更大的成本去改变消费者在先的选择。第三，市场先进入者更易获得标准制定的话语权。对于一项从无到有的创新性产品，企业可以利用其在新产品市场中初期的垄断地位，培养用户的使用习惯，从而获得该产品领域标准制定的权利。例如，今天我们看到计算机的"QWERTY 键盘"布局，该种布局方式是在 1868 年由美国排字工克里斯托夫·拉森·肖尔斯（Christopher Latham Sholes）发明的键盘工具，后来的研究发现，该布局在英文字母排序方面并不科学，会制约打字速度的提升。然而，后来虽然对于键盘的布局有过多次改革的尝试，但由于成千上万的使用者已经适应了"QWERTY 键盘"的布

---

　　❶ 有读者可能会质疑既然安卓是开源操作系统，为什么在美国宣布对华为公司进行制裁时，谷歌可以宣布对华为断供？这里需要解释的是，谷歌对华为断供针对的是对华为的技术支持以及谷歌提供的海外用户经常使用的谷歌应用商店、Gmail，YouTube 在内的服务，而并非安卓系统本身。虽然华为可以继续使用安卓系统，但对于华为的用户，特别是海外用户而言，如果不能使用谷歌应用商店、YouTube 等服务，则是难以接受的，从而直接影响华为手机的海外销售情况。

局，因此直到今天，所有的计算机键盘布局仍沿用最初的"QWERTY 键盘"布局模式。

基于上述原因，我们发现实际上即便不存在任何知识产权的保护，只要通过市场占先可以获得对于潜在的创新者而言足够大的收益，便能够形成对于创新的有效激励。

当前，为了鼓励创新，我们明显感受到的一个趋势和倾向是，越来越重视并强调知识产权保护的重要性，甚至存在将知识产权等同于创新的倾向。而事实上，知识产权保护对于创新是利弊兼具的，随着过度的知识产权保护所产生的包括垄断、专利流氓（Patent Troll）、❶诉讼泛滥等阻碍创新的问题日益显现，学术界、实务界已经开始对于必要的知识产权保护水平展开了反思。❷而通过本章可知，在知识产权之外，还存在其他替代性的激励创新的方式、方法。这些方式、方法在合理使用的情况下，对于政府介入程度的要求普遍小于知识产权保护。因此，对于激励创新，充分发挥市场主体创新的主观能动性，可能具有事半功倍的效果。

具体来说，根据政府利用其他方式激励创新的介入程度由小到大排序，依次是市场占先、精神奖励、商业秘密和物质奖励。从政府介入的成本收益角度进行分析，市场占先和精神奖励对于政府而言几乎是零成本的，保障市场占先的有效性虽然需要政府维持公平竞争的市场秩序，但这本身是无需赘言的政府建设法治社会、推动经济可持续发展应尽的义务。因此，政府应当积极维护和提升良好的营商环境，保障市场"无形之手"的有效运行，让市场给予创新者以合理的回报。同时，积极通过各类荣誉称号对创新者予以精神鼓励。而对于商业秘密保护和物质奖励，虽然需要政府投入必要的人力、物力，但对于商业秘密，政府的作用主要应体现在弥补由于商业秘密的过强保护产生的不利于商业秘密信息在更大范围内得

❶ 毛昊，尹志锋，张锦．策略性专利诉讼模式：基于非专利实施体多次诉讼的研究［J］．中国工业经济，2017（2）：136-153.

❷ 杰夫，勒纳．创新及其不满：专利体系对创新与进步的危害及对策［M］．罗建平，兰花，译，北京：中国人民大学出版社，2007.

到利用，以及个体投入过多资源用于秘密保护的不经济性等商业秘密的固有缺陷上。而对于物质奖励手段，政府则应当谨慎利用，从而保障物质奖励发挥的是锦上添花的作用，而避免喧宾夺主，影响知识产权和其他替代性手段在激励创新上的实际效果。

第六章 创新发展趋势下知识产权制度的完善与变革

第一节 中国创新发展的现状及演变趋势

创新引领着人类社会每一次前进的步伐。第一次工业革命使用水和蒸汽动力替代了传统的人力、畜力，实现机械化生产。而由电力的使用所引领的第二次工业革命实现了生产效率的跨越式提升，大规模生产得以实现。第三次工业革命则以计算机和信息技术的发展为核心，自动化生产被应用到人类社会的多个领域。当前，我们正在迎来第四次工业革命。由于第四次工业革命尚处于方兴未艾的阶段，对于第四次工业革命究竟是什么，目前主要还是从列举的方式从外延方面进行阐释，即第四次工业革命涉及人工智能、机器人技术、虚拟现实、量子信息技术、物联网、自主交通工具、材料科学、纳米技术、生物技术等新技术、新领域的突破。从上述列举可以看出，第四次工业革命融合了信息、物理、化学、生物等多个领域，其变革的广度、速度和影响深度上都大大超越了前三次工业革命。

历次工业革命主导了经济中心在世界范围内的转移。第四次工业革命涉及范围的广泛性也为不同国家在技术发展的新浪潮中抢占一席之地提供了机会。各国政府为了在新一轮的工业革命、技术革命中抢占先机，纷纷出台相应的国家战略对策，从而期望本国在未来的创新竞争中具有优势地位。

德国政府在 2010 年通过了《思想·创新·增长——德国高技术战略2020》（Ideas. Innovation. Prosperity. High-Tech Strategy 2020 for Germany），

其中提出了"未来项目——工业 4.0"计划，德国联邦政府从 2010~2013 年为高技术战略投入 270 亿欧元，对未来项目的专项投资达 83 亿欧元。2019 年 2 月，德国又发布了新的发展战略——《德国工业战略 2030》（National Industry Strategy 2030），目标在于更有针对性地扶持重点工业领域，其中提出"德国经济必须能够经受住所有主要领域的全球竞争，特别是在关键技术和突破性创新方面"，因此，战略特别列明了要保持德国在钢铁铜铝、化工、设备和机械制造、汽车、光学、医学仪器、环保技术、国防工业、航空航天、增材制造（3D 打印）等领域的优势地位。

在第三次工业革命中领跑世界的美国政府也不甘落后，2016 年美国首次发布《国家人工智能研发战略计划》（The National Artificial Intelligence Research and Development Strategic Plan），围绕人工智能的发展提出七项战略计划。2017 年《国家安全战略》（The National Security Strategy of The United States of America）首次将人工智能纳入其中。2018 年 9 月和 10 月，美国国家科学技术委员会又分别发布了《国家在量子信息科学上的战略概述》（National Strategic Overview for Quantum Information Science）和《国家在先进制造业的战略规划》（National Strategic Plan on Advanced Manufacturing），重点鼓励量子信息科学和先进制造业的发展。2019 年 2 月，美国白宫科学与技术政策办公室（White House Office of Science and Technology Policy）发布了《美国将主宰未来产业》（America Will Dominate the Industries of the Future）的文章，将人工智能、高端制造业、量子信息科学和 5G 四大产业纳入其中。2019 年 6 月，美国再次更新了《国家人工智能研发战略计划》（The National Artificial Intelligence Research and Development Strategic Plan：2019 Update），系统完整地提出了包括如下 8 项战略规划：（1）持续在基础人工智能研究上的长期投资；（2）开发能够补充和增强人类能力的人工智能系统，并日益关注未来的工作；（3）处理人工智能的伦理、法律和社会影响；（4）建立健康的和可信任的人工智能系统；（5）增加对数据集和相关挑战的访问；（6）支持人工智能技术标准和相关工具的开发；（7）推动人工智能研发队伍的发展；（8）扩大公私合作，加速人工智能的发展。

　　日本在 2015 年发布了《日本机器人战略：愿景、战略、行动计划》（也被称为"机器人战略"），提出要实现"机器人驱动的新工业革命"，其中提出三大核心战略，即世界机器人创新基地，彻底巩固机器人产业的培育能力；世界第一的机器人应用社会，使机器人随处可见；迈向领先世界的机器人新时代。2017 年日本经济产业省又提出"互联工业"（Connected Industries）战略，日本三菱电机、发那科、DMG 森精机和日立制作所 4 家企业对在各自物联网平台之间建立数据互换机制达成共识，从而实现集中各企业优势参与国际智能制造领域的竞争。同年，日本人工智能技术战略委员会发布《人工智能技术战略》报告，阐述了日本政府为人工智能产业发展所规划的发展路线，最终实现在 2030 年左右建立连通各领域的人工智能生态系统。

　　此外，包括欧盟、印度、法国、英国、韩国等多个国家或地区均制定了与第四次工业革命发展相关的战略政策或规划，通过成立相关的执行机构和重金投入的方式以求能够在第四次工业革命的浪潮中处于引领地位。

　　在过去 200 多年世界工业化的历史上，中国完整地错失了前两次工业革命的机会，即使是 20 世纪 80 年代兴起的以计算机和信息技术为核心的第三次工业革命，中国也只是技术的追随者。虽然在赶超战略下，随着中国科技投入的持续增长，创新的产出也与日俱增，在个别领域，如互联网、移动通信技术，我国已经具有了与世界领先企业同处于第一梯队的企业。然而从整体上来看，中国仍属于先进技术的追随者，在一些关键技术领域受制于人。而兴起于 21 世纪的第四次工业革命，为中国首次成为新技术的领导者提供了契机。那么，应当如何抓住第四次工业革命的发展机遇呢？

　　2015 年，国务院印发实施《中国制造 2025》的通知，通知提出："当前，新一轮科技革命和产业变革与我国加快转变经济发展方式形成历史性交汇，国际产业分工格局正在重塑。必须紧紧抓住这一重大历史机遇，按照'四个全面'战略布局要求，实施制造强国战略，加强统筹规划和前瞻部署，力争通过三个十年的努力，到新中国成立一百年时，把我国建设成为引领世界制造业发展的制造强国。"通过"市场主导、政府引导"实现在"新一代信息技术产业、高档数控机床和机器人、航空航天装备、海洋工程装备及高技术船舶、先进轨道交通装备、节能与新能源汽车、电力装备、农机装备、新材料、生物医药及高性能医疗器械等"十个重点领域的突破。具体来说，将通过实施国家制造业创新中心、智能制造工程、工业强基工程、绿色制造工程、高端装备创新工程五项重大工程，实现长期制约制造业发展的关键共性技术突破，提升我国制造业的整体竞争力。

《中国制造2025》中最具显示性的战略方案便是制造业创新中心的布局。工业和信息化部拟定了22个重点行业领域，每个领域选择一个区域布局建设国家制造业创新中心，最终构成国家制造业的创新体系。制造业创新中心的建设框架为联合一个区域内的某一领域的优势企业、高校、科研院所，实现建立一个从基础技术研究、成果孵化、转移扩散到商业化应用为一体，涵盖产业链上中下游的创新性的"公司+联盟"模式的企业法人实体。目前，从作为排头兵的国家制造业创新中心，到各省级制造业创新中心已经在全国范围内展开建设。截至2018年年底，已经建立9家国家级制造业创新中心。❶ 根据计划，到2020年，将重点形成15家左右的制造业创新中心，力争到2025年形成40家左右制造业创新中心。

对于制造业创新中心，主要通过财政支持和政策引导两方面保障创新中心的建设和实施效果。在资金支持方面，除国家直接支持的资金外，地方上也纷纷出台对于制造业创新中心的扶持政策。例如，广州市对落户本市的国家级、省级制造业创新中心分别给予3000万元、1000万元的一次性补助，或按项目总股本30%给予直接股权投资支持，最高不超过1亿元。❷ 在政策引导方面，工业和信息化部于2017年和2018年分别发布了《省级制造业创新中心升级为国家制造业创新中心条件》和《国家制造业创新中心考核评估办法（暂行）》，从具体的中心等级提升标准、绩效考

---

❶ 分别是北京国家动力电池创新中心、西安国家增材制造创新中心、武汉信息光电子创新中心、广州印刷及柔性显示创新中心、沈阳机器人创新中心、上海集成电路创新中心、上海智能传感器创新中心、武汉国家数字化设计与制造创新中心、北京国家先进计算产业创新中心。

❷ 参见《广州市工业和信息化委关于落实制造业创新中心扶持政策的通知》。

核评估方面引导制造业创新中心的发展。

国家通过政策引导和投入人财物等相关资源推动关键技术领域的突破可谓是当前世界范围内推动创新发展的典型思路。然而，除此之外，我们还应当怎么做，才能更好地保障我国在激烈的国家竞争中脱颖而出，成为第四次工业革命的引领者？

前面章节已经讨论了包括专利权、著作权和商标权在内的现有知识产权制度与创新发展的关系，通过分析可知，知识产权法律制度和政策对于创新发展具有重要的影响。而随着社会和经济的发展，知识产权制度也在不断发展变革中，当前世界范围内代表性的知识产权法律制度，在前三次工业革命的浪潮裹挟下，均已进行过不同程度的修改和完善。而第四次工业革命将对人类社会产生前所未有的深刻影响和变革。以移动互联网为核心的电子商务、"互联网+"、电子支付改变了我们的生活、工作、消费模式，生物技术、基因技术大幅提升了人类对抗疾病的能力；以大数据、算法为基础的人工智能的运用为我们未来的工作、生活赋予了无穷的想象空间。因此，第四次工业革命势必会对现行的知识产权制度提出新的挑战。如何构建与第四次工业革命发展相匹配的法律制度，从而推动第四次工业革命中关键技术领域的创新发展，是亟待我们回答的重要问题，对此，笔者认为我们需要回答两个问题：第一，现行的知识产权制度是否能够适应新技术领域创新发展的需要？第二，如果不能，应当如何调整现行的知识产权制度？是否有必要创设新的知识产权亦或者其他权利类型？

第四次工业革命涉及的新技术领域虽然看似纷繁复杂，实际上可以从基础层、中间层和应用层三个方面进行结构化处理，其中基础层包括大数据、算法，中间层主要涉及标准，应用层则是在充分结合大数据、算法、云计算和基础硬件的基础上，适用一定的标准，以人工智能为依托，实现在商业方法、未来生物科技等方面的具体应用。以下将对基础层、中间层和应用层主要可能涉及的知识产权制度相关的问题展开讨论和分析。

第二节　大数据产业发展背景下数据权利的界定与配置

一、大数据的发展现状

大数据（big data）在新技术、新领域、新业态等新兴产业发展中具有基础性的地位。而对于什么是大数据，目前并没有一个统一的认识和标准。IBM 提出了大数据的 5V 特点，包括：大量（Volume）、高速（Velocity）、多样（Variety）、低价值密度（Value）和真实性（Veracity）。❶ 美国咨询公司高德纳（Gartner）认为：大数据是需要新处理模式才能具有更强的决策力、洞察发现力和流程优化能力来适应海量、高增长率和多样化的信息资产。❷ 而麦肯锡全球研究所给出的定义是：一种规模大到在获取、存储、管理、分析方面大大超出了传统数据库软件工具能力范围的数据集合，具有海量的数据规模、快速的数据流转、多样的数据类型和价值密度低四大特征。

综合上述对大数据的定义来看，大数据是无法在一定时间范围内用常规工具进行收集、管理和处理的数据集合，是需要新处理模式才能具有更强的决策力、洞察发现力和流程优化能力的海量、高增长率和多样化的信息资产。因此，大数据的战略意义不在于掌握庞大的数据，而在于对这些数据进行专业化处理，从而实现数据的增值。这也进一步凸显了大数据的基础性地位。

近年来，全球产生的数据量呈指数级增长态势。据国际数据公司（IDC）发布的《数据时代 2025》（Data Age 2025）报告显示，❸ 全球每年

---

❶ 舆情研究：大数据"5V"特性，"真实"去哪儿了？［EB/OL］．（2016－12－05）［2019－10－01］．http：//www．sohu．com/a/120701529_531949．

❷ Philip Zhang，Martin Gao．围观大数据，了解"域"的来龙去脉［EB/OL］．（2018－09－10）［2019－10－01］．https：//zhuanlan．zhihu．com/p/44164351．

❸ David R，John G，John R．Data Age 2025：The Evolution of Data to Life－Critical［R］．Framingham，MA：International Data Corporation，2017．

产生的数据将从 2018 年的 33ZB 增长到 2025 年的 175ZB。❶ 如果把 175ZB 全部存在 DVD 光盘中，那么 DVD 叠加起来的高度将是地球和月球距离的 23 倍（月地最近距离约 39.3 万公里），或者绕地球 222 圈（1 圈约为 4 万公里）。为了应对高速增长的数据，云数据中心将成为未来主要的存储方式。据国际数据公司预测，到 2025 年，49% 的全球已存储数据将存留在公共云环境中。中国巨大的人口基数以及经济规模，具有形成大规模数据的天然优势。截至 2019 年 6 月 30 日，中国网民规模已达 8.54 亿，网站数量为 518 万个。❷ 丰富庞大的数据资源，构成中国推进大数据应用的资源基础。

大数据在各个领域的应用持续升温。据高德纳公司 2015 年的调研，全球范围内已经或未来 2 年计划投资大数据应用的企业比例达到 76%，比 2014 年增长 3%。中国信息通信研究院 2015 年的调查显示中国地区的受访企业中有 32% 的企业已经实现大数据应用，另有 24% 的企业正在部署大数据平台。❸

在产业层面，中国大数据产业继续保持高速发展。对于中国大数据产业的规模，目前各个研究机构均采取间接方法估算。中国信息通信研究院结合对大数据相关企业的调研测算，2017 年我国大数据产业规模为 4700 亿元，同比增长 30%。其中，大数据软硬件产品的产值约为 234 亿元，同比增长 39%。❹ 而中国信息通信研究院发布的《中国数字经济发展与就业白皮书（2019 年）》的数据显示，2018 年中国数字经济总量达到 31.3 万

❶ 具体换算规则为 1ZB = 1024EB，1EB = 1024PB，1PB = 1024TB，1TB = 1024GB，1GB = 1024MB。

❷ 中国互联网络信息中心. 互联网大事记 ［EB/OL］.（2019-06-30）［2019-10-01］. http：//www. cnnic. net. cn/hlwfzyj/.

❸ 从 5 大行业领域看大数据场景应用 ［EB/OL］.（2017-02-12）［2019-10-01］. http：//www. sohu. com/a/126059104_ 468714.

❹ 中国信息通信研究院. 大数据白皮书 2018 ［R/OL］.（2018-04-18）［2019-10-01］. http：//www. cbdio. com/BigData/2018-04/23/content_ 5706300. htm.

亿元，增长 20.9%，占 GDP 比重达到 34.8%。❶ 从上述数据可以发现，随着以大数据为核心的新一代信息技术的发展，大数据将对经济发展做出日益突出和不可忽视的贡献。

二、大数据的主要应用领域和发展趋势

大数据的应用领域极为广泛，实际上在计算机、互联网、云存储、移动支付等技术运用的基础上，几乎任何领域都可以实现对大数据的运用。以下简述现阶段大数据运用的主要领域。❷

第一，电信领域。电信行业掌握体量巨大的数据资源，单个运营商的手机用户每天产生的话单记录、信令数据、上网日志等数据就可达到 PB 级规模。电信行业利用 IT 技术采集数据改善网络运营、提供客户服务已有数十年的历史，而传统处理技术下运营商实际上只能用到其中 1% 左右的数据。通过大数据的运用能够提高电信行业的数据利用效率和质量，从而为电信企业更好地改善服务质量、提升用户体验提供帮助。

第二，金融领域。大数据在金融领域三大业务——银行、保险和证券中均具有广阔的应用前景。总体说来，金融行业的主要业务包括企业内外部的风险管理、信用评估、借贷、保险、理财、证券分析等，都可以通过获取、关联和分析更多维度、更深层次的数据，并通过不断发展的大数据处理技术得以更好、更快、更准确的实现，从而拓展金融业务范围，深化金融创新。

第三，政务领域。大数据的出现以及应用对加强社会治理的作用明显。习近平主席在 2017 年 12 月 8 日就实施国家大数据战略进行第二次集体学习时强调，要建立健全大数据辅助科学决策和社会治理的机制，推进

---

❶ 《中国数字经济发展与就业白皮书（2019 年）》：各地数字经济发展成效显著［EB/OL］.（2019-04-19）［2019-10-01］. http：//www. xinhuanet. com//info/2019-04/19/c_ 137989822. htm.

❷ 中国信息通信研究院. 大数据白皮书 2016［R/OL］.（2016-12-01）［2019-10-01］. http：//www. cac. gov. cn/2016-12/28/c_ 1121534609. htm.

政府管理和社会治理模式创新，实现政府决策科学化、社会治理精准化、公共服务高效化。大数据有助于提升政府提供的公共产品和服务。大数据支持宏观调控科学化。大数据有助于政府加强事中、事后监管和服务，提高监管和服务的针对性、有效性。当前福建、广东、浙江等地方推行的行政审批"一趟不用跑"和"最多跑一趟"就是通过利用大数据平台打通政府各部门实现信息资源的共享，从而大幅提高行政效率。

第四，交通领域。交通数据资源丰富、具有实时性特征。在交通领域，数据主要包括各类交通运行监控、服务和应用数据，如公路、航道、客运场站和港口等视频监控数据，城市和高速公路、干线公路的各类流量、气象检测数据，城市公交、出租车和客运车辆卫星定位数据，以及公路和航道收费数据等，这些交通数据类型繁多，而且体量巨大。目前，大数据技术在交通运行管理优化、面向车辆和出行者的智能化服务，以及交通应急和安全保障等方面都有着重大发展。包括杭州市、广州市在内的不少城市通过接入城市各路段的视频监控数据，从而根据车流量情况适时调控红绿灯时长，有效减少城市拥堵。2016 年度广州通过大数据的运用，实现中心城区主干道工作日全天平均车速同比上升 3.21%，其中工作日晚高峰平均车速同比上升 6.71%。❶

第五，医疗领域。医疗卫生领域每年都会产生海量的数据，一般的医疗机构每年会产生 1TB～20TB 的相关数据，个别大规模医院的年医疗数据甚至达到了 PB 级别。从数据种类上来看，医疗机构的数据不仅涉及服务结算数据和行政管理数据，还涉及大量复杂的门诊数据，包括门诊记录、住院记录、影像学记录、用药记录、手术记录、医保数据等。所以，医疗数据无论从体量还是种类上都符合大数据的特征，基于这些数据，可以有效辅助临床决策，有效支撑临床方案。同时通过对疾病的流行病学分析，还可以对疾病危险进行分析和预警。

第六，安防领域。随着监控视频逐渐布满几乎全部的公共领域，通

---

❶　阿里云 ET：唯一走进车间的人工智能 [EB/OL]．（2017-04-25）[2019-10-01]．https：//t.cj.sina.com.cn/articles/view/1496810460/593783dc022001921.

过视频采集每天产生难以计数的视频图像数据。结合国家安全部门掌握的公民个人信息数据、城市地理数据，可以精准地定位刑事治安案件的犯罪嫌疑人，排查社会活动的潜在风险，从而利用数据实现平安城市综合治理。

第七，工业领域。大数据在工业领域也得到了广泛的应用。在工业领域，通过对企业现有生产经营过程中产生的海量数据进行获取、挖掘及整合，从而帮助企业优化生产流程，提升生产线工作效率，提升企业产品的良品率。

结合大数据的发展应用现状，大数据的应用未来可能会呈现以下五个方面的趋势。

第一，与云计算、算法的深度结合。大数据的应用离不开云计算技术、算法的结合，未来三者的关系将更为密切。三者将呈现相互促进的关系，大数据将推动量子计算机等新兴计算技术的发展，云计算技术的发展也将助力大数据技术的发展，使大数据产生更大的影响力。大数据的发展也将改变数据世界中包括算法在内的众多基础性理论，推动算法的深入发展。

第二，数据安全的重要性不断提升。除非数据在其源头能够得到有效的安全保障，否则未来几年数据泄露事件的增长率也许会大幅提高。随着大数据重要战略地位的确立，在未来，越来越多的企业，特别是行业领军企业都会面临数据攻击，无论他们是否已经做好安全防范。而所有企业，无论规模大小，都需要重新审视今天的安全定义。企业需要从新的角度来确保自身以及客户数据的安全，所有数据在创建之初便需要获得安全保障，而并非在数据保存的最后一个环节，仅仅加强后者的安全措施已被证明于事无补。

第三，数据管理水平成为企业的核心竞争力。当企业意识到数据资产是企业的核心资产后，企业将进一步重视数据的管理，将数据管理水平作为企业的核心竞争力，通过战略性规划与运用数据资产，成为企业数据管理的核心。数据资产的管理效果将直接影响企业的财务表现。对实体经济行业来说，利用大数据可以对实体经济行业进行市场需求分析、生产流程优化、供应链与物流管理、提供智能客户服务等，这不但大大拓展了大数据企业的目标市场，更成为众多大数据企业技术进步的重要推动力。

第四，数据质量是提升企业竞争力的关键。随着大数据应用的日益广泛，未来企业参与市场竞争的核心竞争力将取决于企业对大数据的处理能力，企业要想在激烈的市场竞争中脱颖而出，关键是要能够对数据进行深度处理，从而从高密度的数据源中获取高质量的数据信息，帮助企业制订经营决策。

第五，数据生态系统复合化程度不断加强。未来的大数据将逐步建构成为一个由多元参与者，包括终端设备提供商、基础设施提供商、网络服务提供商、网络接入服务提供商、数据服务使用者等一系列的参与者共同构建的生态系统。今天主要依托于大型互联网企业的大数据生态系统的基本雏形已然形成，未来的发展可能涉及大数据生态系统内部角色的进一步细分和运行机制的不断动态调整，从而进一步促进商业模式的创新、竞争机制的创新，使得数据生态系统复合化程度不断增强。

从世界工业革命和科技创新的发展趋势可以看出，大数据正成为人类社会发展的重要基础性战略资源，成为经济转型升级与社会治理变革的新动力、新途径和新机遇。中国作为人口大国、资源大国，在数据信息的产出量上具有显著优势，如何利用和发挥好这一优势，加强对于大数据技术和产业发展的法律制度保障，将优势转化为现实的生产力，是需要认真思考的重要问题。

三、数据确权的必要性

随着大数据相关产业的蓬勃发展，与数据相关的权属问题也引起产业界的重视和理论界的争议。是否有必要设立数据权？数据权归属于何种权利类型？数据权如何配置以及应当对数据权赋以何种保护方式？这些都成为目前争议的焦点。

对于产权的重要性，基于科斯定理的推论可知，由于交易费用的存在，不同的权利界定和分配，会带来不同效益的资源配置模式，因此产权制度的设置是优化资源配置的基础。那么，什么情况下需要界定产权呢？

理论认为，当界定产权的收益超过成本时，产权就会出现。❶ 一个典型的例子是加拿大北部印第安部落通过划分狩猎区确立获取海狸皮毛的所有权。传统上印第安人是没有狩猎区划分的概念的，任何人均可以不受限制地进行狩猎来获取海狸的皮毛。起初，印第安人获取海狸皮毛主要是自用，狩猎量不大，此时是否划分狩猎区还没有太大影响。而随着对海狸皮毛的外部需求的增多，海狸皮毛具有了交易价值，印第安部落对于海狸的大肆捕获导致海狸的数量越来越少，直接影响印第安部落对皮毛的基本需求。因此，印第安部落间通过协商，划分各部落的狩猎区，这样避免了各部落对海狸的竭泽而渔，从而实现对狩猎海狸数量的合理调控和配置。这个例子生动地体现了当产权界定的收益超过成本时，产权就会随之出现。

而对于数据进行确权，产生的收益主要表现在两方面，一方面，通过数据的确权，可以减少数据交易中的不确定性。现在的数据交易主要通过合同的方式进行，而合同属于债权，规范的是合同双方的权利与义务，出现合同未列明部分的纠纷，只能由双方协商或法院裁决，且对合同之外的其他主体没有约束力。因此，基于合同进行数据交易容易产生较大的不确定性，从而影响交易的稳定性。另一方面，通过数据的确权可以促进数据的供给。由于数据具有无形性、易复制性的特征，在数据权利明确之前，数据的拥有方会非常谨慎地向外界透露并提供数据。而在数据权利明确之后，数据的供给方愿意对外公布自己拥有的数据，数据的需求方也能知晓从哪里获得数据，从而有效促进数据的供给。

当然，数据确权也是存在设权成本的。对于数据，对其设定数据权需要进行登记公示，从而使他人知晓数据的权属。而登记公示需要建立一套完整的体系，是需要相应的成本的。而随着区块链、云存储技术的运用，一方面提高了登记公示的可信度，另一方面也使得数据登记公示的成本大幅下降。

综合上述关于数据确权的成本收益分析，笔者认为，在现阶段对数据

---

❶ Demzsetz H. Toward a theory of property rights [J]. American Economic Review, 1967 (57): 347-359.

进行赋权，从而建立相应的数据权制度是具有必要性和可行性的。

四、数据权的权利类型

我国的民法体系下对于民事权利仅规定了三种类型，分别是债权、物权和知识产权。那么，如果设立数据权，应当将其归于何种权利类型呢？

我国在 2016 年 7 月公布的《民法总则（草案一审稿）》第 108 条规定："民事主体依法享有知识产权。知识产权是指权利人依法就下列客体所享有的权利：（一）作品；（二）专利；（三）商标；（四）地理标记；（五）商业秘密；（六）集成电路布图设计；（七）植物新品种；（八）数据信息；（九）法律、行政法规规定的其他内容。"其将数据信息归入知识产权的权利客体。然而，在同年 11 月公布的《民法总则（草案二审稿）》中，将数据信息这一项从知识产权的权利客体中删除了。以下笔者分别从债权、物权和知识产权的角度探讨数据权究竟应当归入何种权利类型更为合适。

将数据权视为债权是当前中国实务界的实际处理方式。以贵阳大数据交易所为例，便是通过合同的方式实现对数据的交易。然而，这种处理方式是否适当呢？笔者通过将数据权作为债权产生的收益和成本进行比较，以判断这种处理方式的合理性。

从成本角度来看，将数据权视为债权，面临搜寻成本高、谈判成本高、执行成本高的困境。从搜寻成本来说，在债权模式下，由于数据供给方担心数据被第三方不当利用，因而会怠于公开自己拥有的数据信息，使得需求方不知道从哪里可以购买需要的数据，增加了数据的搜寻成本；从谈判成本来说，数据供给方知道数据信息的价值，而需求方不知道。虽然需求方可以从供给方获得数据的小样本信息，但需求方依然难以判断数据整体信息的真实性和可靠性，从而增加了双方在谈判中确定数据价值的谈判成本；从执行成本来说，债权交易缺乏公示途径，对于数据而言更易产生后续的纠纷。数据供给方难以有效监督购买方对数据的不当利用，更难以对抗善意第三人对数据的利用，因此增加了数据交易的执行成本。

从收益角度来看，将数据权视为债权，由于交易成本的高企和信息的不对称，使得交易量有限，即使可能产生个别偶然的高交易价格，交易总价值一般也是相对较低的。因此，从社会整体福利的角度进行判断，将数据权视为债权，整体的社会成本是大于社会收益的。最终产生的结果就是数据的实际交易量很少或者主要通过大型企业集团内部进行交易，极易产生数据的集中和垄断。今天我们看到以 BAT（百度、阿里和腾讯）为代表的互联网集团公司，将业务触角延伸到普通消费者吃穿住行娱乐等在内的方方面面，而单一领域的小公司最终不是走向死亡，便是被大型互联网公司所控制，实质上以阿里、腾讯、百度为代表的互联网巨头便是通过子公司和控股、参股公司等组织架构实现内部的数据共享，减少数据的交易成本，从而利用数据获得在各领域的竞争优势。

那么，是否可以将数据权视为物权呢？我国《民法总则》第 115 条规定，物包括不动产和动产。法律规定权利作为物权客体的，依照其规定。因此，在现行法律框架下，物权的客体均为有体物。将数据权列入物权的框架下，相应的法律修改的成本是比较高的。

那么，是否还是将数据权视为知识产权更为适当呢？我们首先将数据与传统知识产权的特征进行比较，通过对比发现，知识产权所具有的非竞争性、非排他性的特征同样适用于数据信息。有人认为数据不属于知识产权意义上的智力成果，而实际上，真正具有商业价值的数据一定是需要相应的智力投入对数据进行后期的加工处理的。因此，通过数据的赋权，可以鼓励数据的开发利用，同时我们也关心赋予不受限制的垄断性的数据权可能影响社会公众对数据的利用，因此数据也同样涉及类似知识产权那样的激励与传播的权衡。综合上述特征，数据与知识产权的特征是完全相符的。而且对数据进行与知识产权相类似的申请登记也是极为必要的。通过对数据进行确权前的申请登记，一方面有利于保障数据交易的安全，促进数据的交易。另一方面有利于保障国家数据信息的安全。因此，数据权在其本质特征上与知识产权具有天然的相似性，将数据权视为知识产权是现阶段的最优选择。

五、数据权的配置与保护方式

大数据的利用需要经历一系列过程。大体来说，数据产业包括数据收集、收据处理与分析和数据应用三个阶段。三个阶段分别具有各自不同的特征，从细分数据产业链的角度来看，对所有阶段的数据信息都通过数据权进行保护可能也并无必要。在数据权的配置上，我们认为应当根据数据产业链的不同阶段采取不同的数据权配置方式。

在数据收集阶段，企业需要利用尽可能多的渠道，收集尽可能丰富的数据信息，这其中需要注意的一个重要问题就是当收集的数据信息包含个人身份、行为等隐私信息的情况，企业在数据信息获取的过程中可能涉及对个人隐私的侵犯。现在很多国家和地区都加大了对个人信息权的保护。2018 年 5 月欧盟《通用数据保护条例》（General Data Protection Regulation，GDPR）生效，其中规定了欧盟公民享有：同意权、访问权、纠正权、被遗忘权、数据可携带权、拒绝权、获得救济权等一系列权利。作为中国的互联网企业，如果在数据收集过程中涉及欧盟公民，也同样需要遵循上述法律规定。我国的《个人信息保护法》也已形成草案即将提起审议，从而对我国的企业在公民个人信息保护上提出了更高的要求。

在 2016 年《民法总则（草案二审稿）》中将数据信息从知识产权中删除的原因之一也是立法者对将数据信息作为知识产权可能侵害个人权利的担忧。❶ 数据信息中可能包含可识别个人身份和行为的信息，如果将这部分信息也纳入知识产权客体的范畴，可能导致涉及个人的隐私信息被网络服务提供商所控制。因此，在该阶段应当重点关注的是企业保护个人隐私的义务与自然人信息权不被侵犯的权利的平衡。如果对于个人信息权的保护不足则会导致公地悲剧，使得对个人信息和隐私侵犯的泛滥。但如果对个人信息保护过度，也同样会导致反公地悲剧，使得对个人信息的利用不足，影响数据产业的发展。

---

❶ 何隽. 大数据知识产权保护与立法：挑战与应对［J］. 中国发明与专利，2018，15（3）：29-33.

我国作为互联网大国，存在的一个重要优势就体现在数据领域，特别是数据量上。因此，在保护个人数据隐私的前提下进一步提高数据的利用效率是我国当前在数据收集阶段应当采取的重要原则，即一方面，需要规定对数据信息中涉及个人身份相关的信息必须经过清洗，从而解除对数据侵害个人权利的担忧；另一方面，为了鼓励数据的收集，在数据收集阶段对数据收集采取允许开放式获取的方式可能是最为有利的。

而在数据处理和分析阶段，建议参照商业秘密的保护路径对企业已收集的数据进行保护。原因有三个方面，第一，基于商业秘密的模式对尚处于数据处理和分析阶段的数据进行保护，是对当前实际情况的法律确认。该阶段企业一般不会对外公开正在进行处理、分析的数据信息，因此是否赋权给企业产生的激励效果和意义不大。第二，现阶段避免采取直接赋权的方式，是为了防止企业对数据的竞争性占有。如果该阶段就赋予企业以数据权，企业则会竞相抢先性地占有数据，而不是真正地利用数据。因此，为了鼓励更多的企业参与数据的开发处理，不应在该阶段就直接给予企业以数据权。第三，数据本身的可开发性是很强的，即便同一数据信息，根据使用方向和目的的不同也可以供不同的企业进行使用。综上所述，在数据的处理和分析阶段，对数据不应采取直接赋权的方式，而由企业通过商业秘密的方式进行保护是适当的。

而到了数据应用阶段，此时企业已经根据市场需要或者需求方的要求，对数据进行了清洗、分析、建模、可视化等操作，从而形成数据的衍生产品进入市场进行销售。此时建议对数据产品，赋予企业对数据产品的占有、使用、处分和收益权等完整的数据权利。原因在于，当数据产品已经进入交易市场后，表示企业已经对原始数据投入了大量人力和物力资源，从而具备了市场交易的价值。只有赋权给数据的处理者，才能鼓励企业投入资源对数据的开发利用。因此，在该阶段应该赋予企业以完整的数据权利。

在保护方式上，根据数据产品的差异，笔者认为，数据权的保护强度应当介于著作权和专利权保护模式之间。原因在于著作权仅保护表达，根据著作权法的规定，作为大数据载体的数据库，可以作为汇编作品受到保护。然而，如果对于数据权仅保护编排或表达形式，难以防止其他企业对数据产品进行表达方式上的变换和调整就规避了数据权的保护。而如果采取专利权的模式保护思想，又容易产生过强的垄断，影响数据的利用效率。因此，为了在鼓励数据产品的创造和避免数据利用的垄断之间取得平衡，对于数据权的保护水平也应当介于表达和思想之间。

此外，对于数据权还应当进行一定程度的限制。笔者认为至少应当遵循三个原则：第一，个人隐私保护原则。数据的利用前提就是要保障数据的清洁性，不能产生通过数据侵犯他人隐私的可能性。第二，数据的合理使用原则。对于以非营利、公益性为目的的数据利用，可以依据合理使用原则予以豁免。第三，数据的安全原则。数据进行跨境流动的成本是极低的，而有些数据类型，如基因、医疗等数据，涉及国家的重大利益，因此，对于部分数据的流动，应当建立相应的审查和控制机制，从而保障国家的数据安全。

第三节 区块链的发展与算法的可专利性

一、区块链产业的发展现状与趋势

区块链技术起源于 2008 年由化名为"中本聪"（Satoshi Nakamoto）的学者在"metzdowd. com"网站的密码学邮件列表中发表的奠基性论文《比特币：一种点对点电子现金系统》（Bitcoin：A Peer-to-Peer Electronic Cash System），目前尚未形成行业公认的关于区块链的定义。狭义来讲，区块链是一种按照时间顺序将数据区块以链条的方式组合成特定数据结构，并以密码学方式保证的不可篡改和不可伪造的去中心化共享总账，能够安全存储简单的、有先后关系的、能在系统内验证的数据。广义的区块链技术则是利用加密链式区块结构来验证与存储数据、利用分布式节点共识算法生成和更新数据、利用自动化脚本代码（智能合约）来编程和操作数据的一种全新的去中心化基础架构与分布式计算范式。从技术角度用一句话对区块链进行概括，即区块链技术是各类算法的集合。

区块链具有以下四个特点：一是开放透明；二是去中心化；三是防篡改；四是可追溯。因此，应用区块链技术能够降低交易成本，提高交易效率，优化诚信环境。

区块链技术及其相关产业正在全球迅猛发展。根据国际数据公司（IDC）统计，2017 年全球对区块链解决方案的支出达 9.45 亿美元，❶ 而有研究预计 2025 年全球区块链技术市场规模将达到 576.413 亿美元，2019~2025 年的年复合增长率为 69.4%。❷ 区块链技术从最初应用到加密货币、银行业和支付体系、网络安全行业，到逐步向供应链管理、预测分析、物联网、保险业、共享经济、版权业、云存储、慈善行业、政府治理、医疗业、社会福利、能源业、地产业等诸多行业发展，显示了区块链技术将带来的巨大变革。

我国区块链产业目前也处于高速发展阶段，创业者和资本不断涌入，企业数量快速增加（见图 6-1）。截至 2018 年年底，我国区块链产业相关企业数量已经到达 3074 家，总投资金额近 3000 亿元人民币，产业初步形成规模。从中国区块链产业的新增公司数量来看，2014 年该领域相关公司数量开始增多，到 2017 年新增公司数量显著提高，并在之后也保持了持续增加的态势。2017 年是区块链创业的高峰期，由于技术的不断成熟推广应用、加速普及，很多创业者涌入其中。

股权投资情况能够较好地反映社会资本对产业的关注和支持力度。从中国区块链产业投资数量和投资金额来看（见图 6-2），2016 年区块链开始成为投资的新热点，投资数量是 2015 年的 4 倍，投资金额是 2015 年的近 3 倍。之后，区块链相关的企业受到资本的持续关注与追捧，2018 年达到近几年区块链投资的高峰期。2018 年投资数量达到 635 起，投资金额超过 2000 亿元，均为之前年份加总之和的 2 倍。

---

❶　IDC：2018 年全球区块链解决方案支出将达 21 亿美元［EB/OL］.（2018-01-26）［2019-10-01］. https：//tech. qq. com/a/20180126/023458. htm.

❷　区块链 . ResearchAndMarkets：到 2025 年全球区块链市场规模将超过 576 亿美元［EB/OL］.（2019 - 09 - 03）［2019 - 10 - 01］. http：//www. 199it. com/archives/932848. html.

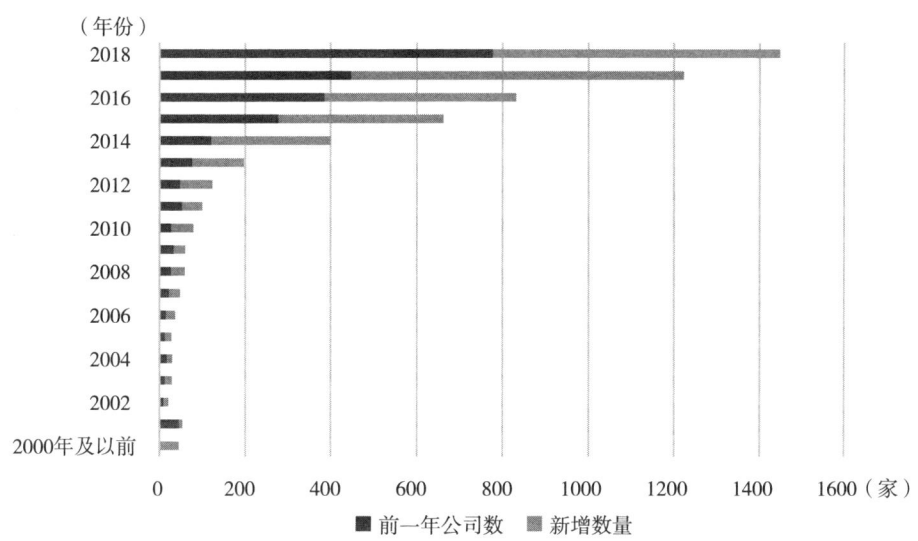

图 6-1　中国区块链产业相关公司数量变化趋势

数据来源：www.itjuzi.com.

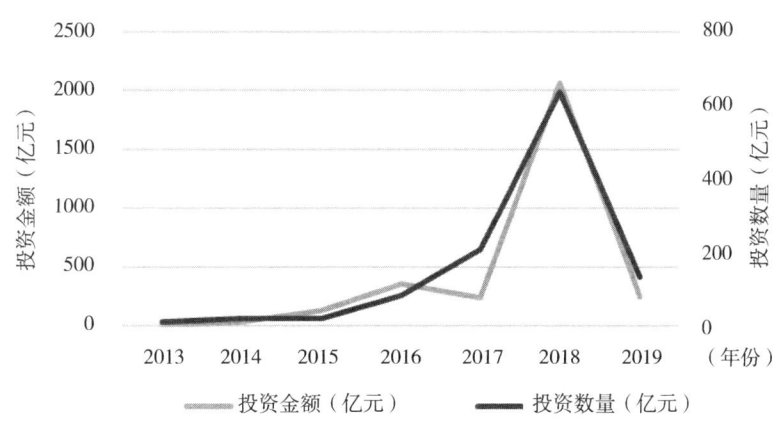

图 6-2　中国区块链产业投资数量与投资金额变动趋势

数据来源：网址：www.itjuzi.com.

在区块链产业的应用领域，区块链技术的研究与应用较早产生并运用于金融领域。由于区块链技术具有改变金融基础架构的能力，它将在供应链金融、贸易金融、征信、交易清算、积分共享、保险、证券等金融领域发挥巨大的作用。将区块链技术应用在金融行业中，能够省去第三方中介环节，有效降低交易成本，实现点对点的直接对接，提高交易效率。区块链技术与金融的互相融合，将创造出新的发展模式、应用场景、交易流程以及金融产品，从而对金融市场、金融机构及金融服务的提供方式产生变革性的影响。

随着区块链技术的发展，区块链已经开始应用于实体经济的诸多领域。例如，在商品可追溯性、版权保护和交易、电子证据存款、财务管理、精确营销、大数据交易、工业、能源、医疗、数字标识、物联网等典型场景中，区块链均已得到不同程度的应用等。

从当前区块链的发展和应用现状来看，未来区块链技术的发展将存在如下两方面的趋势。

第一，区块链将广泛应用于公共服务领域，带来社会管理与诚信体系的变革。区块链在公共服务领域具有广泛的应用前景。基于区块链技术的数据公开透明，需要多方确认达成共识，同时具有不可篡改、可回溯的特性，因而能够有效地保障数据的真实性。区块链技术的广泛应用，将加速"可信时代"的到来，引发政府管理形态和社会公信力的变革。例如，利用区块链的分布式账本技术确保记录的正确性和可靠性，提高政府工作效率，将在税收征缴、证件发行、知识产权保护等多个领域发挥重要作用。

第二，与实体经济深度融合，实现数字中国的建设目标。目前，区块链技术的应用场景已从金融领域向实体经济领域延伸，开拓了包括商品溯源、版权保护、电子政务、商品供应链等应用场景。区块链技术和实体经济的结合能够推动智能服务应用于国计民生领域，服务现代经济发展。可以预见，区块链技术与实体经济的深度融合将推动实体经济转型升级，引发商业模式变革，加快我国数字化进程。

为了推动区块链的发展，应对区块链发展过程中的潜在问题是目前阶段需要处理的重要问题。随着区块链技术的不断发展，区块链产业发展仍面临两类风险：一方面是合规性风险，例如，以比特币为代表的电子货币的合法性问题，运用区块链技术实现首次代币发行（ICO）是否可能被定性为非法集资、欺诈等；另一方面是技术性风险，例如，私钥和终端的安全，是否可能存在网络攻击的风险等。所以，夯实区块链产业发展基础，需要进一步对区块链技术进行全面、系统、科学的评估，厘清区块链技术的应用和政府监管的边界，使得政府能够有所为有所不为，从而不断完善区块链监管制度和标准体系，为区块链产业的发展创造良好的制度环境，为区块链深入服务经济发展提供有力的保障。

二、算法的可专利性问题

前面已经介绍了区块链技术的实质就是各种算法的集合。事实上，包括区块链在内的人工智能、互联网等众多前沿领域，算法均具有基础性的地位。上述技术在不同领域的具体应用，技术本身的突破与创新，均离不开算法的发展。而如何对算法进行保护、是否可以对算法授予专利权抑或其他权利，是目前存在争议的重要问题。而对这一问题的回答，对于进一步推动区块链、人工智能、互联网等第四次工业革命前沿领域的发展具有重要的现实意义。

算法通常是指对解题方案的准确而完整的描述，是一系列解决问题的清晰指令，代表着用系统的方法描述解决问题的策略机制。不同的算法可能用不同的时间、空间或效率来完成统一的任务。对算法进行评估主要可参考如下标准：正确性、可读性、健壮性（一个算法对不合理数据输入的反应能力和处理能力，也称为容错性）、有穷性（算法必须能在执行有限个步骤之后终止）、确切性（算法的每一步骤必须有确切的定义）、可行性（算法中执行的任何计算步骤都是可以被分解为基本的可执行的操作步骤，每个计算步骤都可以在有限时间内完成）。通过上述标准可以发现，算法实质上是一套数据处理和运算的规则。

对于算法可专利性的争议，主要集中在两方面的观点，一方观点支持算法的可专利性，认为将算法排除在专利保护客体之外的做法，会导致在硬件获得极大发展情况下软件的几乎永久性短缺。❶ 另一方观点则认为算法不具有可专利性，认为智力活动的次序与算法是同一事物。任何为算法建立专利制度，希望区分算法和智力活动步骤的尝试，最终只会陷入泥潭。此外，新增算法一般运行于给定的知识表示，因而具有合理效率的不同算法的数量往往是有限的，即便在存在无限数量新增算法的情形，如果知识表示是具体化的且只考虑有效率的算法的话，穷尽合理的算法也是非常有可能的。❷

从现有的关于算法专利的审查标准来看，根据我国《专利审查指南》（2010 版）第二部分第九章第二节的规定，如果一项权利要求除其主题名称之外，对其进行限定的全部内容仅仅涉及一种算法或者数学计算规则，或者程序本身，或者游戏的规则和方法等，则该权利要求实质上仅仅涉及智能活动的规则和方法，不属于专利保护的客体……如果一项权利要求在对其进行限定的全部内容中既包含智力活动的规则和方法的内容，又包含技术特征，例如，在对上述游戏装置等限定的内容中既包括游戏规则，又包括技术特征，则该权利要求就整体而言并不是一种智力活动的规则和方法，不应得依据《专利法》第 25 条排除其获得专利权的可能性。这一规定也与《专利法》第 2 条第 2 款对于发明的定义是一致的，即发明是指对产品、方法或者其改进所提出的新的技术方案。而技术方案是对要解决的技术问题所采取的利用了自然规律的技术手段的集合。技术手段通常是由技术特征来体现的。未采用技术手段解决技术问题，以获得符合自然规律的技术效果的方案，不属于《专利法》第 2 条第 2 款规定的客体。❸

从审查指南的规定可以看出，目前对于单纯的算法，被归属于智力规则而不具有可专利性。只有当算法和技术特征相结合的情况下，算法才具有获得专利权的可能性。这样规定的主要原因包括两个方面：第一，自然规律、自然现象和抽象概念是人类智慧的基础单位和科学、技术工作的基

---

❶ Chisum D S. The patentability of algorithms [J]. U. Pitt. L. Rev., 1985 (47): 959-1022.

❷ Newell A. Response: The models are broken, the models are broken [J]. U. Pitt. L. Rev., 1985 (47): 1023-1036.

❸ 参见《专利审查指南》（2010 版）第二部分第一章第二节。

本工具，对这些"基本工具"赋予垄断性权利将会阻碍创新，不利于专利制度目的的实现。第二，为了避免发现的基本工具被垄断，对于以算法为代表的自然规律、自然现象和抽象概念不能获得专利保护。

现有对于算法不可专利性的规定是具有合理性的，算法作为实现某一项具体目标和功能的工具，如果对这样一项工具授予专利权，即便可能同时存在实现相同目标的其他工具，但可能该算法是最具有效率的，赋予其垄断权利依然会大幅提高社会的整体成本。但是当算法同具体技术问题相结合，从而产生某一具体的技术效果时，则可以授予相应的方法专利，因为在这样的情况下，不会产生对于算法本身的垄断性占有。

那么，对于算法本身采取不可专利性是否也意味着算法不采取任何其他保护措施而任由其进入公有领域呢？前面已经阐述了算法的重要价值。作为包括区块链、人工智能技术的核心，只有算法取得重大突破才能真正意义推动上述新技术领域的发展。不论是从企业还是国家的角度，是否具有领先的核心基础算法对于未来的竞争都是非常重要的。而算法领域的创新并非易事，如果算法能够被轻易地获取并复制模仿，显然也不利于鼓励企业对算法创新的投入。因此，对于算法也不能简单地将其置于公有领域，笔者认为，通过商业秘密的模式对算法进行保护可能是较为适当的保护方式，即鼓励企业和研究机构采用规范化的保密措施，强化对算法的保护，从而实现对算法的保护。

第四节　人工智能的发展及其创作物的可知识产权性

一、人工智能技术和产业的发展现状及趋势

人工智能是一门利用计算机模拟人类智能行为科学的统称，它涵盖了训练计算机使其能够完成自主学习、判断、决策等人类行为的范畴。❶

---

❶　中国人工智能学会，罗兰贝格管理咨询公司 . 中国人工智能创新应用白皮书［R/OL］.（2017-11-01）［2019-10-02］. http：//www.caai.cn/index.php？s＝/home/article/detail/id/433.html.

自 1956 年人工智能概念提出以来，人工智能的发展经历了三个阶段。第一个阶段是 1956~1980 年，人工智能的诞生。1959 年阿瑟·塞缪尔（Arthur Samuel）提出了机器学习（Machine Learning），推动人工智能进入第一个发展高潮期。20 世纪 70 年代末期出现了依托知识积累构建模型的专家系统（ES），标志着人工智能从理论研究走向了实际应用。第二个阶段是 1980~2000 年，人工智能步入产业化。80~90 年代，通过机器学习使计算机能够自动解析数据、从中学习，然后对真实世界中的事件做出决策与预测。目前多数人工智能应用落地，都是通过对现实问题抽象成相应的数学模型，分解为分类、回归和聚类三类基本任务进行有机组合，并对其进行建模求解的过程。在此期间，人工智能相关的数学模型取得了一系列重大突破，如多层神经网络（multi-layer neural network）和反向传播（backpropagation）算法出现，提高了自动识别的精确度，人工智能进入第二个发展高潮期。第三个阶段是从 2000 年至今，人工智能迎来爆发。当前人工智能正处于第三个发展高潮期，2006 年杰弗里·辛顿（Geoffrey Hinton）和鲁斯兰·萨拉赫丁诺夫（Ruslan Salakhutdinov）在《科学》（Science）上提出了基于深度信念网络可使用非监督学习的训练算法，❶ 使得深度学习（Deep Learning）在学术界持续升温，极大地发展了人工神经网络算法，提高了机器学习的能力，提升了人工智能应用的准确性。

深度学习全称深度神经网络，本质上是多层次的人工神经网络算法，即从结构上模拟人脑的运行机制，从最基本的单元上模拟了人类大脑的运行机制。目前随着深度学习算法工程化实现效率的提升和成本的逐渐降低，一些基础应用技术逐渐成熟，如智能语音、自然语言处理和计算机视觉等，并形成相应的产业化能力和实现各种成熟的商业化落地。同时，业界也开始探索深度学习在艺术创作、路径优化、生物信息学相关技术中的实现与应用，并已经取得了瞩目的成果。但深度学习算法目前并不完美，首先深度学习模型离开训练使用的场景数据，其实际效果就会降低。其

---

❶ Hinton G E, Salakhutdinov R R. Reducing the dimensionality of data with neural networks [J]. Science, 2006, 313 (5786)：504-507.

次，深度学习计算过程为黑盒操作，模型计算及调试的执行规则及特征选取由机器自行操作，目前尚无完备的理论对模型选取及模型本身做出合理解释。近年来，也有很多新的算法理论成果被提出，如胶囊网络、生成对抗网络、迁移学习等。《人工智能发展白皮书——技术架构篇（2018年）》指出，迁移学习侧重对深度学习中知识迁移、参数迁移等技术的研究，能够有效提升深度学习模型的复用性，并对深度学习算法模型可靠性及不可解释性问题提供理论工具，因此，未来迁移学习的研究及应用将成为重要方向。❶

从人工智能的发展历程来看，算法依然是人工智能的基础与核心，前面已经阐述了算法本身是不具有可专利性的，然而，当算法与具体的技术问题相结合从而具体应用到某一技术领域时，是可以授予相应的专利的。而人工智能专利即是以算法为基础，在具体的视觉、语音、自然语言等应用领域实现某一技术效果的技术方案。《2018 年世界人工智能产业发展蓝皮书》显示，对比全球各国人工智能专利数量，中国、美国和日本专利申请数量领先，中国已超过美国成为人工智能领域专利申请量最高的国家。中、美、日三国专利申请总量占全球人工智能专利的 75%。中国人工智能专利申请主要来自北京、广东、江苏、上海和浙江 5 个省市。其中北京市申请和授权的人工智能专利数量超过 1 万件。❷

2019 年 6 月英国知识产权局发布了人工智能专利分析报告，分析了全球人工智能专利发展的态势。❸ 从人工智能专利受理数量来看，1998 ~ 2017 年，美国、中国、日本、欧洲专利局、韩国知识产权局位居前五，美国的受理数接近 5 万件，中国则为 4.1 万件左右，中美两国遥遥领先其他

❶　中国信息通信研究院 . 人工智能发展白皮书 技术架构篇（2018 年）［R/OL］.（2018-09-01）［2019-10-02］. http：//www. 199it. com/archives/774998. html.

❷　Gartner, 中国信息通信研究院 . 2018 世界人工智能产业发展蓝皮书［R/OL］.（2018-09-17）［2019-10-02］. https：//www. sohu. com/a/254813127_ 468714.

❸　UK IPO. Artificial Intelligence - a worldwide overview of AI patents［R/OL］.（2019-06-01）　［2019-10-02］. https：//assets. publishing. service. gov. uk/government/uploads/system/uploads/attachment_ data/file/817610/Artificial_ Intelligence_ -_ A_ worldwide_ overview_ of_ AI_ patents. pdf.

国家。从人工智能专利家族申请人的角度来看，我国的国家电网有限公司、中国科学院、西安电子科技大学、浙江大学、东南大学等企业和研究机构位居申请量的前列。从人工智能技术分支的专利活动增长趋势来看，人工智能的所有技术分支在过去 20 年，特别是在过去 5 年里都出现了较快增长，按照数量排序，分别是机器学习、神经网络、仿生技术、分类技术、模糊逻辑、监督学习、规则学习、无监督学习。其中，机器学习和神经网络的专利家族数量大幅领先其他技术分支。

随着人工智能理论与技术的不断发展和日益成熟，部分技术逐步进入产业化阶段，从而带动人工智能产业的兴起，大量人工智能企业开始涌现。

在人工智能企业数量上，根据《全球人工智能产业数据报告》，❶ 截至 2019 年 3 月底全球活跃人工智能企业达到 5386 家，其中美国 2169 家，中国 1189 家（不含港澳台地区），英国 404 家，加拿大 303 家，印度 169 家，位列全球前五。从企业成立时间来看，全球人工智能企业的创业潮集中在 2014~2016 年，不论是全球范围还是中国，2015 年新增人工智能企业数量都是最多的，其中全球新成立的人工智能企业数量达到 847 家，而中国有 238 家。全球人工智能企业数量排名前 20 的城市中，中国占 4 个，美国占 10 个，加拿大占 3 个，英国、印度和以色列各占 1 个。此外，全球人工智能企业数量排名前 5 的城市分别是北京（468）、旧金山（328）、伦敦（290）、上海（233）、纽约（207）。从人工智能行业投资和产业规模情况来看，2017 年全球人工智能投融资总规模达到 396 亿美元，融资事件 1208 笔，其中中国的投融资总额达到 277.1 亿美元，融资事件 369 笔。中国的人工智能融资总额占到全球总量的 70%，融资笔数的 31%。2017 年中国人工智能市场规模达到 237.4 亿元，相比 2016 年增长 67%。❷

---

❶ 中国信息通信研究院. 全球人工智能产业数据报告［R/OL］.（2019-04-01）［2019-10-02］. https：//www. useit. com. cn/thread-23446-1-1. html.

❷ 清华大学中国科技政策研究中心. 中国人工智能发展报告 2018［R/OL］.（2018-07-01）［2019-10-02］. http：//www. cbdio. com/BigData/2018-07/17/content_5767419. htm.

从人工智能产业的主要发展领域来看，人工智能现有的主要产业应用技术包括语音类技术（语音识别、语音合成等）、视觉类技术（生物识别、图像识别、视频识别等）和自然语言处理类技术（机器翻译、文本挖掘、情感分析等）。相比国外，中国人工智能企业的应用技术更集中于视觉和语音，而基础硬件占比较小。其中中国以生物识别、图像识别、视频识别等技术为核心的计算机视觉市场规模最大，占比 34.9%，达到 82.8 亿元。❶ 人工智能相对成熟的产品主要集中在安防监控设备等局部细分领域，智能扫地机器人、智能音箱、机器翻译机等产品普遍存在覆盖范围小、使用群体少、智能化水平偏低等问题。❷ 而且，人工智能与传统产业的融合尚存在很大的发展空间。

人工智能技术在未来有着广阔的产业应用前景和可观的价值增益。据《中国人工智能创新应用白皮书》估计，❸ 至 2030 年，人工智能将在中国产生 10 万亿元的产业带动效益。其中，人工智能带来最大影响的传统产业将会是金融、汽车、零售和医疗。在金融行业，通过人工智能技术在风险控制、资产配置、智能投资顾问等方向的应用，预计人工智能将带来约 6000 亿元的降本增益效益。在汽车行业，人工智能在自动驾驶上的技术突破将带来约 5000 亿元的价值增益。在医疗行业，通过人工智能技术在药物研发领域提高成功率、在医疗服务机构内提供疾病诊断辅助、疾病监护辅助等提高服务效率的应用，预计人工智能可以带来约 4000 亿元的降本价值。在零售行业，人工智能在推荐系统上的运用将提高在线销售的销量表现，同时更加精准的市场预测将降低库存成本，预计人工智能技术将带

---

❶　清华大学中国科技政策研究中心．中国人工智能发展报告 2018 ［R/OL］．（2018-07-01）［2019-10-02］．http：//www. cbdio. com/BigData/2018-07/17/content_5767419. htm.

❷　中国信息通信研究院，中国人工智能产业发展联盟．人工智能发展白皮书——产业应用篇（2018 年）［R/OL］．（2018-12-01）［2019-10-02］．http：//security. asmag. com. cn/news/201812/97117. html.

❸　中国人工智能学会，罗兰贝格管理咨询公司．中国人工智能创新应用白皮书［R/OL］．（2017-11-01）［2019-10-02］．http：//www. caai. cn/index. php？s＝/home/article/detail/id/433. html.

来约 4200 亿元的降本与增益价值。

因此，是否能够把握住人工智能发展的现在与未来，决定了一国未来经济社会发展的前景。人工智能作为新技术、新事物，在发展过程中同样面临不断出现的包括与知识产权相关的新问题。在推动人工智能的创新发展过程中，如何通过法律和政策手段为人工智能的发展保驾护航，是需要进一步深入研究的问题。

二、人工智能创作物的可知识产权性

随着人工智能以机器学习，特别是深度学习为核心，通过与算法、大数据和算力等方面的共同发展，使得人工智能在诸多传统上只能由人力来完成的视觉、语音、自然语言等应用领域逐步发挥了替代人力的作用，从而出现了由人工智能参与创造的发明和作品。那么，对于人工智能创造的发明技术是否具有可专利性？由人工智能创作的作品是否可以授予相应的著作权？

首先来探讨人工智能创造的发明成果是否具有可专利性？根据我国专利法的规定，对于发明的可专利性需要从是否满足实用性、新颖性和创造性三个方面的构成要件进行判断。因此，首先从人工智能创作的发明申请专利是否满足实用性、新颖性和创造性的标准进行判断。

从实用性的角度来说，人工智能如何实现算法与所应用领域、所解决问题的"连接"，是判断其是否具有专利法所要求的"实用性"的关键。从这个角度来说，人工智能创造的发明技术成果，只要能够投入产业应用，从而解决某个现实问题，一般就可以理解为是符合实用性的标准的。

从新颖性的角度来说，人工智能基于其数据处理和运算的超强能力，可以轻易地实现对现存专利的权利要求的具体表述方式通过基于同义词、反义词、下位词等的替换和重组，从而创造出无数至少从形式上满足新颖性的新权利要求。进一步地，随着人工智能技术的发展，人工智能可能可以实现通过对现有专利文本的分析，总结和归纳其中的规律模式，从而实现新的发明的创造。1946 年苏联发明家阿奇舒勒（G.S.Altshuller）创立的萃智（TRIZ）理论便是通过对已有发明创造的分析，找到其中的规律模式，从而实现创新开发。阿奇舒勒发现任何领域的产品改进、技术的变革、创新和生物系统一样，都存在产生、生长、成熟、衰老、灭亡，是有规律可循的。人们如果掌握了这些规律，就能能动地进行产品设计并能预测产品的未来趋势。在他的领导下，苏联的研究机构、大学、企业组成研究团体，分析了世界近 250 万份高水平的发明专利，总结出各种技术发展进化遵循的规律模式，建立一个由解决技术，实现创新开发的各种方法、算法组成的综合理论体系，即萃智理论体系。现有的萃智理论还主要基于人的分析，而如果随着人工智能的发展，由机器运用萃智理论实现新的发明创造，此时创造出来的发明专利，显然也是符合新颖性要求的。

从上述两类获得新颖性的方式来看，前一种由于是对已有专利的权利特征描述的替代性表达，实质上不符合新颖性的要求，因此通过实质审查就能够发现该专利申请并不符合新颖性的要求。然而，对于利用萃智理论获得的发明创造，则从形式上和实质上是符合专利新颖性要求的。如果承认这一类专利申请的新颖性，由于通过人工智能萃取新专利的效率高、成本低，可能会助长利用人工智能从现有专利和技术文献中通过数据挖掘的方式获取新专利的投机行为。

此外，依据人工智能超强的计算能力，人工智能有可能在取得一项专利权的同时，披露相关技术要素所有可能的其他用途，使尚未被发现的同类技术方案丧失新颖性，从而取得比一般专利权强大得多的垄断权。❶

从创造性的角度来说，在现阶段以及一定期限可预测的未来，我们尚处于弱人工智能阶段，人工智能的创造根源还是来源于人类的指令，或者至少是目标的设定。人工智能的优势主要表现在对现有技术的强大收集、整理和分析能力。因此，单纯通过人工智能创造的专利从实质上来说，还是很难符合真正意义上的创造性要求。

综上，对于人工智能创造的发明，笔者认为还是应当采取审慎立场。对于人工智能只是起到对人类发明创造的辅助作用的发明，在符合创新

❶　李宗辉 . 人工智能专利授权的理论争议与实践发展 ［J］. 河南财经政法大学学报，2018（6）：18.

性、实用性和新颖性标准的基础上，授予该类发明以专利权，从理论到实践是没有什么争议的。而对于纯粹的人工智能创造的发明，如果符合"三性"标准，也无证据显示该发明是由人工智能完成，虽然可能会助长投机行为和垄断现象的产生，但依然只能正常赋予专利权。我们可以做的，是在专利审查实践中不断总结规律和经验，识别发明专利的创造来源。专利审查机构实际上也可以利用人工智能技术来辅助发明专利创造来源的判断。如果可以识别专利是由人工智能完成的，则不赋予专利权；如果无法判断人工智能在发明创造中所发挥的作用，则只能依据一般的审查标准对可专利性进行审查。这样既是对客观现实的妥协，也可以激励人工智能技术的不断发展。

对于人工智能生成内容是否可赋予著作权，由于现阶段人工智能生成的内容本质上仍然属于执行既定流程和方法的结果，人工智能创作物尚不符合独创性要求。对于人工智能生成的内容而言，即使在表现形式上与人类创作的作品几无差别，如机器人生成的人像素描和财经报道等，但由于是应用算法、规则和模板的结果，其生成过程没有给人工智能留下发挥其"聪明才智"的空间，不具有个性特征，该内容并不符合独创性的要求，因此不能构成作品。

日本政府设立的"知识产权战略本部"在一份报告中指出"一般认为，人工智能自动生成的内容不属于著作权的客体"，其原因就在于"人工智能自动产生的创作物（类似作品的信息），并非（日本）《著作权法》第2条第1项规定的'表现思想或者情感的作品'，也就根本不存在对其享有的著作权"。❶ 澳大利亚司法部下设的"澳大利亚版权审议委员会"曾在有关计算机软件版权保护的报告草案中建议澳大利亚《版权法》增加"计算机生成的作品（computer-generated work）"的作品类别，但遭到了澳大利亚版权委员会的反对，理由之一正是此类内容无法达到独创性的要求。澳大利亚版权审议委员会接受了该观点，在其发布的最终报告中，不

---

❶ 知的财产战略本部. 知的财产推进计画 2016［R/OL］.（2016-05-01）［2019-10-02］. http：//www. Kantei. go. jp/jp/singi/titeki2/kettei/chizaikeikaku20160509. pdf.

再建议将诸如由报告撰写程序（类似于前文提及的自动新闻写作程序）生成的内容作为作品保护，而是建议创设邻接权的客体以提供保护，其用语也从"计算机生成的作品"改为"计算机生成的内容（computer-generated material）"。❶

因此，人工智能生成的作品不符合著作权法意义上作品的独创性要求，不应当对人工智能生成作品授予著作权。当然，同人工智能创造的发明类似，单从外观上，人类创作的作品和人工智能创作的作品可能无法简单地进行区分。因此，虽然不应当对人工智能创造的作品赋予著作权，但是当没有证据证明该作品是由人工智能创作时，还是应当依据一般的作品判断规则赋予作品相应的著作权。

三、人工智能生成物的归属

人工智能创作物主要包括发明和作品两类，前面已经提出，在没有证据表明发明和作品是完全由人工智能独立完成的前提下，在满足可授予专利权和著作权的前提下，可对作品赋予相应的知识产权。然而，创造知识产权的目的在于运用，而对于人工智能创作物的知识产权归属的分配，直接关系到是否能够实现对知识产权资源的有效利用。因此，如何判定人工智能创作物的知识产权归属便是需要考虑的重要问题。

对于人工智能产生的发明，对其归属一般有两个选择，一个是将专利权赋予人工智能本身，另一个是将专利权赋予人工智能的拥有者。在我国现行的民法框架下，只有自然人才能成为权利主体。人工智能显然不符合权利主体必须是自然人的要求，虽然在 2017 年 10 月 25 日，在沙特首都利雅得的"未来投资倡议"大会上，人工智能索菲亚（Sophia）首次被沙特授予公民身份，但目前这一现象更多的还属于象征意义，不具有普遍性。此外，不需要将专利权归属于人工智能的最重要原因在于，专利权设立的

---

❶　Copyright Law Review Committee. Computer software protection ［R］. Office of Legal Information and Publishing, Attorney-General's Department, 1995.

目的在于激励发明创造，人工智能属于没有情感、没有需求的机器程序，不需要通过专利权对其发明创造进行激励，因而，专利权归属于人工智能既不具有可行性，也不具有必要性。

在现阶段以及可展望的未来，我们将长期处于"弱人工智能"阶段，人工智能更多的还是体现在工具性的使用阶段。人工智能能够进入实际应用阶段，离不开算法的设计者、数据的提供者、应用的操作者等多方主体，更离不开大量的技术和资金支持。因此，实际上真正能够应用人工智能进行发明创造的，主要是具有综合各方面资源能力的企业和研究机构，特别是直接参与市场活动的企业主体，将专利权赋予企业能够激励企业进一步增加研发投入，因此，将人工智能创造的发明技术的专利权赋予人工智能的拥有者才是最符合激励理论的权利配置方式。

而对于人工智能作品的归属，前面已经提到，虽然人工智能生成的作品不满足创造性的要求而不应赋予著作权，但是现实情况下，我们越来越难以直观地从外观判断某一作品是否是由人工智能创作的，在这种情况下，则只能视其为普通作品，推定其受到著作权法的保护。那么，应当将人工智能创作的作品的著作权赋予人工智能的创造者还是使用者呢？

笔者认为在人工智能还处于弱人工智能阶段时，由于人工智能创作实质上是基于一套算法、程序指令产生的结果，不同的用户输入相同的命令，产生的结果是一致的，将人工智能创作的作品的著作权赋予人工智能的使用者，则会产生大量内容一致的作品，对这些作品均赋予著作权极易产生后续的纠纷。因此，将人工智能创作作品的著作权赋予人工智能的创造者是更为合适的。

当人工智能通过深度学习等技术的演变和进步，逐渐发展到具有自主学习能力阶段后，笔者认为可以将人工智能创作物的著作权赋予人工智能的使用者，此时人工智能就是一种类似于摄像机、照相机一类的工具。通过将著作权赋予人工智能的使用者，可以激励使用者对人工智能的利用进而创作更多的作品。

第五节　电子商务的发展与商业方法的可专利性

一、电子商务的发展及其与大数据的关系

电子商务（E-commerce）是指通过互联网等信息网络销售商品或者提供服务的经营活动，是传统商业活动各环节的电子化、网络化。电子商务活动涉及电子货币交换、供应链管理、电子交易市场、网络营销、在线事务处理、电子数据交换（EDI）、存货管理和自动数据收集系统等。在经营模式上，目前电子商务主要有以下五种形式：B2B（Business to Business）、B2C（Business to Consumer）、C2B（Consumer to Business）、C2C（Consumer to Consumer）、O2O（Online to Offline）。

2013年，中国的电子商务交易规模突破10万亿元人民币，首次超越美国成为全球电子商务交易规模最大的国家。● 国家统计局数据显示（见图6-3），虽然2014年之后中国电子商务交易额增长率逐渐下降，但交易规模仍在持续扩大，交易规模稳居全球网络零售市场首位。2018年，全国电子商务交易额达到31.63万亿元，同比增长8.5%。

电子商务的蓬勃发展也与大数据的运用具有紧密的关联。一方面，电子商务为大数据的发展和运用提供了数据基础；另一方面，大数据的分析进一步助推了电子商务的发展。2011~2016年，全球大数据分析市场呈现出逐年攀升的趋势，与此同时，全球电子商务客户数以及人均销售额也实现持续增长（见表6-1）。在一项对美国商业管理者的调查问卷中，关于大数据分析对于美国经济发展的贡献的问题，其中79%的受访者认为大数据可以通过更好的满足客户需求来提升整体业务价值，76%的受访者认为大数据分析可以增加销售额和收益，72%的受访者认为大数据能够帮助企业拓展新市场，70%的受访者认为大数据可以创造新产品和服务，61%的受访者认为大数

● 中国电子商务发展史话（一）［EB/OL］.（2016-07-31）［2019-10-2］. https://www.sohu.com/a/108401710_ 115035.

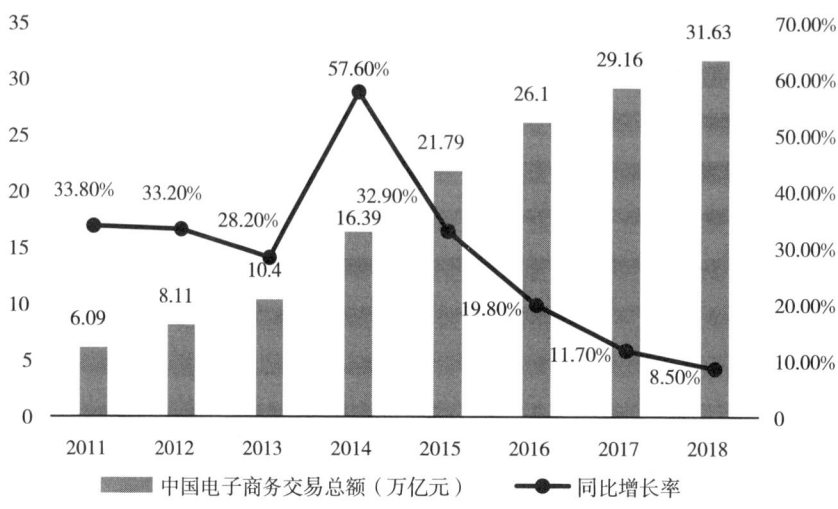

图 6-3　2011~2018 年中国电子商务交易总额

数据来源：国家统计局。

据可以增加工作机会。❶ 在线零售商巨头亚马逊（Amazon）就是利用大数据提升商业价值和公司绩效的典型例子。亚马逊运用平台数据（包括亚马逊搜索引擎）进行大数据分析使销售额提高约 30%。❷

表 6-1　全球电子商务和大数据增长情况

年份	全球电子商务客户数量增长数量（百万）	全球人均电子商务销售额增长量（美元）	全球大数据分析市场增长量（10 亿）
2011	792.6	1162	7.3

---

❶ Columbus, L. Making analytics accountable：56% of executives expect analytics to contribute to 10 % or more growth in 2014 ［EB/OL］. （2014-12-10）［2019-10-02］. http：//www. forbes. com/sites/louiscolumbus/2014/12/10/making-analytics-accountable-56-of-executives-expect-analytics-to-contribute-to-10-or-more-growth-in-2014/# 761c65a95b56.

❷ The Economist. Building with big data：The data revolution is changing the landscape of business ［EB/OL］. （2011-05-26）［2019-10-02］. http：//www. economist. com/ node/18741392.

续表

年份	全球电子商务客户数量增长数量（百万）	全球人均电子商务销售额增长量（美元）	全球大数据分析市场增长量（10亿）
2012	903.6	1243	11.8
2013	1015.8	1318	18.6
2014	1124.3	1399	28.5
2015	1228.5	1459	38.4
2016	1321.4	1513	45.3

数据来源：E-Marketer（2013）❶和 Piatetsky（2014）❷。

　　具体地，大数据分析能够在以下几个方面助推电子商务的发展：
（1）提供个性化服务。电商平台利用大数据为每个消费者提供个性化服务和定制产品。（2）制定动态定价策略。例如，亚马逊的动态定价系统实施监控竞争者的价格，每15秒向亚马逊平台提醒一次，然后进行价格调整，这一定价策略使平台销售额增长35%。（3）改善客户服务质量。例如，平台可以通过收集客户反馈以及投诉信息及时做出回应并迅速提出解决方案，一些公司通过在产品中植入传感器来获得大数据，当检测到故障发生时及时主动地提供售后维护。（4）实现商品供应过程的可视化。通过大数据，客户能够实时查看其订单进度及物流情况。（5）维护电子商务安全。平台可以利用大数据来识别与客户信用卡和身份盗用相关的欺诈行为。（6）预测分析。通过对历史数据的分析来预测未来的销售情况，帮助企业更好地确定库存需求，从而避免产品缺货和客户流失。❸

　　电子商务未来的发展趋势是对于大数据的深度运用，而能否科学有

---

　　❶　eMarketer. Advertisers boost social ad budgets in 2013［EB/OL］.（2013-02-25）［2019-10-02］. http：//www. emarketer. com/Article/Advertisers-Boost-Social-Ad-Budgets2013/1009688.

　　❷　Piatetsky，G. Big data market to reach ＄50 billion by 2018［EB/OL］.（2014-02-11）［2019-10-02］. http：//www. kdnuggets. com/2014/02/wikibon-big-data-market-to-reach-50-billion-by-2018. html.

　　❸　Akter S，Wamba S F. Big data analytics in E-commerce：a systematic review and agenda for future research［J］. Electronic Markets，2016，26（2）：173-194.

效、创造性地对数据信息进行合理的处理和运用，并在商业模式上不断创新，决定了企业在电子商务、互联网等新技术领域的发展成败。以"电商黑马"拼多多为例，拼多多以折扣和拼团等营销模式，精准定位低消人群，以低价策略迅速抢占三线电商市场，并于2018年7月26日于美交所上市。因此，电子商务未来的竞争，将是以数据为基础的商业方法创新的竞争。

二、商业方法的可专利性

商业方法作为电子商务领域企业竞争的重要手段，是否可以作为方法专利进行保护，从而鼓励企业在商业方法方面的创新，是存在争议的重要问题。

在我国专利法中，对于发明的定义是指对产品、方法或者其改进所提出的新的技术方案。美国专利法也规定，方法（process）一词系指方法（process）、技艺（art）或制法（method），并包括对已知的方法、机器、制造品、合成物或材料的新的利用。❶ 因此，方法是具有可专利性的客体。那么，商业方法是否也具有可专利性呢？

首先探讨商业方法的定义。有学者认为，商业方法是人们从事商业活动的一般规则和方法，是人们在社会经济活动中总结出来的、符合经济发展规律，并为社会所接受且普遍使用的商业活动基本规则和实现方式，是人类智力劳动的结果。❷ 还有学者认为，商业方法主要体现为对信息的处理，在处理过程中可能利用到如以计算机为代表的物理手段。根据处理信息的过程中是否利用物理手段，商业方法可以分为需要计算机或者其他物理技术手段的参与来实施的商业方法，以及不需要计算机或者其他物理技术手段参与实施的商业方法，即通常所称的纯粹的商业方法。❸ 美国专利

---

❶ 参见 The Patent Act, 35 U. S. C. § 100（b）。

❷ 黄毅，尹龙.商业方法专利［M］.北京：中国金融出版社，2004：30.

❸ 李晓秋.析商业方法的可专利性［J］.政法论坛：中国政法大学学报，2011，29（2）：150-160.

商标局（The United States Patent and Trademark Office，USPTO）于 2000 年 3 月 29 日颁布的《自动化商业方法专利白皮书》中将商业方法专利正式归在 705 分类码下面新创设的专利分类，并将其定义为：装置及对应的方法，用于商业运作、行政、企业管理或财务资料报表的产生，其能使资料在经过处理后有显著的改变或完成运算操作，装置及对应的方法，用于货物或服务之提供改变时的资料处理或运算操作。从上述对商业方法的不同认识来看，对于商业方法尚没有统一的定义。因此，对于商业方法这样难以准确地确定内涵和外延的概念来说，可专利性的判断也难有统一的标准。事实上，对于商业方法的可专利性判断标准，是随着经济环境的发展不断演进变化的。下面以在方法的可专利性判断上有着长期历史实践的美国为例，对美国关于方法可专利性判断标准的演进进行分析。

美国对于方法可专利性的判断，最早采用的是"机器—转化"标准。在 1877 年 Cochrane v. Deener 案中，❶ 法官认为，方法是作用在行为对象上的一个行为或一系列行为，目的就是要改变行为对象的状态或者将行为对象转化成其他不同的事物。"机器—转化"标准要求申请人应当要么证明其权利要求必须与特定的机器设备相结合，要么证明其权利要求能够完成物品的特定转化；并且特定机器的运用或者物品的特定转化应当是必不可少的。"机器—转化"标准发端于工业革命时代，机械工业和化工工业是当时的主要产业，与商业方法相关的产业力量极为弱小，也缺乏对商业方法专利的诉求。因此，"机器—转化"标准是符合当时美国产业发展需要的。

在 1908 年发生的 Hotel Security Checking Co. V. Lorraine Co. 案❷原、被告两公司对"现金记录与账户检查方法和措施是否应当受到专利法的保护"这一问题发生争议。上诉法院在审理时认为发生争议的系统不具有"新颖性"而不予以专利保护。法院在该案的附带意见中指出："该现金记录与账户检查方法"仅是一个抽象的概念，交易系统与该系统的执行方法

---

❶　Cochrane v. Deener, 94 US 780, 788（1877）.

❷　Hotel Security Checking Co v Lorraine Co, 160 F 467（2d Cir 1908）.

没有必然联系。法院只会在有一物理性结构能够表明该系统与实际的文字材料具有功能性联系的时候才会有可能同意该主题具有可专利性，从而提出了数学算法和商业方法除外原则，使得从该案之后，商业方法原则上不再授予专利权。

商业方法除外原则一直持续到 20 世纪末期，1993 年，签记金融集团（Signature Financial Group，Inc）获得了一项用来管理金融服务信息的数据处理系统的专利授权。起初，美国马萨诸塞州联邦地方法院根据"数学算法除外原则"和"商业方法除外原则"作出判决，认为该专利申请实质上是包含商业方法的专利，不具有可专利性。作为专利案件集中上诉的法院，美国专利上诉法院（the United States Court of Appeals for the Federal Circuit，CAFC）在受理专利权人签记金融集团上诉时认为："对将通过数学运算计算出的分散金额数据表示，变换为最终分配价格的变换形式提出权利要求的装置，是一种数学算法/公式和计算机的实际应用。因为其产生了有用、具体和有形的结果（useful，concrete and tangible result）而应能得到专利保护"，从而产生了对于商业方法的"实用、具体和有形结果"可专利性判断标准。通过该案，美国法院在判例实践上肯定了商业方法的可专利性。从根本上改变了美国长期以来否定商业方法可专利性的态度。美国的实务界也因此兴起了一股商业方法专利申请的热潮。对商业方法可专利性的肯定应当是与当时美国互联网经济蓬勃发展的背景息息相关的，在产业发展的诉求下，司法领域开始对商业方法的可专利性采取较为宽松的标准。

然而，在 2007 年 Bernard L. Bilski v. Rand A. Warsaw 案中，❶ 对商业方法可专利的判断再次转向了"机器—转化"标准。该案涉及的是一项"能源风险管理方法"的专利。对于该专利申请，审查员和专利复审委员会均认为，该发明仅涉及非物质性的金融和法律风险转换，并非一种物质向另

---

❶ UNITED STATES COURT OF APPEALS FOR THE FEDERAL CIRCUIT. IN RE BERNARD L. BILSKI and RAND A. WARSAW［EB/OL］.（2008－04－03）［2019－10－02］. https：//www. aclu. org/sites/default/files/pdfs/freespeech/in_ re_ bilski_ aclu_ amicus. pdf.

一种物质的转换，所以该专利申请不属于美国专利法中规定的法定专利客体。此案后来上诉至美国联邦巡回上诉法院，最终依然坚持采用了"机器—转化"标准。对于该案，上诉法院的9位大法官对于该商业方法的可专利性产生了分歧，其中6位大法官赞同采用"机器—转化"标准，另外3位大法官则认为可授予专利权的方法可以是任何方法，包括抽象概念。

此后，随着2014年6月19日美国联邦最高法院对Alice Corp. Pty. Ltd. v. CLS Bank Int'l一案做出判决，❶6月25日美国专利商标局发布《基于联邦最高法院Alice Corporation Pty. Ltd. v. CLS Bank International，et al. 判决的初步审查指南》。美国对于商业方法可专利性的判断标准再次发生变化。Alice案中涉及的商业方法可专利性的争议集中在一项利用计算机实施的减少结算风险的方案，即通过设置一个第三方支付中介从而保障交易双方的履约。❷美国哥伦比亚特区联邦地区法院首先审理了该案，法官根据"实用、具体和有形结果"标准对上述商业方法进行审查，认为该权利要求指向的是一项利用中立的第三方媒介辅助交易双方履约的抽象概念，不具有"有形性"，因此无法对其授予专利权。随后此案上诉到专利上诉法院，但上诉法院依然维持了上述判决。最后该案上诉到美国联邦最高法院，最高法院首先判定该案权利要求保护的是"第三方结算"这一抽象概念，然后认为该方法仅仅涉及一般的计算机应用，因此该涉及抽象概念的方法无法转化为具有可专利性的发明。

在以该案为基础，由美国专利商标局发布的审查指南中，要求对于权利要求指向自然规律、自然现象或者抽象概念的专利申请，需要审查权利要求中的技术特征或技术特征的组合是否包含对该自然规律、自然现象或者抽象概念的符合可专利性要求的实际应用。只有在肯定的情况下，才具有可专利性，从而大幅提高了对于商业方法可专利性的审查标准。

Alice案判决是美国联邦最高法院自2010年以来以不具有可专利性为

---

❶　Alice Corp. Pty. Ltd. v. CLS Bank Int'l, 110 U. S. P. Q. 2D（BNA）1976（2014）.
❷　该方案即是今天被ebay、淘宝等电子商务平台广泛采用的第三方支付中介交易模式。

由判决涉案专利无效的第四例案例，❶ 而在这之前的将近 30 年，美国联邦最高法院几乎没有触及过专利法第 101 条规定的可专利性问题。从近年来美国联邦最高法院频繁否定涉案方法的可专利性来看，美国正在加快向"反方法专利"政策的转变。这被视为对过去 10 多年间过度膨胀的方法专利的紧急调整。

究其原因，可能与近年来美国计算机软件行业极高的专利密度和"专利流氓"（Patent Troll）频频发起的恶意诉讼已经严重影响该行业的健康发展与技术创新有关。在这种情况下，美国联邦最高法院否定 Alice 案中利用计算机实施的发明的可专利性，其更重要的意义在于通过收紧对商业方法专利的保护来调整计算机软件行业的专利政策。

我国当前对于商业方法可专利性的判断标准与美国的现有标准类似。在 2017 年修订的《专利审查指南》第二部分第一章第 4.2 节规定，纯粹的商业方法属于抽象思想，不具备技术特征，不能成为专利权的客体。作为专利的商业方法须包含技术特征。涉及商业模式的权利要求，如果既包含商业规则和方法的内容，又包含技术特征，则不应当依据《专利法》第 25 条排除其获得专利权的可能性。美国对商业方法可专利性判断标准由严格到宽松再到严格的演变适应了美国与方法专利相关的不同历史阶段产业发展的客观需要。那么，我国当前采用的判断标准是否有利于推动我国相关产业的创新发展呢？

在与商业方法专利密切相关的电子商务、互联网领域，我国已经从追赶模仿阶段，进入引领发展阶段。从美国历史上由于宽松的商业方法可专利性标准产生的问题来看，笔者认为，现阶段我国从鼓励竞争，避免潜在的垄断纠纷的角度对商业方法采取适度从紧的可专利性标准是适当的。商业方法一般是以抽象概念为基础，从而与实现上述抽象概念的具体应用方法相结合，如果按照过宽的标准授予专利权，则很可能出现他方对相同抽

---

❶ 另外 3 例为 Bilski v. Kappos，130 S. Ct. 3218（2010）；Mayo Collaborative Services v. Prometheus Laboratories，Inc.，132 S. Ct. 1289（2012）；Association for Molecular Pathology v. Myriad Genetics，Inc.，133 S. Ct. 2107（2013）。

象概念的运用即落入专利权人的权利要求中，使得保护范围过大，不利于维护正常的市场竞争秩序。同时，商业方法往往已经通过市场领先给予了企业合理回报，即使不予以专利权的保护，一般也不会影响企业进行商业方法创新的激励，而如果再予以严格的专利权保护可能反而会通过商业方法的垄断从而有碍于市场的竞争。因此，在现阶段我国应采取适度从紧的商业方法可专利性标准，鼓励相关企业以更好的创新标准参与市场竞争，推动我国电子商务、互联网等行业领域提升核心竞争力，从而在日趋激烈的国内外竞争环境下保持持久的竞争力。

第六节 生物医药行业的发展现状与药品专利制度

一、生物医药行业的发展现状

随着中国医疗需求的不断提高，中国医药行业也维持稳定快速的增长。中国医药制造业收入规模从 1999 年的 1324 亿元，快速增长到 2016 年的 28062 亿元，年复合增速 18%，远超全球医药行业平均增速。2014 年中国药品市场规模达 1073 亿美元，全球（9761 亿美元）占比达到 11%，中国成为仅次于美国（39%）的全球第二大医药市场。[1] 2017 年，中国医药制造业企业数量已达 7697 个。医药工业增加值同比增长 12.3%，增速较上年同期提高 2 个百分点，高于全国工业整体增速 4.7 个百分点，位于工业全行业前列。此外，医药制造业营业收入和利润总额也节节攀升，分别达到 28459.6 亿元和 3314.1 亿元，同比分别增长 12.5% 和 17.8%。[2]

然而，虽然我国医药行业依托在人力、原材料等方面的成本优势从而在总量规模上位居世界前列，但是在技术、人才、资本等方面的劣势导致

---

[1] 2018 年中国医药行业发展现状及未来发展趋势分析 ［EB/OL］.（2018-01-22）［2019-10-02］. http：//www. chyxx. com/industry/201801/606521. html.

[2] 中国报告大厅. 医药市场现状 ［EB/OL］.（2018-10-09）［2019-10-02］. ht-tp：//m. chinabgao. com/k/yiyao/40564. html.

大量低端化、缺乏核心知识产权企业的同质化竞争，最终形成我国的制药工业存量市场实质上是以仿制药为主的局面。中国仿制药行业从 20 世纪 80 年代开始起步，之后快速发展。80 年代初期，仿制药占处方药的比例仅有 10%，2015 年这一比例已达到 88%；而仿制药的销售额占比也在 10 年间翻了一倍，从 2005 年的 20% 提高至 2015 年的 40%。仿制药是国内医药消费市场的主体，中国已有的药品批准文号总数高达 18.9 万个，95% 以上为仿制药。国内仿制药市场规模达 5000 亿元人民币，但是行业集中度极低，中国 CR8 占比仅为 18.82%，❶ 对比印度 CR8 占比 52.31%、美国 CR8 占比 52.96%；低水平仿制和恶性低价竞争现象严重，例如，在 3244 个化学药物品种中，262 个品种占据了注册文号总量的 70%；而且由于过去我国批准上市的药品没有与原研药一致性评价的强制要求，导致有些药品在疗效上与原研药存在很大差距，行业盈利能力差，平均的毛利率水平仅为 5%～10%，远低于国际 50% 左右的毛利率平均水平。❷

上述情况随着市场结构的不断调整正在发生变化。特别是中国医药工业最大的买单方——医保基金已从原来的粗放式增长转为进入精细化控费阶段，医疗保健行业的上下游均面临结构性的调整。在医保控费的整体环境下，低质低效的仿制药和辅助用药首当其冲受到影响，招标降价使得大量仿制药企的销售额和毛利率明显下滑。一致性评价也将促使不具备技术和资本优势的低端仿制药企逐渐失去市场。在仿制药监管趋严、批文收紧、利润空间被不断压缩的情况下，创新将成为优质药企发展的主流方向。❸

此外，由于我国已经进入老龄化阶段，2000～2020 年是快速老龄化阶段，老龄人口年均增加 596 万人，年均增长速度达到 3.28%，大大超过总人口年均 0.66% 的增长速度；2020～2050 年是加速老龄化阶段，老龄人口

---

❶ CR8 是指该行业市场占有率排名前八的企业的总市场占有份额。

❷ 2018 年中国医药行业发展现状及未来发展趋势分析［EB/OL］.（2018-01-22）［2019-10-02］. http：//www. chyxx. com/industry/201801/606521. html.

❸ 2018 年中国医药行业发展现状及未来发展趋势分析［EB/OL］.（2018-01-22）［2019-10-02］. http：//www. chyxx. com/industry/201801/606521. html.

年均增加 620 万人，到 2050 年，老年人口总量将超过 4 亿，老龄化水平推进到 30% 以上，其中，80 岁及以上的将占老年人口的 21.78%。❶ 人口老龄化的加速将推动对生物医药行业的需求，成为未来中国生物医药发展的重要驱动力。受此影响，中国医药制造业预计未来五年（2019~2023）年均复合增长率约为 8.53%，并预测到 2023 年我国医药制造业销售收入总额将达到 39313 亿元。❷ 因此，谁能在医药领域取得创新性成果，谁就能在未来医药行业的巨大商机和激烈市场竞争中占得先机。

生物医药的发展有赖于巨大的研发资源的投入，特别是原研药的研发具有周期长、投入大、风险高的特征。从药物筛选的小分子到先导化合物再到临床前研究阶段，成功率不足 1/3，而再从临床阶段到上市，成功率仅约 1/10。从前期分子筛选开始，平均几千个分子中才能有一个获得成功。而一个药品成功研发的成本投入一般至少要十几亿美元。因此，为了引导和鼓励更多的人员和资本投入生物医药领域，满足人民群众日益增长的对药品的需求，需要政府在生物医药投入的激励机制和相关知识产权的法律保障上营造促进创新的良好制度环境。

二、药品专利制度

专利保护对于药品创新具有重要作用。药品领域创新具有高投入、高风险、回报周期长的特点，要激励各种创新要素不断投入药品研发，就需要有一个充分稳定的市场回报预期，专利保护无疑是最重要的制度保障。理论上，越强的专利保护越有利于促进制药企业加大对新药研发的力度，从而推动药品创新。然而，是否对药品的专利保护强度越大，则越有利于增进社会的整体福利呢？这就涉及药品的可及性问题。

专利保护主要针对的是原研药企业，原研药企业通过专利权的获得从

---

❶ 我国人口老龄化加速，农村老龄化水平超过城镇［EB/OL］.（2006-02-23）［2019-10-02］. http：//www. gov. cn/jrzg/2006-02/23/content_ 209202. htm.

❷ 中国医药制造业分析预测［EB/OL］.（2019-02-11）［2019-10-2］. http：//www. cinic. org. cn/xw/cjfx/471080. html.

而垄断原研药的市场，通过垄断定价可以获得垄断利润。而药品较高的垄断定价使得即使患者知道市场上存在某种可治疗其疾病的药物，由于过高的价格也无法负担。同时，垄断会产生无谓损失，即对一部分消费者，药企本可以在其边际成本之上向其提供药品，但由于统一的垄断定价的存在，这部分消费者由于预算约束无法按照垄断价格购买药品，药企也无法从这部分消费者获得相应的利润。

解决这一问题主要有两个途径：第一，探索如何在药品市场实现歧视性定价。理想的情况是在药企的边际成本之上，根据消费者的实际经济情况收取不同的药品价格。未来可通过大数据的运用探索合理的歧视性定价的方式。第二，现阶段更为现实的解决药品可及性问题的途径便是等待原研药专利到期后，仿制药企业进入药品市场参与竞争，从而降低药品价格。

然而，原研药企业为了延长某一药品的市场独占期，往往围绕新药及其各种改进去申请化合物、制备方法、晶型、剂型、给药方法等一系列专利，使得药品专利能够不断延长，从而规避原研药专利的期限届满。因此，如何一方面制约原研药企业，提高药品的可及性；另一方面不削弱原研药企业进行药品研发的积极性，成为未来药品专利制度完善的关键着眼点。

为了保障仿制药企业在原研药企业专利权到期后能够立刻向市场推出符合上市标准的仿制药，各国专利法都有 Bolar 例外的规定。Bolar 例外源于美国，是由 Roche v. Bolar 案产生的专利侵权例外规定，❶ 我国《专利法》第三次修订时也增加了类似的内容，即在药品专利到期前仿制药企为了提交药品审批部门所需的数据而实施专利的行为不视为侵权行为，从而允许仿制药企能够在原研药专利到期之前提前准备上市审批所需要的实验数据，以保障原研药专利到期后仿制药能够尽快上市。该制度是加速仿制药上市，提高药品可及性的重要举措。

---

❶ Roche Products, Inc. Appellant, v. Bolar Pharmaceutical Co., Inc., Appellee, 733 F. 2d 858（Fed. Cir. 1984）

我国作为仿制药生产大国，近年来在继续保障仿制药药品的发展基础上，也在努力推动一系列药品专利制度的改革，从而鼓励和推动我国原研药的研发。2017 年 10 月 8 日，中共中央办公厅、国务院办公厅联合印发《关于深化审评审批制度改革鼓励药品医疗器械创新的意见》（厅字〔2017〕42 号），提出四项涉及药品知识产权的改革措施，包括探索建立药品链接制度、试点药品专利期限补偿制度、药品试验数据保护和促进仿制药上市的审批措施等。上述四项举措既有有利于原研药发展的，也有促进和规范仿制药发展的，也有的制度兼具平衡原研药和仿制药企业的利益的特点。如何设计并运用好上述制度，对于未来我国生物制药产业的发展具有重要意义。

药品专利链接制度作为我国药品专利制度改革的重要措施，其制度本身是在微妙地平衡原研药和仿制药企业的利益。首先以该制度的发源地美国为模板，简要介绍药品专利链接制度的内容。药品专利链接制度主要作用于药品审批程序环节。在药品审批程序中，如果完全不考虑是否侵犯专利权的问题，专利纠纷只能等到仿制药上市后再解决，则表示不存在药品专利链接制度；如果药品审批程序考虑是否侵犯专利权的因素，在这一阶段引入法院对申请的仿制药是否侵权进行认定，药品审批部门根据法院判决来决定是否批准仿制药上市，就是建立了药品专利链接制度。

药品专利链接制度包括四项核心内容。第一，橘皮书（Orange book）制度。其相当于专利信息披露，是链接制度的基础。该制度要求原研药企业在申请新药上市时，披露与该药有关的专利信息，并通过橘皮书向社会公布。

第二，仿制药专利声明。仿制药上市时，需要核对原研药企业登记在橘皮书上的专利信息，并根据不同情形分别做出以下四种之一的声明：一是没有相关专利登记在橘皮书上；二是橘皮书上登记的专利已过期；三是将在橘皮书所列专利到期后才开始制造、销售仿制药；四是橘皮书中所列专利无效，或仿制药企业申请的仿制药并不侵犯橘皮书中所登记的专利权。

第三，仿制药审批中止期。对于提交前述第一、第二种声明的仿制药申请，美国食药监局（FDA）推定其没有专利问题而径直审批；对于提交第三种声明的仿制药申请，FDA 将等到相关专利期限届满后再批准。而如果仿制药企业提交第四种声明，则应提交未侵权或原研药企业专利无效的证明材料，并通知专利权人。如果专利权人在获得通知后 45 日内向法院起诉的，FDA 将暂停仿制药上市审批 30 个月，直到法院做出判决，或中止期届满。专利权人在面对仿制药企业无效挑战时必然会行使其中止权，长达 30 个月的中止权是对专利权人有利的措施。

第四，首仿药市场独占期。这是一项鼓励仿制药企业挑战原研药企业专利，促进仿制药上市的措施。原研药专利只是被推定为有效，而且仿制药的技术方案和原研药专利之间的对应关系也并非一目了然，因此当原研药企认为仿制药落入其药品专利保护范围时，仿制药企业可以抗辩专利无效，或者抗辩自己的技术方案没有落入原研药专利的保护范围。但这可能都需要花费人力物力，如果宣告专利无效后，其他仿制药企业也可因此而顺利获得上市，这样似乎没有对促成原研药专利无效的药企予以适当的激励。为了鼓励仿制药企业去挑战原研药专利，该法案规定第一家成功挑战原研药专利并获得上市许可的仿制药企业，将享有 180 天的市场独占期。在这 180 天内，美国食药监局不会再批准其他仿制药厂的上市申请。"挑战专利成功"包括无效原研药相关专利，以及司法判决确认仿制药不侵犯原研药专利。

对于如何建立适应中国生物医药行业发展需要的药品专利链接制度，目前还没有清晰答案，关于药品专利链接制度，目前仅在《关于深化审评审批制度改革鼓励药品医疗器械创新的意见》中有一小段关于该制度的纲领性说明，即为保护专利权人合法权益，降低仿制药专利侵权风险，鼓励仿制药发展，探索建立药品审评审批与药品专利链接制度。药品注册申请人提交注册申请时，应说明涉及的相关专利及其权属状态，并在规定期限内告知相关药品专利权人。专利权存在纠纷的，当事人可以向法院起诉，期间不停止药品技术审评。对通过技术审评的药品，食品药品监管部门根据法院生效判决、裁定或调解书作出是否批准上市的决定；超过一定期限未取得生效判决、裁定或调解书的，食品药品监管部门可批准上市。

通过对美国药品专利链接制度的分析可以发现，该制度首先通过橘皮书制度保障了原研药和仿制药企业双方信息的充分对称。原研药企业向橘皮书登入专利信息，其他制药企业便可以在原研药企业获得专利的同时知晓新药专利的具体内容，为对原研药企业的专利权提出挑战，或者绕过专利权来研发新药提供了充分的准备时间，对解决制药企业之间的信息不对称问题具有重要的价值。

审批中止期的设置则在一定程度上是有利于原研药专利权人的制度安排。审批中止期使得只要专利权人向法院起诉，即可获得最长达 30 个月的中止审批期，显然是一项有利于专利权人的制度安排。在欧盟，药品专利权人要想在欧洲阻止仿制药的上市审批程序，专利权人只能通过向法院申请"临时禁令"的方式进行阻止。这显然比美国审批中止期的门槛高不少。加拿大、韩国等采用了药品专利链接制度的国家，中止审批期的时长也要短于美国的规定。考虑到我国现阶段在原研药领域的发展相对落后，药企的创新能力普遍不强，因此，当前我国在中止审批期的制度安排上可以考虑在美国规定的基础上对专利权人的权利进行适当限制。主要的限制可从两个方面着手，一方面可以适当减少中止审批期的长度；另一方面可以在食药监局做出中止审批时，要求专利权人提供相应的担保，从而限制专利权人中止权的滥用，鼓励原研药专利权人和专利权挑战者的协商。

对于首仿药独占期，其目的在于鼓励和推动制药企业对原研药专利权的挑战。这一鼓励政策引入了竞争活力，使得药品专利的有效性可以不断接受检验，从而保障只有具有真正创新价值的专利才能得到保护。2018 年 4 月 26 日国家药品监督管理局公布的《药品试验数据保护实施办法（暂行）（征求意见稿）》也提出了挑战专利成功者可以享受 1.5 年的数据保护期。为了鼓励我国药企向国外原研药企业的专利提出挑战，我国也应当引入首仿药独占期的制度，并且可以适当延长独占期的期限，从而更好地激励企业在研发创新方面的投入。

综上所述，在我国的药品专利制度的具体内容设计上，考虑到我国生物医药行业的创新能力尚处于初级发展阶段的现状，一方面，需要积极引导制药企业加强研发投入，鼓励原研药的研发创新；另一方面，也应当创造条件引导仿制药企积极利用现有的药品专利技术开展药品研发，在此基础上实现弯道超车，从而最终建立适应我国药品创新发展阶段需要的药品专利制度。

第七节　标准、标准必要专利与 FRAND 原则的实施

标准在大数据、算法、基础硬件等基础层的发展中发挥着设置标杆，形成作为新技术、新领域、新业态发展关键纽带的中间层的作用，其重要价值和作用体现在通过设置标准可以促进技术的开放访问，增强技术的互操作性，避免企业重复研发，减少生产者和消费者的选择成本，从而实现规模经济，推动新技术领域的发展。根据标准是否涉及专利技术，可以将标准分为两类，一类标准不涉及专利技术，例如，数据的格式、质量控制规则，等等；另一类则是涉及专利技术的标准，例如，移动通信领域的5G标准。随着创新的发展，即使是传统上不涉及技术的标准领域，也都开始不可避免地涉及了专利技术，例如，随着大数据的发展，对于大数据的格式记法，也开始涉及技术方案之争。因此，在未来新技术、新领域和新业态的竞争中，可以毫不夸张地说，谁掌握了标准，谁就掌握了创新的未来。

由于中国属于技术后发国家，因此在标准领域往往只能做标准的追随者，缺乏相应的话语权。不能参与国际标准的制定反过来也使得我国在技术发展方向上只能亦步亦趋，制约着我国的新技术发展。因此，现阶段我国在制定国家、地方、行业标准时，就产生并面临一个重要困境，即如果制定国际先进水平的标准，则往往需要列入大量由外国机构持有的专利技术，使得国内企业产生沉重的专利许可费负担，同时也产生较高的行业准入门槛，不利于处于初创期的中小企业参与竞争；而如果制定相对落后的标准，则不利于提升我国行业的整体发展水平，并且将对我国企业参与国际市场竞争产生重要限制。

从推动新技术领域的发展角度来说，毫无疑问应当支持先进水平的标准制定，从基本原则角度来说，优胜劣汰是市场经济的基本规律，不能用

行政手段保护落后标准排斥先进标准，而应当通过高标准引导我国企业从创新追赶逐步实现创新引领。然而，高技术领域整体缺乏有竞争力的企业以及我国在大多数先进水平的标准领域不具有话语权的产业现状也使得我们在制定和实施先进标准时需要考虑和解决两个重要问题：第一，企业特别是中小企业对于先进标准的可负担性问题；第二，对行使标准中所包含的知识产权是否有必要、合理的约束机制。

对于第一个问题。标准涉及的是市场的准入规则，因此需要考虑中小企业的可负担性问题。而解决可负担性问题便需要控制中小企业采用高技术标准的成本，为了控制成本，我们应当设定的是一个符合行业领域安全性、满足客户基本需要等方面基础性要求的强制性标准，这也同时要求标准应当是开放的，即标准要能够随着世界范围整体技术水平的提升而提升；同时，考虑大型企业对于行业产业发展的引领作用，标准应当是在满足基本技术水准要求的前提下具有一定的弹性，从而允许大型企业采取更高技术标准，并设定一定的市场显示性指标来鼓励企业采取更高标准。

对于第二个问题，标准中包含的知识产权问题，即标准必要专利的问题。标准必要专利（Standard Essential Patents，SEPs）是指构成某项技术标准所必要的专利。根据技术标准产生的途径，可以分为法定标准和事实标准，后者包括标准化组织牵头制定的标准和市场自发形成的标准。进入标准的专利产生的主要问题在于专利的排他性和标准的公共性的矛盾。一方面，作为专利的持有人，在自己持有的专利进入国家、地方或行业标准，具有了依据其专利的垄断性权利索取高额许可费或者拒绝许可的动力，容易产生专利劫持（Hold-up）现象。另一方面，标准由于涉及公共利益，对专利权人的垄断权利也需要加以遏制。对于上述问题，当前主要的解决办法即是在标准必要专利许可中采用"公平、合理、无歧视（Fair，Reasonable and Non-discrimination，FRAND）原则"。

对于FRAND原则，从理论上来说是有效平衡专利的排他性和标准的公共性的合适工具，一方面，通过赋予专利权人专利许可费，保障了专利权人的基本利益，从而使专利权人有继续增加研发投入的激励；另一方面，对于专利权人收取的许可费，限定在"公平、合理、无歧视"的界限内，从而限制了专利权人在定价方面的垄断性权利，最大限度地保障了社会公共利益。

虽然从理论上 FRAND 原则能够平衡专利权人和标准技术使用者的利益，但 FRAND 原则的具体实施缺乏统一的、可执行的标准。即对于什么才是公平、合理、无歧视性的专利许可费标准，目前还难以形成共识，从而引发了大量的诉讼，使得依靠标准必要专利的市场主体往往在全球范围内疲于应诉，也增加了市场主体的经营风险。

对于什么是标准必要专利"公平、合理、无歧视的"许可费，实务界和学术界均做出了不少有益探索。欧盟委员会《关于横向合作协议使用欧盟运行条约第 101 条的指南》提出，被选入行业标准前的专利许可费是较为合理的标准，也可以选取在另一可比较的标准中同一专利的许可费作为标准。然而，如果缺乏同类或者历史上可比较的专利许可费标准，则无法适用。也有人提出"合理的"专利许可费应当反映特定专利所绑定的功能以及在整个设备中占全部专利的真实比例，以及标准必要专利技术对整体产品价值的贡献增量。❶ 然而该说法由于难以提出有力证据，证明成本极高而难以具有现实的可操作性。对于"无歧视"原则，从字面意义进行理解，可认为是对相同条件的被许可人应该适用相同的许可条款。然而，对于相同条件的含义也存在不确定性。美国在相关判例中，将相同条件界定为"被许可人处于相同分销渠道或类型"。也有专家提出，无歧视是指专利权人将自己作为被许可人看待的情况下，给予自己的许可条件不得优于其他标准实施人，这同样是相对抽象的理论性说明。

因此，现有研究对于 FRAND 原则的解释和实践中的认定，始终存在较为抽象，充满不确定性，从而陷入难以在实践中准确判断的问题。这也是近年来关于标准必要专利实施的专利诉讼日益增多的重要原因。因此，如何通过更为有效、科学地对"公平、合理、无歧视"的专利许可费进行

---

❶ 赵启杉 . 标准必要专利合理许可费的司法确定问题研究 [J]. 知识产权，2017（7）：10-23；郭禾，吕凌锐 . 确定标准必要专利许可费率的 Top-down 方法研究——以 TCL 案为例 [J]. 知识产权，2019（2）：5.

认定，是平衡专利权人和被许可人利益，保障标准必要专利制度实施的重点和难点。

事实上，无论是一般专利许可费，还是标准必要专利许可费，其费率确定的基础都在于专利权人和实施者在市场环境下的谈判与协商。只不过对于标准必要专利许可费的谈判，由于缺乏可替代性，因而实施者属于相对弱势方。而 FRAND 原则为专利权人和实施者就标准必要专利许可费的谈判提供了一个约束条件。FRAND 原则实施的标准越明确，专利权人和实施者利用标准必要专利进行劫持和反劫持的难度就越大，标准必要专利许可费的谈判成本也相对就越低。此外，对于理性市场主体，专利权人和实施者在 FRNAD 原则下，通过协商达成一致是均能增进双方福利的结果。因此，关于 FRAND 原则的法律制度设定应当以引导专利权人和实施者通过充分协商而达成许可费的一致作为首要目标。

有学者已经提出了将标准必要专利许可费率的确定交由市场主体双方自行确定，法官不作出裁决的许可费率确定办法。莱姆利（Lemley）和夏皮诺（Shapiro）（2013）提出了由专利权人和实施者各自提出许可费保价，最终由仲裁者从两项报价中选择其一作为最终的许可费标准，从而促使双方通过竞争的形式确定更为合理、更能够说服仲裁者的报价。❶ 马一德也提出根据专利权人和实施者在谈判中所提供的许可费报价，法院在最终裁定中根据双方当事人在谈判过程中的表现以及两份报价中哪一份更符合 FRAND 原则，从而两者选其一执行。❷

上述以市场为基础的许可费率确定方式，一方面充分尊重市场主体的判断，实际上认可了市场主体在费率确定上比法官具有更充分的信息；另一方面也降低了市场的不确定性，促进了当事双方的协商谈判。这可能是现阶段解决标准必要专利的 FRAND 原则实施问题的最有效率的方式。

---

❶ Lemley M A, Shapiro C. A simple approach to setting reasonable royalties for standard-essential patents ［J］. Berkeley Tech. LJ, 2013（28）：1135.

❷ 马一德. 多边贸易、市场规则与技术标准定价 ［J］. 中国社会科学, 2019（6）：106-123.

第八节　创新发展趋势下知识产权保护和
创造的基本原则

通过对当前创新发展趋势下部分新技术、新领域、新业态的发展现状和趋势的分析，可知现有的知识产权制度可能还无法有效回应对于新领域出现的知识产权创造和保护的相关问题。对于以人工智能等新技术为代表的第四次工业革命，究竟未来技术的突破会引导新技术的运用向何种方向发展，受制于现有的认知水平，可能还难以准确清晰地回答。

在这样的情况下，笔者认为，应当坚持市场主导前提下政府干预的包容审慎原则。企业和个人等微观主体对于市场信息更为敏锐，在利益最大化的引导下也能做出基于自身约束条件下的最优选择。特别是对于作为市场经济发展决定力量的企业而言，具有充分的能力收集市场信息从而做出理性决策，企业家精神更是创新的重要源泉。微观主体有活力、勇于创新，才能保证高质量经济发展。政府应当切实尊重以企业为核心的市场主体的自主决策权，给予新技术、新领域、新业态充分的发展空间，对其涉及的知识产权是否应当保护、给予何种形式的保护等相关问题，在难以得到一致性的意见，答案仍然存在不确定性的情况下，应当充分考虑立法和监管成本，采取包容审慎原则，从而最大程度地调动微观主体的创新积极性。

此外，政府也应当在必要的情况下，结合我国在新技术领域的发展阶段状况，审时度势，建立切合我国发展实际，有利于激励新技术发展的法律制度，及时对于新技术领域的创新给予必要的知识产权或其他类型的保护，从而激励和推动创新发展。在判断应当给予何种程度的知识产权或其他类型保护时，应从综合考虑和平衡激励创新和维护社会整体利益的角度出发，认真细致地衡量保护产生的成本和收益，并进行比较从而确定对于新技术、新领域、新业态的最佳保护方式和程度，为我国站立在第四次工业革命浪潮的前沿奠定法律和制度基础。

第七章　创新发展的中国经验

回顾自改革开放以来中国在创新与知识产权领域的发展，我们既惊叹于中国在短短的四十年间所取得的惊人成就，也不得不直面中国在知识产权数量与创新能力这两项本应齐头并进的领域，却出现了某种程度的背离。在知识产权数量方面，中国早已稳居世界头把交椅。自 2002 年起，中国商标注册年申请量便连续位居世界第一。2011 年，中国超过美国，成为世界第一大发明专利申请国。2013 年，中国著作权登记总量突破百万件。在创新能力方面，我们却远远不敢自称世界第一。长期以来，知识产权数量被公认作为一个企业、区域乃至国家的创新能力的重要衡量指标。中国在知识产权数量上所取得的成绩从一个更为直观的维度见证了中国创新的飞速发展。然而，我们应当如何理解中国在知识产权数量方面所取得的巨大成绩？上述成绩是由何种因素推动的？与此同时，如何看待中国在创新能力方面与知识产权数量世界第一的成绩不匹配的现状？我们应当从哪些方面着手以改变这一现状，从而真正实现从知识产权大国向创新强国的转变？

寻找上述问题的答案，对于中国未来或者说下一个四十年创新和知识产权的发展具有重要的理论和现实意义。贯穿本书始终，我们均在探寻并尝试提供上述问题的答案。知识产权作为通过法律创设的无形财产权，在某种程度上具有公共产品的属性，因此，从知识产权的创造、保护到运用过程中，均能发现政府的影子，政府在一定程度的合理介入也是通过知识产权让创新得以实现的重要基础和保障。在前面各章中，我们分别从专利权、著作权、商标权以及其他激励创新的制度角度研究了政府在其中发挥了什么样的作用，具体实现了什么样的效果，在此基础上，结合现有的相关理论和实证研究，下面将进一步归纳和总结政府在中国创新发展和知识产权保护中发挥了以及应当发挥怎样的作用。

第一节　建立与经济发展阶段相适应的知识产权保护水平

知识产权基本法律制度的建立和完善无疑是中国知识产权发展的前提和基础。改革开放后中国才开始重建知识产权法律制度，直到 1982 年、1984 年和 1990 年，我国的第一部《商标法》《专利法》和《著作权法》才正式颁布，中国的知识产权保护终于做到有法可依。然而，制定这些法律时，中国尚处于从计划经济向市场经济过渡的时期，农业占国民经济的主要比重，对保护知识产权、推动创新还缺乏紧迫性。因此，最初制定的知识产权法对于知识产权的保护，无论在保护的标准还是水平上都相对较低，甚至可以说，只是对知识产权提供了最低水平的保护。例如，1982 年制定的《商标法》中，没有对集体商标、证明商标和驰名商标进行保护的规定，也没有对"优先权"进行保护的规定。1984 年制定的《专利法》中，规定对于药品、用化学方法获得的物质以及食品、饮料、调味品不授予专利权，专利权的保护期限也相对较短。而 1990 年制定的《著作权法》对著作权中财产权的规定相对简略，当时只是规定了使用权和获得报酬权。此外，对于杂技艺术作品、建筑作品和汇编作品都未被列入著作权保护的客体。

而随着改革开放的深入，中国与世界范围内其他国家的经贸往来日益频繁。同时，在改革开放的初期，中国经济面临资金、技术等诸多方面的短缺，迫切需要引进外商投资和先进的技术。只有接受当时业已确立的国际贸易和知识产权保护规则，中国才能够被接纳并有效地参与到国际经济与贸易的浪潮中。因此，中国陆续加入《巴黎公约》《马德里协定》《伯尔尼公约》《与贸易有关的知识产权协定》等国际条约，并于 2001 年成为世界贸易组织的成员。这些进展客观上要求中国依据国际标准提高知识产权的保护水平。同时，随着中国国际交往和对外贸易的不断增多，国际社会也不断对中国施加知识产权保护的压力。特别是自 1989 年以来，美国贸易代表办公室（Office of the US Trade Representative，USTR）每年都会根据《1974 年贸易法》（Trade Act of 1974）第 182 节（主要是其中的第 301 条）单方面发布针对外国知识产权保护情况的年度报告——"特别 301 报告"（Special 301 Report），报告根据各国知识产权保护状况和水平依次确定重点国家、优先观察国家和观察国家名单，一旦被列入重点国家或者优先观察国家名单，美国贸易代表办公室便会考虑对该国进行调查，从而决定是否对该国采取相应的贸易制裁措施。从 1989 年起，中国就被美国列入了优先观察国家名单，1991 年 4 月 26 日，美国将中国从"优先观察国家"名单升至"重点国家"名单，指责中国缺乏对美国知识产权充分有效的保护。同年 12 月 3 日，美国宣布进行贸易报复。❶

经过中美双方的多轮谈判和交锋，其后在 1992 年、1994 年和 1996 年，中美之间分别达成《中国关于知识产权保护的谅解备忘录》《中美关于保护知识产权的协议》等三个协议，中国接受了美国大部分的对于加强知识产权保护的要求，因此修订了《专利法》《商标法》，颁布了《反不正当竞争法》，加强了对于知识产权的法律保护。特别是中国为了加入世界贸易组织，需要达到《与贸易有关的知识产权协议》的要求，因此，在 1992 年和 2000 年，中国两次修订了《专利法》，从而扩大了专利权授予的范围、延长了专利的保护期限、完善了申请及审批程序、取消了专利权依所有制的不同而存在的权利上的差异等。同时在 1993 年和 2001 年分别对《商标法》进行了两次修订，主要修改包括逐步将服务商标、集体商标、驰名商标等纳入保护范围、增加了注册不当商标的撤销程序和商标在先权的保护、加强了商标的使用管理、扩大了商标权利的主体范围等。这些知识产权法律的修订，逐步提高了中国的知识产权保护水平。

虽然在国际社会，特别是美国的压力下中国通过不断修改知识产权法

---

❶　实际上中国长期被列入美国的"301 报告"名单，当前中美贸易战的起源也是 2018 年 3 月 23 日，美国总统特朗普在白宫签署备忘录，宣布基于"301 调查"结果，将对从中国进口的商品大规模征收高额关税、对中资投资美国设限并在世贸组织采取针对中国的行动等。

律法规，使得其与美国以及其他国家的知识产权法律规定保持一致，但是，对于尚处于经济发展初期，创新能力相对较弱的中国来说，过早地采取强知识产权保护举措是否合适也是值得思考的。事实上，现有关于知识产权保护水平与经济发展阶段关系的研究普遍认为，知识产权保护水平应当同经济发展阶段相适应。陈（Chen）和普特曼（Puttitanun）（2005）[1]构建了针对发展中国家创新和知识产权保护之间关系的理论模型，结果表明发展中国家的创新与知识产权保护之间存在正向的关系，但最优的知识产权保护水平与经济发展水平之间存在非线性的关系，经济发展水平低时，知识产权保护水平会随着经济增长而降低，而当经济发展水平较高时，知识产权保护水平应随之提高。产生上述理论结果的关键原因在于，一国的经济发展水平较低时，创新的重要来源在于模仿；而同时知识产权保护水平的逐步提高，可以提供给发展中国家知识产权相关产业通过模仿而实现前期积累，并最终实现创新发展的成长空间。作者还使用 64 国的面板数据来为这些理论结果提供了实证支持。金姆（Kim）等（2012）[2]研究也认为，经济发展阶段不同的国家应当适用不同的知识产权规则。董雪兵等（2012）[3]通过构建的"知识—生产"两部门模型，分析了知识产权对经济增长的影响机制，认为对于中国而言，在经济转型的初期，选择较弱的知识产权保护强度有利于经济增长；但当经济发展到一定水平后，较强的知识产权保护强度更有利于促进经济的长期增长。郭春野和庄子银（2012）[4]在南北产品周期模型中引入南方国家的自主创新和技能劳动约束，同样认为南方国家存在一个最优的知识产权保护强度，该保护强度的

---

[1] Chen Y, Puttitanun T. Intellectual property rights and innovation in developing countries [J]. Journal of development economics, 2005, 78 (2): 474-493.

[2] Kim Y K, Lee K, Park W G, et al. Appropriate intellectual property protection and economic growth in countries at different levels of development [J]. Research policy, 2012, 41 (2): 358-375.

[3] 董雪兵, 朱慧, 康继军, 等. 转型期知识产权保护制度的增长效应研究 [J]. 经济研究, 2012 (8): 4-17.

[4] 郭春野, 庄子银. 知识产权保护与"南方"国家的自主创新激励 [J]. 经济研究, 2012 (9): 32-45.

水平取决于南方国家的技术水平以及市场的竞争程度。

那么，中国是如何解决技术领先的发达国家对我国提高知识产权保护水平的外部压力和作为发展中国家的我们应当建立适应当时中国经济发展阶段需要的知识产权保护水平的冲突？笔者认为，我们采取的途径是，在立法中虽然与发达国家高水平保护相一致，但在具体的知识产权司法和执法过程中存在保留。韩玉雄和李怀祖（2005）❶ 以吉纳特-帕克（Ginarte-Park）方法为基础，从保护的覆盖范围、是否加入相关国际条约、保护期限等知识产权立法保护的维度测度了中国知识产权保护指数，如表7-1所示，可以发现，特别是随着1992年、2000年专利法的修订，中国知识产权立法保护指数是在大幅增长的，显示了中国知识产权立法保护强度的不断提升。然而，通过利用律师比例、立法时间、人均GDP、是否为WTO成员衡量社会法制化程度、法律体系的完备程度、经济发展水平、国际社会的监督与制衡机制作为中国知识产权执法力度的衡量指标，可以发现，相对于立法保护指数，中国知识产权保护执法力度的提升是相对平缓的。上述指标衡量的只是知识产权保护执法的一个侧面，司法领域存在的如司法地方保护、司法不独立以及司法腐败等问题，❷ 均会影响知识产权保护的实际水平。2015年美国对于中国的《301报告》也提出了中国的立法和具体指导法律事实的法律解释不一致的问题，例如，对于中国的药品专利保护，报告就指出，"尽管中国专利审查的原则性规定跟美国以及其他国家专利局的相关规定一致，但出台的相关解释严重限制了专利申请人提供补充数据以支持其申请的权利"。❸

---

❶　韩玉雄，李怀祖. 关于中国知识产权保护水平的定量分析［J］. 科学学研究，2005，23（3）：377-382.

❷　龙小宁，王俊. 中国司法地方保护主义：基于知识产权案例的研究［J］. 中国经济问题，2014，1（3）：3-18；刘作翔. 中国司法地方保护主义之批判［J］. 法学研究，2003（1）：83-98；施鹏鹏. 我国司法腐败的现状与遏制——以20个省/自治区/直辖市的实证调查为分析样本［J］. 证据科学，2016（1）：25-36.

❸　美《特别301报告》将中国知产状况列上黑名单［EB/OL］.（2015-05-14）［2019-10-04］. https://www.zhihedongfang.com/10247.html.

表 7-1 中国历年知识产权保护水平

年份	知识产权立法保护指数	执法力度
1990	1.512	0.279
1991	1.512	0.296
1992	2.857	0.333
1993	3.190	0.383
1994	3.190	0.397
1995	3.190	0.447
1996	3.190	0.491
1997	3.190	0.522
1998	3.190	0.550
1999	3.524	0.581
2000	3.524	0.619
2001	4.190	0.654
2002	4.190	0.678

注：来源自韩玉雄和李怀祖（2005）。

因此，虽然在立法保护水平上，中国在国际社会的压力面前已经逐步与国际标准保持一致，但由于中国在具体的执法和司法中还无法做到与立法保护相适应的水平，导致中国的知识产权保护是在较高的立法保护水平之上有折扣的执行，从而能够做到使中国的知识产权保护处于与中国的经济和创新发展阶段相适应的保护强度，有力地促进了中国的知识产权和创新水平的稳步提升。

进入 21 世纪后，随着中国创新能力的不断积累和提升，中国也逐步意识到了主动加强知识产权保护对于提升自主创新能力、推动产业结构转型升级的重要意义。因此，这一阶段中国知识产权法律的修订和完善也从被动地接受西方知识产权保护规则与之接轨，而逐步向主动探索设立适应中国创新发展需要的知识产权制度进行转型。2008 年《专利法》的第三次修订，以及正在进行，但截至 2019 年年底尚未通过审议的《专利法》第四次修订，其中关于完善专利行政执法，明确职务发明的激励机制，新设专利开放许可制度等方面进一步优化完善我国的专利权的相关制度，以及 2019 年《商标法》第四次修改针对商标恶意注册问题的制度性回应等，均是植根于我国知识产权保护实践的需要，针对我国知识产权发展过程中存在的问题，属于适应我国创新发展需要的特色制度设计。

从中国对于知识产权立法保护的发展变迁可以看出，中国的知识产权保护走出了一条从最初的不愿意给予知识产权较强的保护，到后来在一定程度上因为外界压力而不得不提高保护的水平。然而，通过执法平衡与中国实际需要不相契合的高强度立法保护，实现了与不同阶段创新发展需要相适应的整体知识产权保护水平。再到近年来出于自身发展创新经济的需要而主动进行的知识产权法的修订的轨迹。这样一条立法轨迹的选择在一开始虽可能非出于本意，但理论和实证研究均表明，这样的选择是正确并有利于发展中国家创新发展的。因此，中国在知识产权法律的制定和完善过程中走出的一条渐进发展路径是符合中国在特定历史阶段的发展需要的。

实证研究也进一步表明历次知识产权法的修订确实对于知识产权和创新发展产生了积极影响。以专利法的修订为例，一方面，相当数量的研究发现专利法的修订对于专利数量的增长具有积极效果;[1] 另一方面，也有研究表明专利法的修订对于全要素生产率、创新边际产出具有积极影响。[2]

因此，中国知识产权保护制度从无到有，从低水平保护到逐步同国际接轨，但通过灵活执法平衡超过中国知识产权和创新发展实际需要的立法水平，再到适应中国创新发展的需要而不断完善，保障和推动了中国知识产权的高速发展。

---

[1] Hu A G, Jefferson G H. A great wall of patents：What is behind China's recent patent explosion？［J］. Journal of Development Economics，2009，90（1）：57 - 68；Yueh L. Patent laws and innovation in China［J］. International Review of Law and Economics，2009，29（4）：304-313；张古鹏，陈向东. 基于发明专利的专利制度变动效应研究［J］. 科研管理，2012，33（6）：110-119.

[2] 叶静怡，宋芳. 中国专利制度变革引致的创新效果研究［J］. 经济科学，2006（6）：86-96；Fleisher B，Zhou M. Are Patent Laws Harmful to Developing Countries? Evidence from China［R］. Ohio State University，Department of Economics，2010.

第二节　有利于创新和知识产权发展的市场经济基础

知识产权与创新如同一枚硬币的两面，创新是知识产权设立的目的，知识产权是激励创新的重要方式。然而，我们在反复提及保护知识产权、推动创新的同时，往往忽略了作为私权的知识产权，实现其推动创新的价值离不开市场这一重要基础。

正如美国前总统林肯所言，"专利制度是给天才之火添加利益之油"，而利益之油只有通过市场这一途径才能得到兑现。为什么知识产权制度最早诞生在西欧国家，而中国直到清末才开始被动地移植西方的知识产权制度？安守廉教授是从中华帝国的立法思想是维护皇权，中国文化强调模仿的角度解释这一问题。❶ 笔者认为，从市场的发育和作为市场主体的商人阶层的地位来理解中国历史上未能孵化出知识产权制度可能更为合理。由于欧洲封建制度相对薄弱，王室、贵族和商人团体相互制约，王权受到较大程度限制。随着生产技术的进步，手工业专业化程度加强，商品经济逐渐发展，国内外市场逐步形成，富裕的手工业作坊主成为资本家，而随着农业技术的进步也为资本家提供了大量可雇佣的剩余劳动力。14～15世纪，地中海沿岸如威尼斯等城市已经开始出现资本主义生产关系的萌芽，并随后在荷兰、英国、法国等地不断发展。而中国历史上长期处于中央集权的统治下，君权对整个国家具有极强的掌控力量。虽然中国在明朝后期也出现了资本主义的萌芽，但始终被中央政府限制在一定的范围内，自给自足的小农经济始终是中国经济的主体，长期形成的重农抑商观念和士农工商的职业等级观念也不利于商品经济和资本主义生产关系的产生。因此，缺乏可供实现知识产权价值的资本市场的土壤，使得中国也就没有形成和建立知识产权制度的推动力。

因此，只有以市场经济为基础，坚持市场化的方向和道路，知识产权

---

❶　Alford W P. To steal a book is an elegant offense：Intellectual property law in Chinese civilization ［M］. California：Stanford University Press，1995.

制度才能成为创新的重要助推器。中国自 20 世纪八九十年代重建知识产权制度以来，在知识产权和创新领域取得了卓越的成就，而其重要背景，则是改革开放使得中国从计划经济向市场经济转型，并最终建立社会主义市场经济体制。

为什么说在市场经济体制下知识产权制度才能真正发挥作用呢？市场经济具有自主性、平等性、竞争性和开放性的特征。其中自主性是指市场的参与方是独立的市场主体，能够独立自主地进行市场决策。平等性是指市场经济运行过程中各市场主体在商品、服务交换过程中具有平等的地位。竞争性是市场经济的本质，市场主体之间相互竞争，优胜劣汰。开放性是指市场主体为了获取利润，会不断地开拓市场，市场范围越大，越有利于市场主体发挥各自的比较优势，在市场竞争中取得有利地位。市场经济自主性、平等性、竞争性和开放性的特征是培育企业家，特别是培育企业家精神的基础性土壤，而创新是企业家特有的工具。❶ 无论是技术领域的创新还是以商业方法为核心的非技术领域、管理上的创新，均是市场经济环境下企业家基于新技术新知识、市场需求结构变化等因素，立足自身优势，从而有目的地实施创新战略的结果。

知识产权作为一项私权，只有在市场经济条件下，具有自主性的市场主体具有自主决策的能力，能够自由决定知识产权的占有、使用、处分和收益，知识产权制度的创造才能够通过知识产权将外部收益内部化的方式对市场主体产生制度价值。同时，市场主体在市场经济竞争机制的作用下，也才有充分的动力通过研发获得发明创造，进而获得知识产权，从而在一定期限范围内形成市场的垄断优势。此外，市场主体在市场竞争中居于平等的市场地位，在市场竞争的压力下，获得竞争优势的重要途径就是创新。创新既包括产品的创新，也包括商业方法的创新，开放性的市场使得创新的价值被无限地放大，更能够激励市场主体获得知识产权，并通过市场机制将其知识产权优势运用到更为广阔的市场中，从而获得最大化的

---

❶ 彼得·德鲁克. 创新与企业家精神［M］. 蔡文燕，译. 北京：机械工业出版社，2018：17.

利润。

因此，如上所述，中国近年来在知识产权和创新领域取得的成绩，正是得益于中国市场经济体制的不断完善。在 2018 年中国企业 PCT 国际专利申请排行榜中，华为、中兴、京东方、广东欧珀移动通信、腾讯分别以4466、1801、1190、781 和 545 件专利分列前五位，上述五家企业的主营业务分别为移动通信、物联网和互联网。❶ 在世界知识产权组织公布的2018 年全球专利申请报告中，企业 PCT 专利申请量排名前十的企业中，华为排名全球第一，中兴排名全球第五。❷ 上述在被誉为高质量专利的PCT 专利排行榜中能够位居世界前列的企业，主营业务均是具有高度市场竞争性的领域，而且均为民营企业，展现了市场经济带来的企业对发展知识产权的投入和创新活力。

以华为为例，作为一家 1987 年才注册成立的生产销售通信设备的民营通信科技公司，从一家组装交换机的小型民营企业，发展到 2018 年世界 500 强排名第 72 位的行业领先的大型跨国企业。华为取得的成绩正是依托于市场经济的有利环境。华为作为民营企业，有比较充分的自主决策权，企业家的管理才能能够得到充分发挥，在市场经济下能够公平地参与市场竞争，而在市场竞争下面临的巨大生存压力激励着华为不断在产品上取得突破和创新。市场经济也打开了市场和技术的国门，通过积极参与国际竞争，华为在竞争中认识到了与国外先进技术的差距，一方面，通过利用知识产权能够引进和吸收国外的先进技术；另一方面，认识到技术创新的重要价值，重视研发投入，华为坚持将每年收入的 10% 以上投入技术创新和研究，利用专利的不断积累，最终在通信领域激烈的市场竞争中，实现 2G、3G 时代追赶国际先进标准和技术，4G 时代与国际先进技术标准齐头并进，在 5G 时代居于市场领先地位的跨越式发展。即使当前被美国制裁，由于有长期技术的储备，在部分受到制裁影响的领域依然能够较为快

---

❶ IPRdaily，IncoPat 创新指数研究中心．2018 年中国企业 PCT 国际专利申请排行榜（TOP100）［EB/OL］．（2018-11-16）［2019-10-04］．http：//www.iprdaily.cn/news_ 20296. html.

❷ WIPO. World Intellectual Property Indicators 2018 ［R］. Geneva：WIPO, 2019.

速、有效地应对，并获得替代性的技术方案。

因此，知识产权实质上是同竞争一脉相承的。基于知识产权制度取得创新，离不开市场经济所具有的竞争环境。这也是为什么即便在计划经济时期，中国可以在"两弹一星"、航天科工等国之重器领域取得瞩目成绩，但在与消费者密切相关的竞争性领域，必须通过市场的方式逐步追赶，取得优势乃至领先地位。因为市场经济下的竞争，需要企业考虑成本、收益，考虑消费者的偏好，没有固定的标准和模式，只有通过市场竞争不断试错，才能探寻到既具有应用前景，又具有市场前景的产品形式。知识产权制度使得企业可以不断积累，利用知识产权开放获取的特征，不断学习已有的先进技术经验。同时，市场经济强调分工合作，不论何种领域，很难依靠一家企业垄断整个产品产业链的全部领域，因此，依托知识产权，便利了企业之间通过专利转让、许可等方式实现优势互补，相互合作。

综上所述，中国知识产权取得突破式发展的重要经验，便是建立了有利于竞争的市场经济体制，并以此为基础，建立与中国各阶段经济与创新发展需要相适应的知识产权保护水平，从而从整体上、根本上保障了中国知识产权和创新的稳定、有序、健康发展。

第三节　市场经济下创新的限制和政府之手的运用

市场经济"无形的手"虽然有利于引导知识产权的创造，推动知识产权的保护和运用，从而有助于创新的发展，但是市场经济形成的产业链和产业分工也制约了中国在核心技术领域的投入和突破。

改革开放后，中国全面转向以经济建设为中心，开始逐步恢复和重建市场经济制度，并主动融入全球化和国际贸易的浪潮中。当时的中国，作为欠发达国家，从经济发展的要素禀赋结构来说，资本相对稀缺、技术相对落后、劳动力相对丰富。从中国当时国际贸易的比较优势角度来说，适宜发展的应该是劳动力密集型产业。事实上，中国也确实利用人口红利逐步发展成为世界工厂。然而，发展劳动力密集型产业使得中国在国际产业链的分工中处于底端位置，且不利于中国企业获得自主创新的激励。一方面，劳动力密集型企业采用的生产技术大多数都是相对成熟的技术，不需要太多的自主研发；另一方面，由于中国企业并不处在世界技术的前沿，企业产品的升级换代可以通过从发达国家引进技术，或者对发达国家技术进行模仿的方式，抑或通过"干中学"的方式获得发达国家技术溢出的好处。❶ 因此，中国企业缺乏进行自主创新的动力。

在市场经济环境下基于资源禀赋优势的产业分工固然有其合理性，技术后发国家通过从发达国家引进技术也是实现经济跨越式发展的有效方式。但如果中国在产业分工的链条上长期依赖从发达国家的技术引进，则会产生对中国经济可持续乃至赶超式发展的不利影响，具体来说，第一，由于中国属于技术后发国家，从发达国家引进技术一方面可以节约中国的研发成本，另一方面也可以使得中国在尽可能短的时间内实现技术水平同发达国家的接轨。但是，当中国未来达到发达国家的先进水平后，决定一国经济是否可持续发展的关键动力就是创新。如果没有自主创新和技术进步这一经济发展的重要动力，中国如何通过引领世界技术的发展方向，从而实现对发达国家的赶超？更何况可能在中国实现对发达国家的技术追赶前，发达国家就已经通过技术断供的形式遏制中国经济的发展，美国对中兴和华为的断供就是前车之鉴。第二，中国世界工厂的地位一方面使得中国在全球化的过程中取得了可观的分工收益，但另一方面，加工制造业始终处于产业链的底端，所获得的收益要远低于处于产业链上游的设计、研发、营销等环节，并且可替代性很强。例如，随着中国劳动力成本的上升，已经有越来越多的如服装鞋帽的制造等制造业向劳动力成本更低的东南亚转移。因此，随着中国要素资源禀赋结构的不断调整，未来中国如果想要在国际分工中居于有利地位，获得尽可能高的利润，就需要加强自主创新能力的建设。

因此，一方面，中国需要依靠市场培育具有自主创新能力，在各领域能够实现弯道超车，具有引领世界先进技术发展魄力的优秀科技企业不断

---

❶ 林毅夫，张鹏飞. 后发优势、技术引进和落后国家的经济增长 [J]. 经济学，2005，5（1）：53-74.

脱颖而出。为实现这一目标，政府需要做的就是营造良好的营商环境，特别是解决企业发展存在的融资约束问题。在世界银行发布的世界营商环境指数排名中，中国的整体营商环境指数排名不断提高，从 2010 年的世界排名第 89 位提升到 2019 年的第 46 位，然而，在其中的获得信贷排名中，2010 年中国位于第 61 位，此后中国排名却一路下滑，2019 年排名降至第 73 位，与中国营商环境整体排名提升的现状形成鲜明对比。❶ 融资约束问题在科技型企业中体现得尤为明显，不同于传统类型企业往往可以通过固定资产抵押贷款的形式从银行获得资金，科技型企业除了极个别独角兽企业外，大多数企业既难以获得资本市场青睐，也由于缺乏适格的抵押物而难以从银行获得贷款。目前，政府对于企业的融资支持的主要形式，在中央层面主要是通过设立各种国家产业基金和定向银行贷款，地方层面主要是地方政府的贷款贴息和政府入股。从具体效果来看，主要还是在扶持已经形成一定的产业规模的企业，而融资约束表现最严重的中小型科技型企业，依然较难获得支持。因此，如何在尊重市场规律的基础上给予科技型企业，特别是中小企业以融资支持，是政府需要解决的重点也是难点问题。

　　另一方面，中国创新能力的提升也不能完全依靠市场，政府在创新发展中也具有十分重要的作用。政府的作用首先表现在基础研究领域。基础研究是指为了获得关于现象和可观察事实的基本原理的新知识而进行的实验性或理论性研究，它不以任何专门或特定的应用或使用为目的。从对基础研究的定义可以看出，对于以追求利润最大化为目标的企业来说，绝大多数没有能力也没有动力去投入到基础研究中来，企业研发投入的重点是应用研究和试验发展。从可专利性的角度来说，大多数的基础研究由于不满足实用性的要求，也无法被授予专利。但是应用研究的发展深度和潜力往往取决于基础研究的水平。因此，在基础研究领域就特别需要政府的直

---

❶　World Bank, International Finance Corporation. Doing Business 2010 ［R］. Washington：World Bank, 2010；World Bank, International Finance Corporation. Doing Business 2019 ［R］. Washington：World Bank, 2019.

接投入。世界各国政府也无一例外地重视对基础研究的投入。近年来，中国对研发的整体投入水平逐年提升，2018 年，中国的研发经费投入强度为 2.18%，已经达到中等发达国家水平，但是在基础研究经费占总研究经费的比例上，2016 年美国为 16.9%，俄罗斯是 14.0%，日本为 12.6%，而中国的比例仅为 5.2%，❶ 与其他国家存在较大的差距。因此，我国应当在未来重视基础研究的投入，推进中国创新能力，特别是基础研究能力的提升。

此外，政府也在利用各种类型的知识产权和创新政策推动我国创新能力的提升。然而，对于政府采取补贴、税收优惠等物质激励方式资助企业创新的政策，目前存在较大争议。以目前正在发生的中美贸易战为例，美国认为中国政府直接参与到创新的过程中是对市场公平竞争的干预，违反了市场经济的基本原则。对于这样一个判断，笔者认为是有失偏颇的。前面已经说明，由于创新具有的投入大、周期长、风险高的特征，仅仅依靠私人部门的投资可能造成创新投入的不足，因此，政府予以适当方式和水平的补助可以弥补市场在创新领域的失灵。事实上，即使作为市场经济最发达的美国和欧盟，也在对企业进行补贴。其中美国诉欧盟补贴空客公司和欧盟诉美国补贴波音公司的贸易争端就是典型的说明。美欧关于飞机制造公司补贴的争端由来已久。2004 年，美国向世贸组织提出诉讼，指控欧盟以各种形式向空客公司提供非法补贴。欧盟随后也向世贸组织起诉美国政府向波音公司提供非法补贴。对此，世贸组织曾先后裁定，美国和欧盟均存在对各自航空企业提供非法补贴的问题。最新的争端裁决发生在 2019 年 10 月 2 日，世界贸易组织作出裁决，由于欧盟及其部分成员国对空客公司进行违规补贴，美国有权每年对约 75 亿美元欧盟输美商品和服务采取加征关税等措施。❷

美欧近二十年对于飞机制造公司的补贴争端事实上也从一个侧面说明

---

❶ 投资未来，哪个省份最舍得"烧钱"？［EB/OL］．（2019-09-15）［2019-10-04］．http://finance.ifeng.com/c/7pjJsy74TbY.

❷ 世贸组织裁决欧盟违规补贴空客 美计划对欧盟加征关税［EB/OL］．（2019-10-03）［2019-10-04］．http：//www.xinhuanet.com//2019-10-03/c_ 1125070096.htm.

了政府对于创新型企业的补贴在一定程度上是必要并且有效的。因此，对于政府是否应当制定和实施以补贴政策为代表的知识产权激励政策，实际上从发达国家到发展中国家都用实际行动给出了答案，各国的差别实质上只是体现在对创新的干预方式和程度上。因此，我们的着眼点也应当在政府应如何制定科学、有效的知识产权政策，从而推动创新的发展。

第四节　知识产权政策在创新发展中的正反两方面作用

通过本书前面各章节的分析已经发现，中国知识产权数量的几何级增长仅凭市场经济体制下对知识产权的保护显然无法得到完全的解释，从中央有针对性的对特定技术领域的支持到各地方竞争性的知识产权政策也是实现知识产权数量大幅增长的重要原因。然而，知识产权政策在创新发展中的作用并不仅仅体现在推动知识产权数量增长这样一个维度，也具有其他方面的效果。

随着1997年党的十五大提出实施科教兴国战略和可持续发展战略的重要规划，国家陆续提出一系列关于知识产权和创新的战略纲要，甚至还专门制定了如专利申请年均增长率14%左右的目标等相应的量化指标。为此，中央在全国建立了若干高新技术开发区，出台了高新技术企业所得税优惠政策，对符合满足一定知识产权数量条件的企业给予包括税收优惠、专利申请、维持费用减免等在内的各类扶持企业知识产权发展的政策。与此同时，中央的知识产权发展目标必然要分解为各地的发展任务，因而各省份也陆续出台了各自的知识产权发展规划。为了保障发展规划的实施，完成既定的知识产权发展目标，部分地方政府进一步推出了以税收优惠、财政补贴为代表的知识产权激励政策，并且在推动知识产权数量提升方面起到了重要作用。相当数量的研究发现，各地方政府出台的知识产权激励政策对于推动本地知识产权数量的提升具有积极的效果。本书在第二章关于专利激励政策的研究中，同样发现中国各省份出台的专利激励政策，显著促进了专利申请数和授权数的提高。

各类知识产权激励政策虽然促进了知识产权数量的大幅提升，但知识产权激励政策也同时带来了知识产权质量的下降。

在专利领域，笔者通过对专利激励政策对专利所产生的选择效应、需求效应和研发效应的分析，发现专利激励政策是造成专利平均质量下降的重要原因。在获得专利所带来的税收优惠、财政补贴等各类物质性收益的刺激下，更多的质量较次的专利也进入专利申请流程，从而降低了整体的专利质量。特别是对于审查标准较为宽松的实用新型和外观设计专利，更容易混入为获得物质奖励的低质量专利。

在商标领域，地方政府对驰名商标的奖励政策也出现了类似的问题。企业实现驰名商标认定具有行政和司法两种途径。在地方政府的各种奖励方式的作用下，大量的企业通过行政和司法途径使自己的商标成为驰名商标，甚至出现买通法官进行虚假司法诉讼来获得驰名商标认定的现象。为解决这一问题，2013 年修订的《商标法》增加了关于禁止驰名商标宣传的修改内容，目的是使驰名商标不再是一种企业主动申请、批量认定的荣誉称号，从而得以重新回归对抗恶意注册、不正当竞争的制度原意。然而，笔者在第四章中的研究发现，拥有工商总局认定的驰名商标的企业，其销售额和产出的增长要显著高于其他类似的企业。同时，企业广告费用的大幅增加说明了驰名商标宣传对于企业产出表现具有重要作用。而拥有司法认定的驰名商标的企业在各种绩效表现上均未发现与其他类似企业存在显著差别，也并未通过增强宣传而利用驰名商标提高自身的商誉和影响力。这一研究结论表明，中国驰名商标问题的源头在于不规范的司法认定所造成的部分不合条件企业获得了驰名商标。但是真正激励不合条件企业追求驰名商标认定的根源在于地方政府对于企业获得驰名商标的不当奖励，部分不符合行政认定驰名商标条件的企业，转而利用各种投机方式通过司法认定获得驰名商标，实质上在市场能够为消费者提供充足信息的情况下，通过司法认定获得驰名商标的主要原因是地方政府给予获得驰名商标企业的奖励及各种优惠政策要明显大于企业投机获得司法认定驰名商标的成本。

然而，并非所有类型的知识产权激励政策均会导致知识产权质量的下降。李（Li）（2012）❶ 的研究以及笔者在第二章研究发现，在专利领域，各地出台的专利申请及维持阶段相关费用的补助政策促进了发明专利数量的增长，但并未有证据表明专利费用补助政策对发明专利的质量具有负面影响。

在著作权领域，笔者在第三章研究了福建省德化县 2004 年颁布的一项版权本地免费登记政策对陶瓷企业绩效的影响。版权本地免费登记政策对于版权保护的优势在于：一方面，节约了企业的版权登记费用，便利了企业的版权登记行为。另一方面，在本地登记后便于向当地同行业企业进行公示，以避免同行业其他企业的侵权行为。通过与同为泉州市所辖的其他地区的陶瓷企业，以及另外两大瓷都景德镇和醴陵的陶瓷企业的对比，笔者发现德化县实施版权本地免费登记政策，显著提高了陶瓷企业的销售额、劳动生产率和利润率，且这种绩效的提升主要表现在对设计感要求较高的工艺陶瓷企业，也正是这些工艺陶瓷企业拥有更多的版权登记数量。这为我们揭示了一条有效的版权保护的政策选择路径，即政府对于知识产权的支持应注重基础性保障，着眼点应放在知识产权保护本身，财政的支持和补助不应超过市场主体为获得知识产权所投入的成本。事实上，自 2013 年开始，江苏省也已经开始实施版权免费登记制度，并在其下辖的多个地级市成立版权登记服务中心。源于地方政府探索实践的版权保护制度为推动中国的版权产业发展实践出了一条重要路径。从这样一个例子可以看出，中国的地方政府可以通过与知识产权保护相关的制度创新，在扶持知识产权产业发展方面发挥更加积极的作用。

综合上述不同类型知识产权政策对于知识产权正反两方面的影响效果，对于政府应当在知识产权和创新中如何发挥更加积极作用，笔者认为，知识产权激励政策发挥积极效果存在一定的条件和界限。第一，当激励收益不大于企业为知识产权申请、授权实际付出的成本时，知识产权激励政策不会对知识产权质量产生显著的消极影响，但是当激励收益大于企

---

❶ Li X. Behind the recent surge of Chinese patenting：An institutional view ［J］. Research policy，2012，41（1）：236-249.

业为获得知识产权付出的成本时，知识产权激励政策则会激励不适格的知识产权申请，从而可能出现低质量知识产权的策略性创新行为。第二，政府首先应当从提升营商环境，特别是缓解融资约束的角度支持市场主体的创新。如果必须采用激励收益大于成本的知识产权政策，则知识产权激励政策应当是普惠性的，尽可能地避免制定选择性的产业政策。主要原因在于，政府一般并不具有充分的信息以确定补贴的行业和具体补贴水平，且容易诱发企业的策略性创新行为。同时，选择性产业政策违反了WTO反补贴协议的相关规定，极易诱发持续的国际贸易争端。

第五节　总结

2020年是中国知识产权发展的一个重要战略节点，2008年国务院印发实施了《国家知识产权战略纲要》，首次将知识产权工作上升到国家层面进行统筹部署和整体推进。纲要描绘了到2020年的知识产权战略目标，即"到2020年，把我国建设成为知识产权创造、运用、保护和管理水平较高的国家。知识产权法治环境进一步完善，市场主体创造、运用、保护和管理知识产权的能力显著增强，知识产权意识深入人心，自主知识产权的水平和拥有量能够有效支撑创新型国家建设，知识产权制度对经济发展、文化繁荣和社会建设的促进作用充分显现"。

2020年是国家知识产权战略第一阶段的收官之年，回顾十多年来知识产权战略的实施和发展，基本实现了预定的战略目标。总结中国知识产权战略实施取得的辉煌成就，即"中国在知识产权发展中做对了什么"，可以大体归纳出如下三方面的经验：首先，中国建立了与创新和经济发展水平相适应的知识产权制度体系。中国的知识产权保护水平是逐步提高的，这就给了中国知识产权相关产业从模仿到创新的足够成长空间。其次，中国的市场经济制度体系不断发展和完善，从根本上推动和激发了中国知识产权的创造、运用和保护的活力。最后，从中央到地方能够有效地调动尽可能多的资源来激励知识产权产业发展。例如，地方政府实施的促进知识产权发展的激励政策，特别是地方政府的竞争下出现的各种有利于知识产权保护的创新举措，为知识产权相关产业的发展提供了重要保障，如德化的版权免费本地登记制度，就是地方政府创新服务和推动地方产业发展的代表性例证。

2020 年，中国的知识产权发展将迎来重要的转折，其中的一个重要表现体现在 2019 年中国专利和商标申请数据发生了近几十年来的首次下降。在专利方面，2019 年上半年，中国发明专利申请量为 64.9 万件，同比下降 9.4%；在商标方面，2019 上半年，中国商标注册申请量为 343.8 万件，同比下降 4.1%。国内发明专利申请中，职务发明所占比重达 91.2%，较 2018 年同期提高 5.7 个百分点；个人发明专利申请量同比下降 46.0%。❶专利、商标申请量和个人发明专利申请量的下降，职务发明占比的提高，体现了中国知识产权发展正在由重视数量增长转向强调质量提高、结构优化的新阶段，中国也将从知识产权大国建设向知识产权强国建设转型。

而若要顺利实现从知识产权大国向强国的转型，基于前面的分析，笔者认为应当从如下三个方面进行调整：首先，明晰创新和知识产权发展中市场和政府的边界。一方面，要坚持市场在促进创新和知识产权发展中的基础性地位不动摇；另一方面，对于像基础研究这样单纯依靠市场机制无法实现充分发展的领域，政府应当积极增加投入并支持高校、科研机构等研究力量的广泛参与。其次，政府应当积极为企业的发展营造良好的营商环境，通过减税降费等方式减轻企业的经营负担，鼓励和引导企业重视研发投入，打造百年老店，着力解决特别是科技类企业的融资约束问题。最后，在各种法律、法规和政策实施前，政府需要谨慎地评估法规和政策的实施效果，以更好地防范各种未预期的后果。特别是对于政府直接性的知识产权激励政策，应当注意实施的边界，即市场主体从政府处获得的知识产权激励收益应当不大于市场主体为获得知识产权所投入的相关成本，否则会助长市场主体的策略性投机行为。

---

❶　国家知识产权局：上半年专利商标申请量下降是结构优化的结果［EB/OL］.（2019-07-09）［2019-10-5］. http：//finance. sina. com. cn/roll/2019-07-09/doc-ihytcerm2354329. shtml.

创新决定着一国经济未来的发展潜力与前景，因此，如何实现创新驱动发展是世界各国均着力应对并尝试解决的重要问题。而知识产权和政府创新政策无疑是推动创新不可忽视，也是最常被提起的两架马车。本书通过对知识产权和政府政策在中国创新发展中的作用和影响效果的理论和实证分析发现，知识产权和政府政策在创新过程中的关系和作用实质上类似于市场经济中"无形之手"和"有形之手"的关系，若要实现创新，任何一方均不可偏废，需要明确和把握两者之间的界限。过弱的知识产权保护不利于激励创新，过强的知识产权保护反而可能会阻碍创新。政府的创新政策更是只有在市场激励创新失灵的情况下有限度并且科学地实施，才能起到积极的效果。中国未来的创新之路，需要在知识产权保护基础上的市场驱动和政策推动创新的政府主导之间把握精妙的平衡，方能在创新发展的道路上稳步前行。

参考文献

[1] 彼得·德鲁克.创新与企业家精神 [M].蔡文燕, 译.北京：机械工业出版社, 2018.

[2] 曹建明.全面加强知识产权审判工作为建设创新型国家和构建和谐社会提供强有力的司法保障 [J].科技与法律, 2007 (2).

[3] 曹平, 王桂军.选择性产业政策、企业创新与创新生存时间——来自中国工业企业数据的经验证据 [J].产业经济研究, 2018 (4).

[4] 董雪兵, 朱慧, 康继军, 等.转型期知识产权保护制度的增长效应研究 [J].经济研究, 2012 (8).

[5] 龚小刚.工匠的"变异"：英国工业革命浪潮下的社会转型 [M] //刘军.中国国家历史 (玖).上海：东方出版社, 2017.

[6] 郭春野, 庄子银.知识产权保护与"南方"国家的自主创新激励 [J].经济研究, 2012 (9).

[7] 郭禾, 吕凌锐.确定标准必要专利许可费率的 Top-down 方法研究——以 TCL 案为例 [J].知识产权, 2019 (2).

[8] 郭玥.政府创新补助的信号传递机制与企业创新 [J].中国工业经济, 2018 (9).

[9] 韩玉雄, 李怀祖.关于中国知识产权保护水平的定量分析 [J].科学学研究, 2005, 23 (3).

[10] 何隽.大数据知识产权保护与立法：挑战与应对 [J].中国发明与专利, 2018, 15 (3).

[11] 胡鞍钢, 高宇宁, 郑云峰, 等.大国兴衰与中国机遇：国家综合国力评估 [J].经济导刊, 2017 (3).

［12］黄毅，尹龙.商业方法专利［M］.北京：中国金融出版社，2004.

［13］杰夫，勒纳.创新及其不满：专利体系对创新与进步的危害及对策［M］.罗建平，兰花，译，北京：中国人民大学出版社，2007.

［14］李伟，夏向阳.专利促进政策对区域专利增长的影响分析——以宁波为例［J］.科学学研究，2011，29（8）.

［15］黎文靖，郑曼妮.实质性创新还是策略性创新？——宏观产业政策对微观企业创新的影响［J］.经济研究，2016，51（4）.

［16］李晓秋.析商业方法的可专利性［J］.政法论坛：中国政法大学学报，2011，29（2）.

［17］李宗辉.人工智能专利授权的理论争议与实践发展［J］.河南财经政法大学学报，2018（6）.

［18］林毅夫，张鹏飞.后发优势、技术引进和落后国家的经济增长［J］.经济学，2005，5（1）.

［19］刘春田.关于我国著作权立法的若干思考［J］.中国法学，1989（4）.

［20］刘思明，侯鹏，赵彦云.知识产权保护与中国工业创新能力——来自省级大中型工业企业面板数据的实证研究［J］.数量经济技术经济研究，2015（3）.

［21］刘作翔.中国司法地方保护主义之批判［J］.法学研究，2003（1）.

［22］龙小宁，王俊.中国司法地方保护主义：基于知识产权案例的研究［J］.中国经济问题，2014，1（3）.

［23］龙小宁，王俊.中国专利激增的动因及其质量效应［J］.世界经济，2015（6）.

［24］罗伯特·考特，托马斯·尤伦.法和经济学（第五版）［M］.史晋川，董雪冰，等译，上海：格致出版社，上海三联书店，上海人民出版社，2010.

［25］马一德.多边贸易、市场规则与技术标准定价［J］.中国社会科学，2019（6）.

［26］毛昊，尹志锋，张锦.策略性专利诉讼模式：基于非专利实施体多次诉讼的研究［J］.中国工业经济，2017（2）.

［27］毛其淋，许家云.政府补贴对企业新产品创新的影响——基于补贴强度"适度区间"的视角［J］.中国工业经济，2015（6）.

［28］邵科.安守廉与曲解的中国知识产权史——反思国际知识产权不平等秩序之突破点［J］.政法论丛，2012（4）.

［29］施鹏鹏.我国司法腐败的现状与遏制——以 20 个省/自治区/直辖市的实证调查为分析样本［J］.证据科学，2016（1）.

［30］王俊，龙小宁.版权保护能够提升企业绩效吗——来自德化陶瓷企业的证据［J］.经济学动态，2016（6）.

［31］汪旭东，尚雅琼.专利行政执法制度的必要性与合理性［J］.知识产权，2016（7）.

［32］王正发.中国驰名商标的异化及规制［J］.知识产权，2008，18（3）.

［33］温芽清，南振兴.驰名商标保护的异化与理性回归［J］.河北法学，2012，30（6）.

［34］吴敬琏.我国的产业政策：不是存废，而是转型［J］.中国流通经济，2017，31（11）.

［35］小宫隆太郎，奥野正宽，铃村兴太郎.日本的产业政策［M］.黄晓勇等，译，北京：国际文化出版公司，1998.

［36］解维敏，唐清泉，陆姗姗.政府 R&D 资助，企业 R&D 支出与自主创新——来自中国上市公司的经验证据［J］.金融研究，2009（6）.

［37］晏艳阳，王娟.产业政策如何促进企业创新效率提升——对"五年规划"实施效果的一项评价［J］.产经评论，2018（3）.

［38］叶静怡，李晨乐，雷震，等.专利申请提前公开制度、专利质量与技术知识传播［J］.世界经济，2012（8）.

［39］叶静怡，宋芳.中国专利制度变革引致的创新效果研究［J］.经济科学，2006（6）.

［40］尹新天.中国专利法详解［M］.北京：知识产权出版社，2011.

［41］余明桂，范蕊，钟慧洁.中国产业政策与企业技术创新［J］.中国工业经济，2016（12）.

［42］张古鹏，陈向东.基于发明专利的专利制度变动效应研究［J］.科研

管理，2012，33（6）.

[43] 张贺.《著作权法》修改草案三大争议 [J]. 中国报道，2012（5）.

[44] 张剑文.驰名商标认定的异化与回归 [J]. 国家检察官学院学报，2008（3）.

[45] 张杰.中国专利增长之"谜"——来自地方政府政策激励视角的微观经验证据 [J]. 武汉大学学报（哲学社会科学版），2019，72（1）.

[46] 张钦红，骆建文.上海市专利资助政策对专利申请量的影响作用分析 [J]. 科学学研究，2009，27（5）.

[47] 张婷婷，张新民，陈德球.产业政策、人才密度与企业创新效率 [J]. 中山大学学报（社会科学版），2019，59（4）.

[48] 张玉敏.知识产权法制三十年 [J]. 法学杂志，2009（2）.

[49] 赵启杉.标准必要专利合理许可费的司法确定问题研究 [J]. 知识产权，2017（7）.

[50] 郑成思.作品、著作物与版权 [J]. 知识产权，1989（1）.

[51] 郑友德，钱向阳.论我国商业秘密保护专门法的制定 [J]. 电子知识产权，2018（10）.

[52] 中国版权年鉴编委会.中国版权年鉴2017 [M]. 北京：中国人民大学出版社，2018.

[53] 周黎安.晋升博弈中政府官员的激励与合作——兼论我国地方保护主义和重复建设问题长期存在的原因 [J]. 经济研究，2004（6）.

[54] 朱平芳，徐伟民.政府的科技激励政策对大中型工业企业 R&D 投入及其专利产出的影响——上海市的实证研究 [J]. 经济研究，2003（6）.

[55] 朱雪忠，乔永忠，万小丽.基于维持时间的发明专利质量实证研究——以中国国家知识产权局1994年授权的发明专利为例 [J]. 管理世界，2009（1）.

[56] Aghion P, Howitt P. Research and development in the growth process [J]. Journal of Economic Growth, 1996, 1 (1).

[57] Aghion P, Cai J, Dewatripont M, et al.Industrial policy and competition [J]. American Economic Journal：Macroeconomics, 2015, 7 (4).

［58］ Akter S, Wamba S F.Big data analytics in E-commerce: a systematic review and agenda for future research ［J］. Electronic Markets, 2016, 26 （2）.

［59］ Alford W P.To steal a book is an elegant offense: Intellectual property law in Chinese civilization ［M］. California: Stanford University Press, 1995.

［60］ Amara N, Landry R, Traoré N.Managing the protection of innovations in knowledge-intensive business services ［J］. Research policy, 2008, 37 （9）.

［61］ Barzel Y.Economic analysis of property rights ［M］. Cambridge: Cambridge university press, 1997.

［62］ Bessen J.The value of US patents by owner and patent characteristics ［J］. Research Policy, 2008, 37 （5）.

［63］ Chisum D S.The patentability of algorithms ［J］. U.Pitt.L.Rev., 1985 （47）.

［64］ Cai H, Liu Q.Competition and corporate tax avoidance: Evidence from Chinese industrial firms ［J］. The Economic Journal, 2009, 119 （537）.

［65］ Chen Y, Puttitanun T.Intellectual property rights and innovation in developing countries ［J］. Journal of development economics, 2005, 78 （2）.

［66］ Chin J C, Grossman G.Intellectual Property Rights and North-South Trade ［R］. National Bureau of Economic Research, Inc, 1988.

［67］ Cohen W M, Nelson R R, Walsh J P.Protecting their intellectual assets: Appropriability conditions and why US manufacturing firms patent （or not） ［R］. National Bureau of Economic Research, 2000.

［68］ David R, John G, John R.Data Age 2025: The Evolution of Data to Life-Critical ［R］. Framingham, MA: International Data Corporation, 2017.

［69］ Demzsetz H.Toward a theory of property rights ［J］. American Economic Review, 1967 （57）.

［70］ European Communities.Innovation in Europe: Results for the EU, Iceland and Norway: Data 1998 - 2001 ［M］. Brussels: Publications Office, 2004.

［71］ Fleisher B, Zhou M.Are Patent Laws Harmful to Developing Countries? Evidence from China ［R］. Ohio State University, Department of Economics，2010.

［72］Flikkema M，De Man A P，Castaldi C.Are trademark counts a valid indica-
tor of innovation? Results of an in-depth study of new benelux trademarks
filed by SMEs ［J］. Industry and Innovation，2014，21（4）.

［73］Freeman C. Technology policy and economic performance ［M］. Great
Britain：Pinter Publishers，1989.

［74］Furukawa Y.Intellectual property protection and innovation：An inverted-
U relationship ［J］. Economics Letters，2010，109（2）.

［75］Gallini N，Scotchmer S.Intellectual property：when is it the best incentive
system? ［J］. Innovation policy and the economy，2002（2）.

［76］Görg H，Strobl E.The effect of R&D subsidies on private R&D ［J］. Eco-
nomica，2007，74（294）.

［77］Grossman G M，Helpman E. Trade，knowledge spillovers，and growth
［J］. European Economic Review，1991，35（2-3）.

［78］Grossman G M，Helpman E.The Politics of Free-Trade Agreements ［J］.
The American Economic Review，1995，85（4）.

［79］Helpman E.Innovation，Imitation，and Intellectual Property Rights ［J］.
Econometrica，1993，61（6）.

［80］Hinton G E，Salakhutdinov R R.Reducing the dimensionality of data with
neural networks ［J］. Science，2006，313（5786）.

［81］Hirschey M，Richardson V J.Are scientific indicators of patent quality use-
ful to investors? ［J］. Journal of Empirical Finance，2004，11（1）.

［82］Horii R，Iwaisako T.Economic growth with imperfect protection of intellec-
tual property rights ［J］. Journal of Economics，2007，90（1）.

［83］Horowitz A W，Lai E.Patent Length and the Rate of Innovation ［J］. In-
ternational Economic Review，1996，37（4）.

［84］Hu A G，Jefferson G H.A great wall of patents：What is behind China's
recent patent explosion? ［J］. Journal of Development Economics，2009，
90（1）.

［85］ Hudson J, Minea A. Innovation, intellectual property rights, and economic development: a unified empirical investigation ［J］. World Development, 2013, 46.

［86］ Jaffe A B, Le T. The impact of R&D subsidy on innovation: a study of New Zealand firms ［R］. National Bureau of Economic Research, 2015.

［87］ Keupp M M, Lhuillery S, Garcia－Torres M A, et al. Economic focus study on SMEs and intellectual property ［M］. Bern: Swiss Federal Institute of Intellectual Property, 2009.

［88］ Kim Y K, Lee K, Park W G, et al. Appropriate intellectual property protection and economic growth in countries at different levels of development ［J］. Research policy, 2012, 41 （2）.

［89］ Landes W M, Posner R A. An economic analysis of copyright law ［J］. The Journal of Legal Studies, 1989, 18 （2）.

［90］ Landes W M, Posner R A. The economics of trademark law ［J］. Trademark Rep., 1988 （78）.

［91］ Lanjouw J O, Pakes A, Putnam J. How to count patents and value intellectual property: The uses of patent renewal and application data ［J］. The Journal of Industrial Economics, 1998, 46 （4）.

［92］ Lanjouw J O, Schankerman M. Patent quality and research productivity: Measuring innovation with multiple indicators ［J］. The Economic Journal, 2004, 114 （495）.

［93］ Lemley M A, Shapiro C. A simple approach to setting reasonable royalties for standard－essential patents ［J］. Berkeley Tech.LJ, 2013 （28）.

［94］ Li X. Behind the recent surge of Chinese patenting: An institutional view ［J］. Research policy, 2012, 41 （1）.

［95］ Mamuneas T P, Nadiri M I. Public R&D policies and cost behavior of the US manufacturing industries ［J］. Journal of Public Economics, 1996, 63 （1）.

［96］ Mazzucato M. The entrepreneurial state ［J］. Soundings, 2011, 49 （49）.

［97］ Mendonça S, Pereira T S, Godinho M M.Trademarks as an indicator of innovation and industrial change ［J］. Research Policy, 2004, 33（9）.

［98］ Mokyr J.The contribution of economic history to the study of innovation and technical change：1750-1914 ［M］//Handbook of the Economics of Innovation.North-Holland, 2010.

［99］ Moser P. How do patent laws influence innovation? Evidence from nineteenth-century world's fairs ［J］. American economic review, 2005, 95（4）.

［100］ Motohashi K.Licensing or not licensing? An empirical analysis of the strategic use of patents by Japanese firms ［J］. Research Policy, 2008, 37（9）.

［101］ Newell A.Response：The models are broken, the models are broken ［J］. U.Pitt.L.Rev., 1985（47）.

［102］ Nordhaus W D.An economic theory of technological change ［J］. The American Economic Review, 1969, 59（2）.

［103］ Novos I E, Waldman M.The effects of increased copyright protection：An analytic approach ［J］. Journal of political economy, 1984, 92（2）.

［104］ OECD. OECD Reviews of Innovation Policy：China ［M］. Paris：OECD, 2008.

［105］ O'Hara K. The Enlightenment：A Beginner's Guide ［M］. Oneworld Publications, 2012.

［106］ Park W G.Do intellectual property rights stimulate R&D and productivity growth? Evidence from cross-national and manufacturing industries data ［J］. Intellectual Property and Innovation in the Knowledge-Based Economy, Industry Canada, Ottawa, 2005（9）.

［107］ Romer P M.Endogenous technological change ［J］. Journal of political Economy, 1990, 98（5, Part 2）.

［108］ Sandner P G, Block J H.The Market Value of R&D, Patents and Trademarks ［J］. Research Policy, 2011, 40（7）.

［109］ Schankerman M, Pakes A.Estimates of the Value of Patent Rights in European Countries During the Post-1950 Period [J]. The Economic Journal, 1986, 96 (384).

[110] Schmoch U.Service marks as novel innovation indicator [J]. Research Evaluation, 2003, 12 (2).

[111] Scotchmer S.On the optimality of the patent renewal system [J]. The RAND Journal of Economics, 1999.

[112] Semadeni M, Anderson B S.The follower's dilemma: Innovation and imitation in the professional services industry [J]. Academy of Management Journal, 2010, 53 (5).

[113] Shapiro C.Navigating the patent thicket: Cross licenses, patent pools, and standard setting [J]. Innovation policy and the economy, 2000 (1).

[114] Smith P J, Da'ar O B, Monroe K H, et al.How do copyrights affect economic development and international trade? [J]. The Journal of World Intellectual Property, 2009, 12 (3).

[115] Solow R M.A contribution to the theory of economic growth [J]. The quarterly journal of economics, 1956, 70 (1).

[116] Swan T W.Economic growth and capital accumulation [J]. Economic record, 1956, 32 (2).

[117] United Nations, Department of Economics and Social Affairs, Population Division.World Population Prospects: The 2015 Revision [R]. New York: UN.2015.

[118] Velling J.Germany's Technological Performance [R]. Bundesministerium für Bildung und Forschung, 2001.

[119] WIPO. World intellectual property indicators 2012 [R]. Geneva: WIPO, 2012.

[120] WIPO. World intellectual property indicators 2018 [R]. Geneva: WIPO, 2018.

[121] WIPO.Global Innovation Index 2018 [R]. Geneva: WIPO, 2018.

［122］ WIPO.Global Innovation Index 2019 ［R］. Geneva：WIPO，2019.

［123］ WIPO，National studies on assessing the economic contribution of copy-right - based industries，Creative Industries Series，No. 5 ［M］. Geneva：WIPO Publication，2011.

［124］ Yueh L.Patent laws and innovation in China ［J］. International Review of Law and Economics，2009，29（4）.

［125］ Zhang G.，Xiangdong C.The value of invention patents in China：Country origin and technology field differences ［J］. China Economic Review，2012，23（2）.